# 如何教孩子才会听

## 培养好孩子的99条家规

白继洲　李　浩　何烈忠　编著

全国优秀出版社　全国百佳图书出版单位　广东教育出版社

·广州·

## 图书在版编目（CIP）数据

如何教孩子才会听：培养好孩子的99条家规／白继洲，李浩，何烈忠编著.—广州：广东教育出版社，2018.1

ISBN 978-7-5548-1959-3

Ⅰ.①如… Ⅱ.①白…②李…③何… Ⅲ.①家庭教育 Ⅳ.①G78

中国版本图书馆CIP数据核字（2017）第172687号

责任编辑：陈定天　蚁思妍
责任技编：佟长缨　刘莉敏
装帧设计：意童文化

**RUHE JIAO HAIZI CAI HUI TING —— PEIYANG HAO HAIZI DE 99 TIAO JIAGUI**
**如何教孩子才会听——培养好孩子的99条家规**

广东教育出版社出版发行
（广州市环市东路472号12—15楼）
邮政编码：510075
网址：http://www.gjs.cn
广东新华发行集团股份有限公司经销
广东天鑫源印刷有限责任公司印刷
（广州市海珠区三滘村瑞安路大干围二横路2号A2自编A101房）
787毫米×1092毫米　16开本　17.25印张　345千字
2018年1月第1版　2018年1月第1次印刷
ISBN 978-7-5548-1959-3
定价：49.80元

质量监督电话：020-87613102　邮箱：gjs-quality@gdpg.com.cn
购书咨询电话：020-87615809

## 家规兴家

什么是"中国梦"？习近平总书记说："实现中华民族伟大复兴，就是中华民族近代以来最伟大的梦想。这个梦想，凝聚了几代中国人的夙愿。"

在"几代中国人的夙愿"中，每个中国人都有自己的梦想，诸如健康长寿、平安幸福、发财致富、回报社会、奉献余生等等，不一而足。在这些梦想中，有一个梦想可以说是共有的，那就是"望子成龙"。其实真成为"龙"，那是不可能的，而对绝大多数人来说，确切的说法应该是"望子成人"，亦就是期盼我们的子孙成为一个能自食其力、有出息的人，成为对家庭、对祖国、对社会有贡献的人。2015年6月1日，习近平在会见中国少年先锋队第七次全国代表大会代表时寄语全国各族少年儿童："从小学习做人、从小学习立志、从小学习创造。童年是人的一生中最宝贵的时期，在这个时期就注意树立正确的人生目标，培养好思想、好品行、好习惯，今天做祖国的好儿童，明天做祖国的建设者，美好的生活属于你们，美丽的中国梦属于你们。"

正如习近平所说"从小学做人、培养好习惯"才能实现人生梦想。那么"望子成人"的梦想怎样才能实现呢？最重要的就是我们要有良好的家庭成长环境，这个环境是好的家规培养造就的，因为家规是一个家庭开展教育的起点，也是规范一个人言行的开始。

2016年年初，习近平强调："领导干部要把家风建设摆在重要位置，廉洁修身、廉洁齐家。""不论时代发生多大变化，不论生活格局发生多大变化，我们都要重视家庭建设，注重家庭、注重家教、注重家风。"家规家训家风好比家庭"纲领"，指导和规训着每一位家庭成员的生活和行为。就每个家庭来说，优良的家规家风就是在日常的生活中、在点滴的家事中培养的，就是在父母的唠叨中、在亲人的沟通中形成的，就是在言传身教中得以传承的。在好的家规家风潜移默化下，子子孙孙将秉承传统美德，创造家庭和社会的未来和希望。有一首歌唱得好："家是最小国，国是千万家。"家庭是国家中最小的单元，是社会的细胞。一个家庭有了好的家规家风，这个家庭就会和睦、团结；千百万个家庭有了好的家风，整个社会便会规范有序，呈现团结、和谐、积极、向上的社会良好氛围。

没有规矩，不成方圆。那么制定什么样的家规才能既反映我国传统美德，又符合社会主义核心价值观的要求，教人向善有礼、读书明理、诚实守信、勤劳节俭、积极进取？具体应包含以下六个方面内容，简单概括为十二个字："孝顺、诚信、读书、明礼、勤俭、清廉"。

所谓孝顺，就是教育后代从小要有孝敬老人的传统美德。"百善孝为先！""孝顺还生孝顺子，忤逆还生忤逆儿。""喊破嗓子，不如做出样子。"你对自己的父母孝顺，孩子才能对你也孝顺，否则将适得其反。一个人还要有一颗善良的心，平时多做好事，因为"爱善顺手间"，这样不但可助人，还可乐己，而且当自己有困难时，别人也会伸出援助之手。

所谓诚信，就是教育后代要从小养成诚实守信的品质。为人处世，只有诚实守信，才能赢得别人的信任，在社会上才能安身立命。我们要坚信，人有诚信必贤，家有诚信必和，国有诚信必兴。

所谓读书，即家里要营造一个读书好学的氛围，让后代从小养成读书好学的习惯。当今，是一个"知识爆炸"的时代，各行各业竞争非常激烈，一个人只有真才实学才能争得一席之地，成为赢家，站稳脚跟。一个人可以没有当官的命，但不可以没有做人的德行和做事的本领，而要掌握这本领就必须从小养成读书好学的习惯，就必须"读万卷书，行万里路"。

所谓明礼，就是懂规矩、知准则、遵法度的意思。在家庭社会礼仪中，在待人接物时，在与人相处中，讲究礼貌，遵行规矩。教养的结果，体现在一个"礼"字上。中华民族素有礼仪之邦的美称，礼貌、谦让、文明是我们民族的传统美德。明礼，确是做人之本；有教养，是文明社会的标志。赫尔岑说："生活里最重要的是有礼貌，它比最高的智慧，比一切学识都重要。"如果我们的孩子都能有教养，有风度，彬彬有礼，谦谦君子，那么，我们离一个高度文明的社会就不远了。

所谓勤俭，就是继承发扬中华民族勤劳节俭的光荣传统。古人说："一勤生百巧，一懒生百病。""历览前贤国与家，成由勤俭败由奢。"我们不能眼看着我们的后代成为"啃老族"和"月光族"，只有把勤俭的好传统传给我们的子孙，他们才能成为自食其力、自强不息的人。

所谓清廉，就是使我们的后代要终身坚持清正廉洁的操守。清廉，不光是对为官者的起码要求，而且对平民百姓来说，也是应该具备的品德修养。"打铁必须自身硬"，作为父母来说，要注意保持节操，对后代，从小要教育他们应该记住"莫饮过量之酒，莫贪不义之财"。长大后不管是为官还是为民，只要坚持清正廉洁的操守，就能成为堂堂正正、清清白白的人，在实现中华民族伟大复兴的事业中，"立德、立功、立言"。

俗话说"家风败，儿女坏"。不可否认的是，受到一些不良社会风气的影响，现在很多家庭的家风出现狭隘、庸俗、功利化倾向。一些家长从小教育孩子"不能吃亏""锱铢必较"，在教育孩子"积极进取""追求成功"的背后，其实是时时处处"为自己着想"。不少家长甚至用一套庸俗的成功学来教育孩子，成功仅仅是考上好大学、找到好工作，有的家庭甚至鼓励孩子走上社会后逞凶斗狠、善于钻营、唯利是图。家风式微，整个社会的功利化思想难辞其咎。因此，改善社会风气，要从家庭做起，从我们每个人做起，遵规有德，才能形成好的社会风尚。

《礼记·大学》所列"八条目"：格物、致知、正心、诚意、修身、齐家、治国、平天下，前四者是为修身而做的准备，虽未必人人都能治国、平天下，而修身、齐家却是每个人都可以做到的。践行家规家风，实践德行，即为实现人的事业而做的起码的准备，古人说"求忠臣必于孝子之门"正源于此。因此，当前有必要重视家规家风建设，用家规家风教化每个家庭成员。

我们处于一个信息骤增和高度共享的时代，一天不学习就会落后，就有可能跟不上这个时代飞速发展的步伐。做父母的需要更多学习，了解父母的职责，学习做父母，学会做父母，掌握家规的制定与适用，正如我在《一次管一生的教育》一书中说："家长为孩子改变1%，孩子会改变99%。"父母和孩子一起成长。随着孩子的不断成长，孩子不断出现新的变化，父母要适时跟踪了解自己的孩子，做到让自己的孩子在不同时期都享受到最好的、最适合的养育，助其长大成人。

《如何教孩子才会听——培养好孩子的99条家规》通过明确父母的职责定位，给家庭立家规，培养孩子言行规范，从关注孩子身心健康等全方位育儿的角度出发，结合大量实际案例以及育儿过程中经常遇到的问题，力图让父母们在阅读本书时，找出最适合自己孩子的培养方法，与孩子一起共同成长，传承优良家规家风，使家庭和睦幸福。

总之，让我们人人有个好梦想，家家有个好家规家风，孕育家人友善的情感、良好的礼仪、健康的人格、高尚的情操，努力实现我的梦、家庭梦和中国梦。

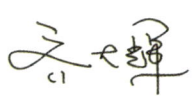

（中国家长教育研究所所长、北京大学教授）

2017年10月12日

## 第一章 发规

第1条 承规 …………… 2
第2条 兴规 …………… 5
第3条 立规 …………… 7
第4条 适规 …………… 10
第5条 司规 …………… 12
第6条 育规 …………… 15
第7条 和规 …………… 19
第8条 勤规 …………… 21
第9条 责规 …………… 23
第10条 善规 …………… 25
第11条 进规 …………… 28
第12条 律规 …………… 30
第13条 忠规 …………… 32

## 第二章 孝规

第14条 养亲 …………… 36
第15条 敬亲 …………… 39
第16条 顺亲 …………… 41
第17条 谏亲 …………… 44
第18条 侍疾 …………… 46
第19条 礼亲 …………… 48
第20条 育后 …………… 51
第21条 立身 …………… 54
第22条 立功 …………… 56

## 第三章 礼规

第23条 餐规 …………… 60
第24条 待客礼规 …………… 63
第25条 做客礼规 …………… 66
第26条 站规 …………… 69
第27条 坐规 …………… 73
第28条 蹲规 …………… 75
第29条 行规 …………… 77
第30条 注目礼规 …………… 82
第31条 点头礼规 …………… 84
第32条 扶门礼规 …………… 86
第33条 乘车礼规 …………… 88
第34条 乘电梯礼规 …………… 90
第35条 手机礼规 …………… 92
第36条 言规 …………… 95
第37条 道歉礼规 …………… 98
第38条 拒绝礼规 …………… 101
第39条 握手礼规 …………… 104
第40条 手势礼规 …………… 106
第41条 观赏礼规 …………… 109
第42条 一米线礼规 …………… 111
第43条 洗手间礼规 …………… 113
第44条 骑车礼规 …………… 116
第45条 网络礼规 …………… 119
第46条 游览礼规 …………… 121
第47条 特殊礼规 …………… 123

## 第四章 赏规

第48条　互赏 …………… 128
第49条　检赏 …………… 131
第50条　信赏 …………… 135
第51条　陪赏 …………… 138
第52条　爱赏 …………… 141
第53条　及赏 …………… 144
第54条　适赏 …………… 146
第55条　心赏 …………… 148

## 第五章 挫规

第56条　遇挫勿慌 ………… 151
第57条　逢挫析因 ………… 153
第58条　受挫护尊 ………… 156
第59条　遇挫不垮 ………… 158
第60条　屡挫屡进 ………… 160
第61条　挫后系亲 ………… 163
第62条　永不放弃 ………… 165
第63条　挫而奋起 ………… 167

## 第六章 健规

第64条　健身 …………… 171
第65条　防病 …………… 173
第66条　食养 …………… 175
第67条　忌口 …………… 178
第68条　睡足 …………… 180
第69条　健脑 …………… 183
第70条　护眼 …………… 186
第71条　乐观 …………… 189
第72条　积极 …………… 191
第73条　进取 …………… 194
第74条　勇敢 …………… 196

## 第七章 诚规

第75条　守规 …………… 200
第76条　守诺 …………… 203
第77条　守时 …………… 205
第78条　守信 …………… 207
第79条　守真 …………… 209
第80条　守实 …………… 211
第81条　改错 …………… 213
第82条　守心 …………… 215

## 第八章 戒规

第83条　戒怨 …………… 218
第84条　戒骄 …………… 221
第85条　戒躁 …………… 223
第86条　戒奢 …………… 226
第87条　戒恶 …………… 228
第88条　戒贪 …………… 232
第89条　戒打 …………… 234

## 第九章 学规

第90条　热爱读书 ………… 240
第91条　认真听课 ………… 243
第92条　务求甚解 ………… 245
第93条　独立作业 ………… 248
第94条　预习复习 ………… 250
第95条　勤于思考 ………… 254
第96条　学会笔记 ………… 256
第97条　广泛阅读 ………… 258
第98条　切磋交流 ………… 261
第99条　自主学习 ………… 263

## 后　记

人要做点有益的事 …………… 266

# 第一章 发规

# 第1条 承规

一天，成成正在看电视少儿节目，看到电视上的小朋友们正在绘声绘色地讲家规家风的故事，便问正在看书的爸爸："爸爸，什么是家规家训家风呀？"

爸爸看见成成爱动脑子，开心地抚摸了一下他圆乎乎的小脑袋。爸爸同时瞟了一眼成成看的电视节目，原来是中央电视台少儿频道正在播放《中华美德少年行——家规家风故事汇》节目。爸爸表扬了成成："成成呀，这个问题问得好！"然后合上书，告诉成成什么是家规。

家规，就是一个家庭成员的语言和行为规范，是教育规定家人及后代子孙的准则。也就是说，一个家庭里面，每一个人能说什么，不能说什么，能做什么，不能做什么，都有一定的规定。而"家训"呢，就是对家人及子孙立身处世、持家治业的训导和教诲。教导家人及子孙怎样做人，做一个什么样的人。家训是家人做人的道德标准。当每个家庭成员认真履行家规、家训，时间长了就会形成一定的家庭风气、风格，这就是家风了。

详细一点说，家风，也叫门风，是一个家庭或家族多年来形成的传统风气、风格和风尚，承载着一个家庭或家族的生活方式、生活态度、文化氛围、理念、价值观和人生观等，由此建构成一个家庭或家族独有的特色。家风不是一朝一夕形成的，它需要一个家庭可能一辈人、两辈人，甚至更多代人长期自觉遵守并完善的相关言行准则。需要几代人的持之以恒，努力奋斗，才能形成自家的独特家风。就像一个人要养成一个良好的

习惯，比如孩子要学会早睡早起，需要父母长期反复地训导提示，慢慢才能养成。家风的形成就需要更长时间了。

中国传统家规家训的传承有一个相当长的历史过程。从文字记载的历史看，《尚书》《周易》《诗经》中所反映的家规家训内容，是以著述形式出现的最早的家规家训起源。其实，家规家训作为中国传统文化根源最为深厚的部分，起源于尧舜时期普通百姓父子相传、口耳相授的生产生活实践，经历一代甚至几代人的积淀和努力，总结了无数家庭的得与失以及经验，凝结成为独一无二、适合自己家庭或家族实际的法宝，引领家庭或家族走向辉煌。优良的家风形成，往往是通过家规的创立者以及几代甚至数代人的不懈努力、践行而形成的。通过父传子、子传孙，子子孙孙相互濡染的家庭教育氛围，在生活的点滴之中不断地践行，形成一种无言、无声的教诲，最为直观、最为直接、最为基本、最为平常的家庭教育，在一代又一代的践行过程中，铸就了家庭言传身教的典范，培养造就了一代又一代的英才。

我们稍加梳理，解读一下历史，不难发现，许多长盛不衰、地位显赫的家庭家族，都会有各自兴旺发达的秘诀——家规、家训和家风，它贯穿于整个家庭或家族辉煌的始终。站在历史长河之上，无数曾经辉煌一时的家庭家族，他们的家风各有千秋，其中不乏堪称经典的"齐家、治国、平天下"的家规家风：岳母为儿刺字"精忠报国"，"忠"为岳家之家风；林则徐勤俭持家，生活简朴，他认为"贤而多财，则损其志；愚而多财，则增其过"，崇尚"俭"为林家之家风；曾国藩以"勤"为人生第一要义，崇尚"勤"为曾家之家风……

一个家族的振兴与发达，离不开引领家庭家族走向成功所必需的家规、家训、家教和家风。家风是一个家庭或家族最为重要的、无以替代的精神财富，它贯穿于整个家庭或家族的历史，影响、惠泽到每一个家庭成员。家风也是一个家庭或家族的魂魄之所在，支撑着家庭的进步与发展。在中国，人人都崇尚、向往底蕴厚重、有着浓厚文化氛围的家风，这也是众多家庭所追求向往的目标之一。

成成的爸爸还说，现在电视里播的家规家风故事会呀，就是以讲故事的形式，让广大少年儿童"晒"最美家规家风，讲最美家庭故事，让全社会分享的同时，更多地倡导全社会建立好的家规家训。众多的家庭需要创建好的家风家规，以走出家庭家族昙花一现的辉煌，走出"富不过三代"的生活怪圈。良好的家风传承是社会风尚健康发展的前提，每个家庭都应构建起具有各自特色的家风和家教。家长作为家庭的核心人物应该责无旁贷担当起这一重任，形成家庭的凝聚合力，助力社会风尚进步发展，助力伟大的"中国梦，我家的梦"的实现，让千万个家庭组合成一股实现中华民族的伟大复兴的强大力量。

希望有机会我们的成成也能上电视，讲讲我们家的家规家风。成成拍手连连说，好呀，好呀！

### 家规育儿微语

长辈对晚辈的要求是多方面的，涉及理想信念、修身养性、诚实守信、勤俭持家、宽厚待人、尊老爱幼、助人为乐等等，长辈以这些家规、家训为教育内容，晚辈以此为言行规则遵守践行，一个好的家风就会得到不断传承。建议家庭建立首条家规为承规，就是继承祖上传下来的良好家规、家训、家教、家风等精神财富，并在践行中，积极培育和传承好的家风使之发扬光大，进而推进家庭家族及至社会的进步与发展。

## 第2条 兴规

成成放学,一路蹦蹦跳跳回到家,一进门就扑到爸爸怀里说:"爸爸,今天老师讲中国梦,还要我们每个人说自己的梦想,我想当解放军!""好呀好呀,当解放军保家卫国,好!"爸爸连声称赞。

爸爸又说:"成成想当解放军保家卫国,首要的是保家,保证家庭的兴旺。家庭兴旺是我们家每个人的责任,每个家庭成员都要把振兴门庭作为第一要务,先让我们每个个体强壮起来。成成正在成长阶段,先要像解放军叔叔那样学会守规矩,学会做人做事。"

首先,读书明理,明白许多做人做事的道理,明白自己的责任和使命,有敬畏之心。懂得珍惜光阴,好好读书,天天读书,把书读好。做到"心是孝悌忠信,身是礼义廉耻,行是仁爱和平"。虽然很难达到这个标准,但也要努力尽量接近这个标准,能真正达到这个标准那就是圣贤。懂得成功在于积淀,在于勤奋努力,明白勤能补拙的道理。明白勤为人生的第一要义,勤于学习、勤于思考、勤于努力……

其次,热爱生活,热爱生命,举止规范,处世豁达,通晓事理,光明磊落,总能顺势而为,有着大家之风范,绝不小肚鸡肠。生活要俭朴,不贪求奢华。诚信为人,表里如一,讲究耕耘,注重过程,顺其自然,不急功近利。思想丰富而多彩,有着自己追求的人生目标,每天就会过得很有意义,日子里写满的都是充实。

再次,强身健体,拥有一个健康的心态和身体,不急不躁,不卑不亢,身

体之中时时处处散发出一种与众不同的味道——精神焕发，一点也不显混沌萎靡。

最后，和谐周围关系，达到从善如流，厚德载物。懂得伦理，伦理是关系，关系一定要搞清楚，关系不外乎五大类，父子、夫妇、兄弟、君臣、朋友，又叫五伦，五种关系。这五种关系、五种身份，我们每个人都有，叫作五伦十义。在家里面，对于你的父母，你是儿女的身份；对你自己的儿女，你是父母的身份；对兄弟，你是长幼的身份。离开家庭走进社会，你会有领导和被领导的身份，对你的部属，你是领导，领导是君；对你的长官，长官是君，你是臣；同僚是朋友，关系都要搞清楚。懂得关系就懂得义务责任，就知道自己应该怎么做，总的原则不外乎这十二个字："孝悌忠信，礼义廉耻，仁爱和平"。这十二个字常常放在心上，起心动念、言语造作不可以相违。

爸爸摸摸成成的头，说道："成成呀，这些以后你长大了就会渐渐明白了。希望你在我们家家规家训家风的影响下，塑造自己高尚的道德品格，高雅的举止素养，树立自己正确的世界观、人生观、价值观，逐渐培养自己的保家卫国的能力。传承我们家庭和家族勤奋问学、艰苦卓绝、言必行行必果、尊老爱幼、友善、和睦、民主、敬业、书香等家风，努力让我们家庭和家族走向长盛不衰。"

### 家规育儿微语

建议家庭建立"兴规"，让家庭兴旺成为每个家庭成员的义务和责任。父母的第一责任是教育孩子，而教育孩子第一位的就是培养孩子守规矩的好习惯，将孩子培养成明日家族兴旺、国家发展和保卫家国的人才，家长任重而道远。家庭是社会最小的单位，若干个家庭组成一个社会，而这个社会就是我们的民族，民族兴旺要靠一代又一代人的建设和奉献。

## 第3条 立规

成成看着电视,回过头来问爸爸:"爸爸,我们家有些什么家规呀?""这个问题问得好。"爸爸又表扬成成说,"爸爸以后有机会慢慢给你讲,先给你讲个故事啊。"

这是关于爸爸在国外掉手机的故事——爸爸曾到发达国家丢过3次手机,但3次都找回来了。当时感激涕零,怎么外国人个个都像活雷锋呀,仔细一想不一定哟。国外有这样一部法律,记得其中的三条,第一条,捡拾他人遗失物品7天内必须交到遗失物品公共招领处,超过7天未交视为非法占有他人财物,判刑5年。第二条,交到指定地点越早,补偿越多。当天送交,补偿捡拾物品价值的三分之二,物主领回物品需出资20元;次日送交,补偿捡拾物品价值的三分之一,物主领回物品需出资10元……第三条,一个月后无人认领,捡拾物品归拾主。

成成听了,说:"在国外手机丢了能找回来,国外真好!"爸爸说:"不一定是国外都好,应该说国外在路不拾遗这个事情上,制度设定得比较好。失主、拾主和国家三者成本利益分配有利于奖励和监督捡拾他人物品者,平衡了捡拾者和遗失者之间的利益关系,节省了社会运行的成本。国外丢失手机一定能找回,显现了制度设计的优势。"

你现在看的这个电视节目,是中央文明办以"弘扬传统美德,传承优良家风"为主题举办的活动,围绕培育和践行社会主义核心价值观,立足家庭家规、家风的树立和传承,广泛开展优秀家规、家风和家教故事展示活动。这是落实习近平总书记关于"要重视家庭建设,注重家庭、注重家规、注重家教、注重家风,发扬光大中华民族传统家庭美德"的重要讲话精神,所以我们家要建立家规,修订家规,把祖辈留下的优秀的家规、良好的家风传承下来,并融合我们这辈的特点和这个时代的特色,形成我们家新的家规,在践行中形成良好的家风,并且要一代一代传承下去,发扬光大。

爸爸想起爷爷传下来的家谱,便找了出来。成成你看,这是我们家的家谱,这里面就有我们家族的家规。我们家也要根据新时代的需要,在继承祖辈家规的基础上,制定新的家规。

家规是一定的规则,它应该适应于每个家庭,是每个家庭成员的必要约束,是现代家庭教育的需要。尽管家规是规范全家人的，但主要还是针对成长中的孩子，孩子天性是自由的，家规的制定就是规范这种自由。自由不等于放任，如果没有家规的约束，孩子便会放任自流而泛滥所欲，如此谈何自由与规矩教育。制定家规时，可以采取民主的方式进行讨论，子女也参与，而后家人共同执行，孩子必然也会认同。

制定家规首要的是考虑适合孩子的年龄特点，内容要切实可行。曾经有一位家长，从孩子一出生，就订下了四项重要的家规：一是教育孩子从小抓起，持之以恒；二是高度重视培养孩子的责任感；三是在家庭里讲民主，家长处处以身作则；四是高度重视培养孩子的良好习惯。家长在教育孩子的过程中，能坚持不懈地执行四项家规，不仅能培养孩子良好的品德素养和行为习惯，也能制约家长的言行举止，使其产生责任感、充实感，在教育孩子的同时自己也受到教育，提高自己的家庭教育能力，可谓两全其美。然而针对孩子的家规，有些规定不能永久不变，内容应当随孩子的成长而增减。

为子女预设做人目标，注重以品德为首的全面、综合的成长理念，是家规制定的主要内容。对处于学龄期的孩子，要突出品德教育和良好习惯的培养。家庭是每一个人生命的起点，是孩子的"制造厂"，是丰富人生悲喜剧的多彩的摇篮，品德和习惯的培养是孩子全面发展的导向和动力。而对中学阶段的孩子来说，就更多的是针对学习、毅力、人格、奋发向上、刻苦耐劳的内容，但无论针对哪个年龄段的孩子，制定家规都要包含优良品德和良好习惯的内容。但有的父母就忽视了这两点。如有些家长要求孩子高中毕业后考取重点大学，毕业后找到一份如意的工作，成为国家的栋梁之材。这当然是皆大欢喜的最佳结果。但家长更应该明白好高骛远的道理，制定家规的目的在于有章可循，按一定的规则办事，有一定的家庭规则并能认真予以执行，子女将来即使不成"才"，也一定会成"人"。培养一个对社会有用的人是家庭教育的成功，也是家规制定的要求和意义所在。

家规、家训对一代又一代人的影响是非常深远的，好的家规家训是一个家庭的灵魂，集中反映了一个家庭的价值取向，对每个家庭成员具有潜移默化的影响，具有教育人、引导人、凝聚人的积极作用，因此制定家规家训时，必须谨慎得法。家规的制定要合乎情理、合乎实际、合乎自己家庭的特点，既不要高不可攀，也不要随手可得而没有奔头，要把握好经过努力可以达到的"度"。同时，家规的制定还要合乎孩子成长的特点和需要，不添加任何不利于孩子发展的"催化剂"，不满足孩子的无理要求，让子女本能上认同并产生主动性，懂得人品与人格的养成在学习和生活中以及在自己人生道路上的重要性和必要性。家庭教育是需要孩子的理解和配合的，它是双边的活动。家长应为孩子的健康提供良好的环境，把握孩子的心理特征，满足孩子一定的精神需求和物质要求，培养其自信心、上进心，使孩子产生满足感和成就感，孩子自然会听从父母，按家规的要求行事。但家长应注意适度掌握，让孩子懂得"守规"，懂得"万事皆规则"。

　　不过，家规是约束人的，家规要有具体措施。比如落实文字，人人熟记；定期评价，表扬批评；家长示范，带头自检；互相监督，发扬民主；有人违规，适度惩罚。还要写家庭日记、记家庭日志并不断总结，这些都是可行的方式。在家规家训家风的引导下，孩子思想与心灵不断得到"净化""进化"和"升华"，就能健康快乐地成长。

　　俗话说："没有规矩，不成方圆。"建议家庭建立家规时要立一个规矩，这个规矩就是立家规的规矩。家长为一家之主，应当牵头制定家庭规则，特别是孩子的成长规则。当然这个家规是文明的规则，能够引导家庭成员特别是孩子按家规行事，培养孩子成为家庭的接班人，传承家业，弘扬家风。

## 第4条 适规

有一个学生来自贵州考到广州上学,给学校提意见说,学校要安排午休,否则习惯了午休的外地学生,下午上课没精神,不适应。老师告诉她,不午休,是广州人的习惯。她又说,在广州的外企都安排午休,学校为什么不安排午休?老师又说,这说明外企、外国都在走下坡路,未来世界一定是看中国的,中国一定会引领世界发展;并且现在中国看广州的,广州又引领中国未来的发展。如果你想回老家,你就午休好了;如果你想留在广州,就必须适应广州的生活习惯。

正如电视主持所言,家规立足于家庭这个社会细胞,它与社会成员的价值观紧密相连,立好家规,弘扬优良家风,对形成良好的民风、国风意义重大。

"家有家规,国有国法"。制定出合乎各自家庭、有价值、有意义、又便于操作的家规并认真执行,必定会有效解决现代家庭教育中很多家长束手无策的家庭教育难题。一个人为人处世,总是要受一定价值观的影响和支配,它就像航船的指南针,不可或缺。我们的家族、社会和国家,也需要这样一种价值体系来维系和支撑。好家规家训,促进好家风的形成,好家风,又是好民风、好国风的基础。家训正了,家规顺了,家风好了,民风就会正,就会顺,就会好,自然地,中华民族的国风就会立起来。建立好的家规家训,培育弘扬好家风,坚持从历史走向未来,在延续民族文化血脉中开拓前进,我们才能做好今天的事业。一部好的家规,不只是其家族本身的精神食粮,同样也是整个民族,乃至全人类的共同财富。一部部融入了千余年家族教育心得、经受住时代变迁考验的家训、家规,正在新的时代里扮演着新的角色,从而焕发出崭新的生机。

家庭优秀传统文化,需要适应家规的后人来传承。家规是中华民族优秀传统文化的重要组成部分,从古至今,历代家规在对家庭成员的谆谆训诫和殷殷劝勉中,凝聚着家长丰富而深刻的人生体验,对社会现实的客观评价以及对社会理想的孜孜追求。留住历史根脉,吸收和借鉴先人的文化遗产,传承中华文明,把传统家规文化中成功的教育理念、思想方法运用于今天的子女教育,并结合时代特色,加以发展,推陈出新,是肩负在当代家长身上责无旁贷的历史使命。

家庭传统家教美德，需要适应家规的后人来弘扬。家庭是社会的细胞，是一个人最早接受教育的地方，对个人的一生影响至关重要。从古至今不论名门望族，还是普通家庭，没人不爱自己的子女，其家规都有对孩子做人的基本要求，虽然角度有所不同，但大都体现了正面、积极、符合公序良俗的价值观，为新时代立家规打下了基础。家规好，家风才好；家风好，民风才淳；民风淳，社稷才安。弘扬优良的家风美德，对形成清正廉洁的党风、淳朴向上的民风、众志成城的国风意义重大。

　　家庭文化的发展融合，需要适应家规的后人来展示。每个家庭立身处世、持家育儿等价值观都有差异，各地文化交织相融，形成了特有的地方传统文化，最终形成了中华文化。这些家规家训中，既有开明大义的经典文化，又有耕读传家的持家文化；既有勇立潮头的开拓精神，又有兼容并蓄的处世文化；既有坚韧进取的为官文化，又有温润含蓄的为人文化。把分散的、日常的行为加以规范，见贤思齐，代代传承，既有助于建立相同的价值取向，也有利于多元文化的交融。

　　现代家庭教育，需要适应家规的后人来引导。由于各种原因，目前孩子对新兴事物接触较多，而接受传统文化熏陶较少，缺少中华优秀家庭文化中的"仁、义、礼、智、信"教育，"坑二代"屡见报端、屡次置顶。这就需要用"老底子"的东西审视和引导现代人的生活，用家规活动将社会主义核心价值观践行、落实，通过家庭教育来引领孩子未来的发展，并上升为用家规来进行传承，引导和培养更多的青年才俊，这样一来，优秀的家规家训又会激励着一代又一代的后辈们成长、成才。

**家规育儿微语**

孩子是家庭的未来。孩子从不成熟逐渐走向成熟的成长过程，就是一个适应家规的过程，建议家长培养孩子适规的习惯，先学会适应家规，跟着家长大人学，以养成习惯。待孩子长大成人后，如发现规则的不足，才能想到如何完善并创造新的家规，进一步提升家庭家族的发展。

## 第5条 司规

家庭是孩子的第一所学校，父母是孩子的第一任老师，父母对子女一生的影响既深且远。在孩子成长期间，父母既是导演又是老师。在孩子没有民事能力的时候，出于对孩子的责任，家长有义务指导孩子认识安全的行为；孩子的人生是一张单程票，家长要利用自己的人生经验指导孩子，让孩子少走弯路，少受挫折；孩子的潜能是可以被无限激发的，家长要科学地规划和把控孩子的人生剧本，让孩子演好自己的一生，促进孩子健康成长。父母同时也是观众，每一个孩子都有自己的个性与天赋，家长应该尊重孩子的主体地位和心理需要，在观察、理解的基础上正确引导孩子，给孩子主动发展的机会，让孩子在家庭、学校和社会共同组成的教育场中去体验人生路上的风景，随着孩子的成长，在自我尝试、建构、思考和总结中自己领悟人生，自己领悟剧本，修改台词，修改完善表达方式，家长则要从观众的角度，更注重教育的艺术。

孩子人生的这出戏，既需要父母作为导演，在孩子小的时候多引导，也需要父母作为观众，在孩子逐渐长大的时候多观赏。父母应不仅给予孩子保护、爱以及快乐，同时还应给孩子们自主选择人生道路的机会，并适时引导孩子做出正确的选择，鼓励孩子用自己的脚，走好自己的路，演好自己的人生。

通常来说，一个孩子的成长教育包括三大块：一是身体，二是能力，三是人品。

就成长教育而言，身体是最重要的，生命和健康是无价的。而能力是孩子将来在社会上立足比较重要的一个资本，主要包括三个方面：一是基本能力，基础知识和基本技能，即"双基"；二是潜在能力，实践能力和创新精神，即"两核"；三是社会能力，包括孩子的自立能力、应人能力和应物能力。一个孩子将来在社会上能否立足，先得看孩子是否具有一个健康的人格，有了健康的人格，孩子才有机会表现和发挥其他才能。

最终孩子在社会上能否脱颖而出，还得看他的人品。研究发现，一个孩子在单位中能不能迅速地被委以重任，能不能迅速地成长起来，得看他的风格——那就是他做人的风格能否被大伙所认可，做事的风格会不会被某个领导所赏识，个性风格能否被群众所接纳。一个孩子一辈子可以不去做什么学问，但是他走到哪儿都要做人。

对孩子的成长来说最重要的三点，一是人格健康。孩子生活中有一些挫折，甚至一些困难，不用担心他苦中能不能找到乐，而是要担心他的人格健不健康。一个人格不健康的人，其他物质条件即使很丰厚，他活着依旧感受不到幸福，甚至可能更痛苦。二是有人缘。鲁迅先生笔下的孔乙己死了之后没人想、没人探，就是因为他没有人缘。在独生子女日益增多的今天，一个孩子要没有了人缘、没有了朋友，那是非常孤独、非常可怜、非常可悲的。三是有才能。这是指孩子的才华、才学、才艺、才干。至于说一个孩子的家庭出身，他的性别、他的长相、他的身高、他的漂亮指数这些都不足挂齿。但是今天有些家长往往容易以偏概全，看一个孩子往往先看他的学习成绩怎样，这就错了。所以今天的父母在孩子成长当中角色要有所分工，父亲在孩子成长当中不可缺席。

男人今天面临着很大竞争压力，这个沉重的社会压力会让我们不得不去辛苦地在外面劳作，但是一个人要记着，事业的成功是一时，家庭的幸福是一世，尤其是孩子的成长是一世的事情。父亲在孩子成长的过程当中，在两个方面扮演着非常重要的角色，一是智慧的启迪，二是人格或者是做人的一种引导。难怪古人云"养不教父之过"。现在大量的研究告诉我们，父亲跟孩子相处的时间越长，孩子的后劲越足。

母亲在孩子的成长过程当中也应该扮演好自己理应扮演的角色。其中，有两个方面最重要，一方面是孩子习惯的养成。也就是做人的基本规矩，让做人的规矩迁移到下一代，成为习惯。泰戈尔曾深情地写道"播种习惯，收获人生"；李嘉诚先生也说过，播种习惯，成就事业。另一方面的影响在"情"，我们发现今天这个社会有一个奇特的现象，就是高智商的人都在给高情商的人打工。所以做父母的在孩子成长过程当中要扮演好引导人的角色，能做的事情就是加强与孩子的沟通，更多地培养孩子的情商。

### 家规育儿微语

孔子说："不在其位，不谋其政。"意思是说："你处在一个什么样的位置，就要做好分内的事情。处事者要各司其事、各司其职，不可越俎代庖。"建议家庭建立司规的家规。作为家长，主要职责是家规的传承者和制定者，孩子则主要是家规的培养者和养成者，在家规的执行和家风的形成中，每一个家庭成员要扮演好自己的角色，按照一定的规矩秩序各就各位、各司其职。当然家长的任务更重一些，家长要严格要求自己，起模范作用，共同以家规家风为中心，画好同心圆，同心同德，才能家庭兴旺。

## 第6条 育规

传承家庭优良传统，生儿育女，培育后代，是年轻父母的义务。家庭的发展特别是孩子的成长发展，需要家长来谋划。

让孩子平安长大，自食其力，是家长培养孩子的基本目标。不管家长是富翁还是平民，只要生下孩子，起码要让孩子平安长大，成为一个自食其力的人。然而就是这样一个最低标准，做家长的也不是轻而易举就能实现。

培养孩子的三级目标

现实生活中，有多少孩子没有平安地长大就中途夭折？这样触目惊心的例子实在太多了。比如，有一所名校，一个男孩和一个女孩一起跳楼自杀了。自杀的女孩曾是独生女，后来家里添了一个弟弟后，全家上下便把所有的爱都倾注到了这个弟弟的身上，这个女孩就被漠视了。如果这是一个粗心或者坚强的女孩也好，但她偏偏就是个敏感的孩子，每天都沉浸在失落和痛苦中。刚开始女孩还不断地抗议，可是父母总是拿"我对你和弟弟是一样"的话来搪塞，女孩发现抗议无效后，开始绝望，在学校里面表现也是一塌糊涂，学习成绩不好，跟同学相处也是我行我素。最后，这个女孩开始不断地表达厌世的想法，在QQ空间和QQ签名上都有显露，很多同班同学都看出了端倪，唯独女孩家长还不知道。终于有一天，女孩在网上发了类似遗书的日志被同学看见了，同学打电话到女孩的家里，告诉女孩的妈妈，要注意女孩可能有厌世自杀倾向。没想到女孩的父母说："别听她说，她老说要死，你们看她会不会死？"结果这天女孩直至深夜也没有回家，孩子的父母在焦急寻找女孩下落的时候，接到警察的电话，得知女儿和一个男孩已经跳楼自杀了。

还有一个例子发生在北京。曾经有一个太原的孩子成绩优异，被所在高中的校长举荐，来到北京一所著名的大学上学，可谓羡煞旁人。没想到上学之后一个多月，孩子就说不想读了，想回家。父母不同意，便来北京做孩子的思想工作，结果还是没有做通。在爸妈离开后，这个孩子自己用一根腰带上吊了。在被同学发现的时候他还有一口气，但送到医院之后就变成了植物人，后来孩子还是死了。好不容易养育了一个能保送上重点大学的孩子，就这样莫名其妙地去世了。

在一次全国的教育论坛上，来自武汉的一名小学校长的发言震惊了全场，他说："在座的各位，你们不要把教育的目的说得多么崇高和了不得，其实我就说两句话，如今教育的目的就是让我们的孩子今晚睡得着，明天不跳楼！"这是耸人听闻吗？我们仔细分析一下，这话是有道理的。让孩子今晚睡得着就是让孩子没有焦虑，能够平静地入睡，这就是做父母应该做到的地方。可是现在有的家长自己焦虑得不行，而且生怕孩子不焦虑，于是就说这个孩子"没心没肺的"，"你怎么还睡得着"，认为孩子眉头紧锁紧迫感十足才是正常的，其实这是违反孩子成长规律的。"让孩子睡得着"，就是不让孩子背负太重的负担和压力，能够心情愉悦地学习生活，快乐成长。这是父母应该做到的基本一点，但是很多的父母都做不到。

"明天不跳楼"就是要培养孩子良好的生存能力，特别是适应社会环境的能力，不要成为扶不起的阿斗。现在孩子的物质条件非常丰厚，孩子也不再挨饿，不再受冻，每天都接受父母的精心呵护。但这就给父母提出了一个新的挑战，我们孩子的心灵足够强大吗？父母要时刻提醒我们的孩子：月有阴晴圆缺，人有悲欢离合；大江里行船有顺风顺水的时候，也有逆风逆水的时候；人生也有高潮和低潮的时候，不管你遇到多么大的挫折，哪怕刀架在脖子上，只要它没砍下去，你就要相信生活、相信明天、相信未来，就要勇敢地往前冲。不要因为碰到一点挫折之后就跳楼了。当然，有的孩子不会想跳楼这个极端的行为，但一遇到挫折就整个人都垮下去了，认为没有前途和希望了，这也是很可怕的，也是很可悲的。挫折教育很重要，让孩子平安长大不容易，不是每个家长都能够解开孩子的心结，帮孩子减压，培养孩子在当今社会环境中生存的能力。

再者，要让孩子成为一个自食其力的人。每一个人来到这个世界上，首先要把自己那份"粮食"弄到，不吃别人的，不喝别人的，不占别人便宜。近几年，中国社会出现了一个新的族群——"啃老族"。一些孩子明明自己已经长大成人，已经可以自食其力，学历也不低，有能力养活自己了，偏偏自己不去劳动和付出，"宅"在家里，衣食住行全靠父母。后来研究发现，"啃老族"有两种表现，一种叫"显性啃老族"，另一

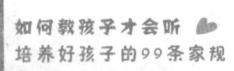

种叫"隐性啃老族"。

"显性啃老族"很好解释，就是指那些完全不去上班，吃喝全靠父母的群体。那么，什么是"隐性啃老族"呢？举一个例子来进行说明。2012年夏天，我去济南旅游，坐上出租车后，就问司机小伙子："这个车挺新的，是公司的车吗？"小伙子回答说是家里买的，用按揭买的，每个月的月供要一千多元。然后我又问他："有没有老婆？"他说，谈好了，结婚证都拿了，马上就准备婚礼了。再问："你老婆是做什么工作的？"他说，是在一家商场里当收银员，但是太辛苦了，每天要站十几个小时，又不能坐，家里人已经商量好了，等婚礼办完后就不让她上班了，就在家里做全职太太。于是又问他有没有房子。他说有，是父母给的，家里有一套80多平方米的房子，还有一套40多平方米的房子。原来全家都住在80多平方米的房子，现在把这套大一点的房子给了小两口做婚房，他的父母就搬到了40多平方米的小房子去了。最后问他一个月挣多少钱。他说两千多元。

我们来分析，这个孩子是不是"啃老族"？他一共就两千多元的收入，付完汽车的月供和油费、停车费之后就没有钱吃饭了，还要养一个不上班的老婆，还要住一套80多平方米的房子。这就是"隐性啃老族"。如果这样算的话，我们身边的"啃老族"比比皆是，许多年轻人多多少少还要"啃"一点。

"啃老族"一般不会只有一个人，因为"男大当婚，女大当嫁"。一个"啃老族"一定会带来两个"啃老族"。有人也许会说，是不是太刻薄了，难道他们就这么倒霉吗？他们的儿子啃老，娶一个老婆也一定会啃老吗？这不是刻薄，而是事实，中国有一句话叫"不是一家人，不进一家门"。人家孩子如果勤劳、能干得不得了，为什么要嫁给你们家一个"啃老"的孩子呢？而且一个家庭里两个"啃老族"也是打不住的，还要带来第三个"啃老族"，那就是他们结婚之后生的孩子，孩子父母都是"啃老"的，那襁褓中的孩子肯定也要啃，两代人啃一代人，这就是目前很多中国家长所面临的现实。

因此，家庭教育最起码的目标，应该是中国父母能够让孩子自食其力。

初级目标达到之后，让孩子成为一个对家庭、社会有用、有贡献的人是培养孩子的中级目标。我们知道，伟大的马克思一辈子最伟大的贡献之一就是发现了剩余价值。他研究出资本家为什么那么有钱，就是因为他剥削了工人的剩余价值。中国是社会主义国家，国家的发展也需要每个公民创造剩余价值。也就是说，每个人来到这个世界上后，除了自己的衣食住行等基本开销之外，一定要创造多余的价值，每个人创造的多余的价值累积起来就是公共积累，有了公共积累之后，我们才能修桥、铺路、建设机场等，才能养军队保家卫国。和初级目标相比，实现这个中级目标的难度会更大。

　　让孩子成为实现人生价值的幸福者，是培养孩子的高级目标。所有的家长都希望孩子幸福，但是很多家长并不知道什么是真正的幸福。有的人认为钱给得多，让孩子书读得好，让孩子读名校、去留学就是幸福。其实不然，幸福是一个主观感受，这个感受的最高境界是自我价值的实现。按照马斯洛的需求层次理论，人最高层次的需求是自我价值的实现，最终梦想成真。家长知道孩子的梦想是什么吗？孩子想做一个什么样的人？孩子想过什么样的生活？很多家长不知道，更多家长把自己的梦想强加给孩子，认为这样做孩子会幸福，其实孩子并不幸福。只有为自己的梦想而奋斗，并且在奋斗的路上取得成就的人，他们在梦想成真后才会有内心的快乐。但是很多人都只是为了生计而努力，梦想的动力最终在碌碌无为中消耗殆尽，这类人群是不会有真正意义上的幸福的。为了让孩子们不重蹈覆辙，让孩子真正地幸福，就要了解孩子，了解孩子真正的梦想是什么。这就是培养孩子的高级目标，决定了家长的角色定位，家长理应朝这个方向培养。

### 家规育儿微语

　　家庭的繁衍，有赖于生命的继续。建议家庭建立育规，生儿育女，培育后代，是年轻父母的基本义务。一个家庭的生生不息，除了人丁兴旺之外，家庭文化的培养尤其不能忽视。孩子的培育成长，家长是总导演，让孩子平安长大，自食其力，是家长培养孩子的基本目标。再努力培养孩子成为一个对家庭、社会有用、有贡献的人，成为一个实现人生价值的幸福者，是家长培养孩子的终极目标。

## 第7条 和规

我们家客厅挂了一幅杨柳青年画，画的是一个和蔼可亲的老婆婆。老婆婆脸上笑眯眯的，穿着一身五颜六色的长袍，身子圆得像一个球。顾名思义，这幅年画就叫作"一团和气"。老婆婆手里还捏着一条横幅，上面写着"和气吉祥"。正是因为有了这幅年画，我们家里人讲话都是和和气气的。

有一次，成成数学考试没考好。回家路上，成成想：糟了！今夜肯定有"暴风雨"。果然，妈妈看了试卷后怒火中烧，正想大声斥责成成，爸爸一看不对劲儿，用手指了指墙上那幅年画，妈妈回头一看，正好看到了那个老婆婆，老婆婆笑眯眯的，举着手里那条写着"和气吉祥"几个大字的横幅，好像在说："莫生气，和为贵！"妈妈的气一下子就消了，还坐下来慢慢地给成成讲试卷中的问题，哪里粗心大意了，疏忽在哪里，还让爸爸再给出一道类似的习题，成成一下子就做对了。后来的期末考试，成成的数学得了满分。

央视播放的《家有儿女》，很多人都看过，那是一个非常和睦的家庭，虽然有时候他们也会打打闹闹，但大多时候这个家还是充满了欢声笑语。爸爸知识渊博、诙谐幽默，妈妈尊老爱幼、尽职尽责，女儿聪明伶俐，大儿子调皮捣蛋，小儿子活泼可爱。这样的家庭多么温馨有趣。

曾经在网上看过这样一则故事：有一个女孩，名叫兰兰，她的父母几乎每天吵架，而且一天比一天吵得凶。兰兰害怕看到爸爸妈妈吵架，每当爸爸妈妈互相骂人的时候，兰兰总是把自己关在小房间里，一个人哭泣。兰兰是多么希望爸爸妈妈不再吵架，和和气气地讲话呀！有一天，兰兰病了，躺在床上休息，爸爸妈妈坐在她的床边，轻轻地说话，就连放一个杯子都是轻轻的，害怕吵醒她。这时，她心中无比高兴，甚至希望自己永远都能这样生病，那爸爸妈妈就再也不会吵架了。

兰兰多可惜呀。家庭的争吵，永远没有赢家，家不是讲理的地方，而是讲爱的地方，用爱筑的巢嘛。虽说家庭矛盾是不可避免的，但我们可以用不同的方式去化解，也可以说是以平和之心包容家里人。现在无论国家还是家庭都在倡导和谐，什么是和

谐？"和"是互相尊重，"谐"是互相礼让。和谐从何而来？真正的和谐来自爱心，坚信人性与爱心可以化解一切矛盾。在家庭伦常中，我们只能对照自己、反省自己，如果拿这伦常道理来对照、指责我们身边的人，必定适得其反。在家庭中，要懂得知恩、感恩、报恩，"不看别人好不好，只管自己对不对"，对父母来说，"不管子女孝不孝，但看自己慈不慈"，对子女来说，"不管父母慈不慈，但看自己孝不孝"，这样一家人就能和谐相处了。

## 家规育儿微语

家和，即家庭和睦。家和万事兴，家庭和睦是万事兴旺之根本，之首要。建议家庭建立和规，防止和化解家庭吵闹等矛盾纠纷。家庭和睦靠一家人一起努力，和睦的家庭能给每一个家庭成员带来温暖，大家相互真诚沟通，互相包容，才能带来快乐，带来健康，带来智慧，带来前行的力量。

## 第8条 勤规

"成成呀，爸爸今天给你讲一个故事。"成成连忙说"好呀好呀"，然后坐到爸爸跟前，竖起耳朵听故事。

从前有两个兄弟，一个叫勤劳，一个叫懒惰。他们同是老天爷的孩子，享受着同样的待遇。一天，他们的父亲老天爷说道："孩子们！你们长大了，应该去人间历练历练了。"

勤劳听了很高兴地说："天呀！太好了，我正想出去活动活动身体，锻炼锻炼呢。"懒惰听了则皱着眉头说："天呀！为什么要让我们去人间，我讨厌活动。"老天爷因为耳朵有些背，并没有听见他们说什么，以为他们都非常愿意，于是就把他们送去了人间。

老天爷让勤劳钻进了一位穷人的身上，让懒惰钻进了富人身上。一天下来，勤劳哭了，因为他在穷人身上快闷死了，穷人就是不愿意干活，连走一步都懒得动弹，勤劳从小到大哪里试过这么懒惰的生活。住进富人家的懒惰，也哭了，哭得比勤劳还伤心，他说："我天生就不爱动，更不愿干活，可这富人每天就没有闲下来的时候，一会儿干这个，一会儿干那个，我快累得喘不过气来了，谁来救救我呀？"

他的呼声被勤劳听见了，勤劳说："哥！我来救你。我们换一下吧！你来穷人身上，我去富人身上吧！"懒惰正求之不得，他二话不说，赶紧跑到了穷人身上，勤劳钻进了富人身上。这样一来勤劳得到了充分的发展，懒惰也找到了自己的主人。

可怜的老天爷还不知道他的两个孩子在他的眼皮子底下互换了，只是奇怪为什么富人更富了，而穷人却更穷了。

原来富人是因勤劳而富裕的。无论做任何事情他都习以为常地努力劳作，始终专注于工作。勤劳包涵了长度、广度和厚度三个方面。所谓长度，是指持续劳作时间的长短，广度指的是劳作事情的多寡，厚度指的是"出于本性的勤劳"和"持续专注于工作"所投入的精力。《三字经》里记录了不少勤学不辍的故事，"囊萤映雪""牛角挂书"等故事，至今仍被中国不少的读书人不同程度地传颂效仿着。很多情况下，有的人一旦初获功名就会放弃往日的勤奋。但中国人是不会把这类人称作"士"的，只有那些在荆棘丛生的狭窄小路上勇往直前，直至功成名就的人，才配得上这一荣耀的称呼。与读书人不懈的勤奋相比，中国农民的勤劳更胜一筹。农民的活计就像主妇手中的家务，细致又认真，没完又没了。中国农民一年忙到头，没有丝毫空闲。无疑，世界各地的农民大抵都是忙碌的，因勤劳创造了财富，温暖了世界，发展了世界。

曾国藩说过，为官者当有五勤，即身勤、眼勤、手勤、口勤、心勤。这"以勤治事"的"五勤"之道，既是为官之道，同时也是为人处世之道，值得我们学习借鉴。"身勤"就是身体力行、以身作则。言传不如身教，家长给孩子做一个好榜样。"眼勤"是从细微之处识人，练就一双慧眼。"手勤"就是要养成一个反省、读书、交流的好习惯，不断训导教育子女，让后代人才辈出。"口勤"就是与人的相处之道，态度谦恭又热情，"己欲立而立人，己欲达而达人"。"心勤"其实就是坚定的意志品质，有一种精诚所至的信念在支撑自己。曾国藩崇尚"一勤天下无难事"，只要我们从各方面下足功夫，功到自然成。

勤劳可以致富，勤劳可以发家。成成的老家可是把勤劳放在第一位。在家里数爷爷、奶奶最勤劳了，家住在农村的爷爷奶奶，靠一双手才能供爸爸和叔叔上学，勤劳就这样不知不觉地成为我们家的家风。

曾国藩说："天下古今之庸人，皆以一'惰'字致败。"从古至今，成大事业者无不在各自的领域兢兢业业，辛勤耕耘。建议家庭建立勤规，养成勤劳的习惯。世上从来没有不劳而获的事情，如果有也只是如白驹过隙般短暂，根本不能长时间停留。在现代社会，勤劳对于每个人都是必要的，以勤治惰，以勤治庸，不管是修身自律，还是为人处世，一勤天下无难事。

## 第9条 责规

成成游埃及时，有一个项目是乘帆船游览尼罗河，游客都在悠闲地欣赏两岸的风光。成成看到船长一会儿忙前，一会儿忙后，调整或指挥船员们操作船帆的方向，使船平安驶向目的地。成成就惊叹地说："爸爸，船长好牛呀，帆船没有动力，船长就靠调整帆的方向，指挥帆船航行。"

爸爸微笑着说："成成呀，我们来仔细观察一下船长的行为，你看风平浪静之时，船长比较省劲，也不需做出更多更大的努力，有时闭目养神，稍稍拉拉绳子，调整调整帆向，船就能沿着航线航行。可是船长时刻也没懈怠，时刻关注周围的各种变化，需要转向或者危险的时候，船长迅速爬上桅杆，快速拉绳调向，操作帆船平安驶向前方。"

其实呀，家就像一艘航行的船，每个家庭成员就是航船上的船员。家长就像船长，要有高度的责任心和使命感，运用自己的智慧和各种手段，不断地调和各种关系，调动船员的积极性，增强每个船员的责任心和事业心，增进船员之间的凝聚力，时刻保证航船的安全、祥和、平稳、顺利。无论在何种情况下，要能经得起大风大浪的考验和洗礼，面对困难绝不言放弃，勇敢地去面对，带领大家度过危险和难关，走向幸福平安的未来。

帆船有一条绳子操纵帆向，家也需要一条绳子，把大家紧紧地联结在一起。这条绳子就是家规，驱使着、约束着每个家庭成员的行为举止，规范着人生之路。家规维系着血浓于水的亲情，成为联系大家的纽带。家是港湾，在你疲惫不堪的时候，无论你走到天涯还是海角，无论你走多远，血浓于水的亲情都会牵着你回家。当然家也需要每个家庭成员的尽职尽责，举家修身作为，需要每个家庭成员的共同呵护和精心经营，相互团结，相互包容、理解，让家庭充满温柔和睦，让疲惫不堪和经历各种旅途艰辛的人有一种回归放松、坦然的感觉。家成为家庭成员心目中的根，深深地扎在每个人的心中，支持着每个人稳固地成长；家是一个无边的大海，容纳着百川，无时无刻不容纳着每个成员；家是一份责任，是一份担当。

在一个家庭里，男性的一生，为人子，为人夫，为人父，在享受父母疼爱、妻子柔情、儿女欢愉等人生快乐的同时，也就肩负着为人子、为人夫、为人父的责任，责任在身，责任重大。为人子，重在孝顺父母，赡养老人；为人夫，重在关心妻子生活，执子之手，与子偕老，相互依靠；为人父，养儿育女，让孩子感到你的父爱，做孩子的朋友、导师，言传身教。做好儿子，做好丈夫，用行动证明孝顺的儿子，称职的丈夫，同时，你还要注意自己的修身养性，提高自己的文化素养和道德品质的修养，打铁还需本身硬。在儿女心中树立起威信，得到儿女认可、尊重，让儿女以你为榜样。男人就要有担当，就要尽男人的责任。家庭男性唯有一生拼搏，忍辱负重，苦苦前行，当好儿子，做好丈夫，做好父亲。

而一个家庭里的女性在婚前，可以是爸妈的宝，撒娇偷懒都可以得到爸妈的无私宽容，但婚后的女性，成了别人的妻子、儿媳或者母亲时，就有了自己在家庭中的责任。为人妻，性从天理，心从道理，身从情理，助夫成德。上孝公婆，中和妯娌，下教儿女，相夫教子，家庭美满。一个家庭的幸福，在很大程度上要靠女人去精心营造。女人营造幸福家庭，其责任就在于用心做好每件事。

## 家规育儿微语

每个人都有自己的安身立命之所，都有自己心目中温暖的家。天有天道，人有人道，家有家道，万物都有道。道道有光照，知道明道，行道得道。"富润屋，德润身。"建议家庭建立责规，细化家庭成员的责任。倡导每个家庭成员为家庭的兴旺发达尽心尽力尽责，共同创造财富，建设共同的精神家园，营造一个温馨和睦的家。

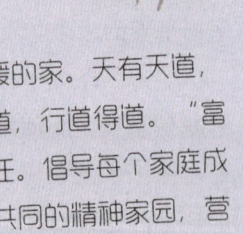

## 第10条 善规

"任何时候我们都不应该变成坏人，是吗？"孩子这样问爸爸。"任何时候！"爸爸这样回答他。

《末日危途》这部电影，讲述了世界末日之下各种资源匮乏，幸存下来的人为了生存无所不用其极，甚至发展到人吃人的地步。在这样的世界里，有一对父子在见证了各种令人发指的暴行之后，儿子与父亲有了上面这段对话。

在一个毫无希望的世界里，"善"还是必要的吗？在生命本身都不再有意义时，"做个好人"还有意义吗？电影里的大多数人用行动做出了回答，他们瞪着血红的眼睛，被永恒的饥饿驱使，将眼里的世界分为食物与非食物。他们急迫地向食物扑去，哪怕这个食物是同类。在乱世之下为了生存，手段变得不再那么重要，但也绝对不是说为了自己能活下去，可以干任何事。电影中的主角父子的选择不同，他们宁愿饿死也不吃人，甚至在碰到垂死的同胞时，孩子坚持说："爸爸，给他一瓶罐头吧。""你必须守住内心的火焰。"这是父子间的约定，约定"善"的求生策略。

作为一家之主的家长，肩负着构建和谐家庭生活的重要责任，应在每个家庭成员心中种下一颗善良的种子。在读老子《道德经》中"居善地，心善渊，与善仁，言善信，政善治，事善能，动善时"这一段文字后，感受颇深，似乎悟出了一种"善"的家庭发展策略。

居善地。家住的那一小块地方，是一个家长的自留地和责任田。无论你是当官的还是平民百姓，无论你是百万富翁还是贫困之户，无论你离家远还是近，无论你工作忙还是闲，都要安排足够的时间，投入一定的物质和精力，以极强的责任心善待家庭并去辛勤耕耘，精心经营管理，善待家庭就等于善待自己。因为人生之乐，不在家有万贯，不在权重一时，而在有和谐安康幸福的那一小块地方。

心善渊。作为一个家长，十分需要好学上进，不但要努力追求知识的渊博，还要努力探索家学的渊源。不论你漂泊到什么地方，千万不能忘记你是从何而来；不论你遇到什么样的精彩世界，千万不能忘记你的家和亲人。一个家长，对家的概念，务必要有一个渊深的认识、理解和牵挂;务必要站得高一些,看得远一些,幻想少一些,实际多一些,把承担的家庭责任放到一个恰当的位置上。

与善仁。"仁"是中国传统文化道德结构的中心,不过,当今的家长仍然有必要把仁作为修养的基本标准和行为规范,这与时下的精神文明道德标准并不矛盾。家人要以仁爱慈善之心善待家庭中的所有成员,对长辈要孝敬,对配偶要体贴,对兄弟姐妹要关照,对子女要疼爱,亲之必先爱之,要像爱护自己的生命一样爱护自己的亲人。这样,才能维系亲情,传承家庭优秀的道德和价值观念。

言善信。在家庭生活中,亲人之间的思想交流非常重要,而作为一个家长,在家庭中必须做到言而有信,说话算数,言必行,行必果。给家庭成员答应了要办的事情,一定要千方百计按照自己的承诺兑现;对暂时有困难无法做到的事情,要耐心说明缘由,万万不能图一时的高兴,乱许诺。特别是你要求子女说话算数,那么,你对子女也要说话算数,让自己的家庭成为讲诚信的地方,努力营造一个人人讲诚信,大家都受益的自由的家庭生活环境。

政善治。一个家庭中的家长,应树立起以德治家、以廉护家、文明立家的理念,主动承担起治理家庭的责任。重要的是要立好家规,规范言行,管好自己,管好配偶,管好子女,坚持培养艰苦奋斗、勤俭持家、健康文明的家庭生活方式,尤其是在教育子女方面,要下真功夫严格管教,切实做到言传身教,对子女不溺爱不娇纵,培养子女诚实劳动,创造财富过日子的本领,使家庭真正成为子女健康成长的"第一所学校"。因为子女是家风不倒、门风不破、家庭和谐的希望和未来。

事善能。家庭中的事情具体而繁杂,比如衣食住行、生儿育女、婚丧嫁娶、人际交往、财产支配等,可谓是家家都有一本难念的经。作为一个家长,对家中所遇到的各种事情和矛盾,自己都要有能力把它妥善处理了,这才能算得上你是家里的顶梁柱。所

以，家长要终身学习，提高素质，以自己的聪明才智把家庭建设成为享受天伦之乐的平安、温馨的乐园和幸福、文明的港湾。

动善时。在一个家庭的日常生活中，大到买房，小到购衣等，都需要一家之主的家长在同家人商量的基础上果断地做出正确决策，例如什么时间买房，买什么地段的房，买多大面积的房，买什么价位的房等。这就要实事求是，量体裁衣，把握最合适的时机行动。同时，在决策时，不因循，不观望，不退缩，不犹豫，想到就做，有尝试的勇气，有实践的决心。居里夫人说得好："弱者等待时机，强者创造时机。"时间就是机遇，时间可以改变一切，家长要做创造时机的强者。

诚然，构建和谐家庭生活，家长责任重大，但没有家庭成员的全力支持和协助是难以实现的。愿天下的家庭都和谐太平、美满幸福。

## 家规育儿微语

建议家庭建立善规，在每个家庭成员心中根植一颗善良的种子，尤其是孩子，以善求生存策略，"居善地，心善渊，与善仁，言善信，政善治，事善能，动善时，行善事"。最后达到自身内心和与外部世界的和谐，成为一个"善人"，构建和谐家庭生活，享受幸福人生。

## 第11条 进取

一个少年喜欢弹琴,想成为一名音乐家;另一个少年爱好绘画,想成为一名美术家。然而,他们都突然经历了一场灾难。结果,想当音乐家的少年,再也无法听见任何声音;想当美术家的少年,再也无法看到这个五彩缤纷的世界。两个少年非常伤心,痛哭流涕,埋怨命运的不公。

这时,一位老人知道了他们的遭遇和怨恨。老人对耳聋的少年用手语比画着说:"你的耳朵虽然听不见了,但眼睛还是明亮的,为什么不改学绘画呢!"然后,他又对眼瞎的少年说:"你的眼睛虽然失明了,但耳朵还是灵敏的,为什么不改学弹琴呢?"两个少年听了,心里一亮。他们从此不再埋怨命运的不公,开始了新的追求。

改学绘画的少年发现耳聋了可以使自己避免一切喧嚣的干扰,使精力高度专注。改学弹琴的少年慢慢地发现失明反而能够免除许多无谓的烦恼,使心思无比集中。后来,耳聋的少年成了美术家,名扬四海;失明的少年终于成为音乐家,饮誉天下。他们相约去拜见并感谢那位老人。老人笑着说:"不用谢我,该感谢你们自己的努力进取。事实证明,当命运堵塞了一条道路的时候,它常常会留下另一条道路!"

有三个人用石头砌房子,有人问他们在做什么,第一个问答:"我在砌房子。"另一个回答:"我在建造美丽的建筑。"第三个则说:"我在为这个城市的发展建设努力。"若干年后,第一个人成了砌房子的建筑工人,第二个人则成了建筑设计师,第三个人成了这座城市的市长。

上面两个小故事告诉我们,一个人的心胸有多大,舞台就有多大。进取心和想象力是成功的起点,也是最重要的心理资源。因此,作为家长,应不断进取,同时培养家庭成员的上进心、进取心,养成目光高远,时刻想着为自己心中的目标奋斗的习惯,不断获取人生奋进的动力。还应充分挖掘每个家庭成员的潜能,帮助他们实现美好人生目标,实现人生的价值,充分享受人生的甘美。

家长要不断进取,学习做好家长。没有天生成功的父母,也没有不需要学习的父母,成功的父母都是不断自我学习提高的结果。我接触过这么多杰出的父母,没有一个是轻易就取得教子成功的。一位优秀的母亲甚至说：很多人都认为我很轻松，说你的孩子那么优秀，根本就不要你管。殊不知，其实我连晚上睡觉都有一只眼睛是睁着的！好母亲防患于未然，而不合格的母亲则是，孩子的问题已经很严重了，甚至老师都已经找孩子谈话了，她还没有意识到。

全国首届十大杰出母亲沈丽萍女士是个画家。她说为了学画，她不仅上了大学，而且到中央工艺美术学院进修；不仅买了许多书籍，而且参观了数不尽的画展，听了数不尽的学术报告。可是她从没有意识到培养孩子也应该花时间，直到孩子因为空难导致身体严重残疾之后，她才开始真正学做母亲，并且由于自己的努力，最终帮助孩子战胜残疾，成为被挪威人民赞誉的"中国英雄"。

## 家规育儿微语

一个人的心胸有多大，舞台就有多大。建议家庭建立进规，引导家庭成员目光高远、积极进取，培养家庭成员的上进心、进取心，帮助他们不断获取人生奋进的动力，充分挖掘每个家庭成员的潜能，帮助他们实现美好人生目标，实现人生的价值，充分享受人生的甘美。

## 第12条 律规

在我国宋朝时期，有一天上午，一个叫许衡的孩子和五六个小伙伴在一起玩耍。那时正值盛夏，骄阳如火，小伙伴们一起玩得特别开心，个个满头大汗，口干舌燥的。突然一个叫徐亮的小伙伴惊喜地发现并大叫起来："梨，大家快看！"只见一座破落的院子里，长有两棵梨树，树上挂满了黄澄澄的大鸭梨，屋子里门窗敞着破败了，看来主人早就不在这里居住了。

徐亮蹭蹭一溜烟爬上梨树，一手摘个大的往嘴里塞，美滋滋地说："啊，好甜！"引得小伙伴们心痒痒的，急不可耐想吃梨解渴，纷纷央求他摘些梨子扔下来。徐亮随后摘下梨子往下扔，小伙伴们争抢着捡梨吃梨，开心极了。

"咦，怎么许衡独自坐在那里不吃梨呀？"徐亮感到奇怪，就问许衡，"你不渴吗？"许衡摇了摇头："渴是渴，可梨不是自己的，妈妈告诉我不能随便吃别人的东西！""唉，你可真傻，这梨树现在又没主人，为什么不吃呢？"边说边递给他两个梨，"给，快吃吧！别这么傻了。"许衡推开梨说："这梨虽然暂时没有主人，可它并不是我的，我绝不能吃。"

你看，像许衡这样，能自己约束自己，自己管住自己，这就是自律。正是因为许衡善于自律，后来他成了一位出色的学者与政治家，一直受到后人的尊敬。

柳传志以"自律"在业界享有盛名。他就是以"管理自己"的方式"感召他人"。自律首先表现在他的守时上，柳传志本人在守时方面的表现让人惊叹。在二十多年无数次的大小会议中，他几乎没有迟到过。

有一次他到中国人民大学演讲，为了不迟到，他特意早到了半个小时，在会场外坐在车里等待，开会前10分钟从车里出来，到会场时一分不差。

2007年，温州商界邀请柳传志前往交流。当时，暴雨侵袭温州，柳传志搭乘的飞机迫降在上海，工作人员建议第二天早晨再乘机飞往温州，柳传志不同意，担心第二天飞机再延误无法准时参会，叫人找来"公务车"，连夜赶路，终于在第二天早上六点左右赶到了温州。当柳传志红着眼睛出现在会场时，温州的那位知名企业家激动得热泪盈眶。

"律"是规范，"自律"便是控制自己的行为遵守规范。凡成功者无不懂得自律，自律是修身立志成大事者必须具备的能力和条件。从本质上讲，自律就是你被迫行动前，有勇气克服自身的懒散惰性，主动去做你想做的必须做的事情，直到达成目的。作为家长应培养孩子的自律能力，磨炼孩子意志，让每个家庭成员都能做到自律，让自律成为家庭成员的一种习惯，一种生活方式，让自律造就成功幸福的美好家庭。

> 自律是修身立志成大事者必须具备的能力和条件。建议家庭建立律规，家长在做好自律表率的同时，应培养孩子的自律能力，让每个家庭成员都能从他律达到自律，让自律成为家庭成员的一种习惯，一种生活方式，造就成功幸福的美好家庭。

## 第13条 忠规

1947年，邓稼先考取了留美研究生，顺利地进入了美国印第安纳州的普渡大学研究生院，就读于物理系。他的导师荷兰人德尔·哈尔是搞核物理研究的，所以邓稼先很自然地也做了核物理方面的研究。

1949年10月，中华人民共和国成立。得知这一消息后，邓稼先激情满怀，当即朗读了别人创作的一首长诗：

当一场暴风雨过后

祖国已迎来灿烂的黎明……

我们就要回到你身边

祖国啊，母亲……

1950年8月20日，邓稼先获得了博士学位，那一年，他只有26岁，被人们称作"娃娃博士"。同年8月29日，邓稼先与一百多名学者一起，历尽艰辛，启程奔向祖国的怀抱。

1958年8月的一天，时任中科院原子能研究所所长的钱三强把邓稼先叫到办公室，幽默地对他说："稼先同志，国家要放一个'大炮仗'，调你去做这项工作，怎么样？""大炮仗？"从事核物理研究的邓稼先稍一沉吟，马上明白——国家要研制原子弹。我能行吗？邓稼先似乎还没有从吃惊中回过神来。当钱三强谈了工作的意义和任务之后，邓稼先全都懂了。不过，这项工作之艰巨、自己后半生将为此付出的代价，一切的一切，在当时，他都不得而知。

那是一个改变命运的夜晚，邓稼先的妻子许鹿希永远无法忘记："那一夜，他一反常态地无法安睡。到后来，他跟我说，他要调动工作。我问他调哪去，他说这不能说，做什么工作也不能说。后来，我说你给我一个回信信箱的号码，我跟你通信，他说也许这都不行。当时我们聊到了十几年前，国家备受侵略者踩蹦、日本的飞机肆无忌惮轰炸的情景。往日的情景或许触发了他，过了一会儿，他突然说：'我的生命就献给未来的工作了。做好了这件事，我这一生就过得很有意义，就是为它死了也值得！'"

第二天，邓稼先像变了一个人似的，从不喜欢照相的他，带着妻子、四岁的女儿和两岁的儿子，到照相馆照了一张全家福。这或许是他要留给亲人的纪念吧！之后，邓稼先走了。他的妻子许鹿希感到一种莫名的伤害，因为，除了丈夫那些简短的话，没有一个人给她解释什么，丈夫就这样活生生地从身边消失了。其实，她哪里知道，邓稼先为了国家利益的无悔选择，不仅对她和家人是一种伤害，对邓稼先本人，也是一种伤害啊！他的一切都将不能告诉父母，不能告诉妻儿，不能透露个人的行踪，不能发表学术论文，不能公开做报告，不能出国，不能与朋友们随便交往，工作成绩再大、功劳再大都将无人知晓，一辈子都不会看到自己声名远扬，甚至到死也只能默默无闻！

但是，为了自己的祖国，邓稼先认了，宁愿伤害自己和自己的亲人！

1958年，邓稼先从许鹿希身边消失的时候，邓稼先34岁，许鹿希只有30岁。在许鹿希的记忆中，邓稼先几乎从未休过探亲假。从1958年他被调去搞原子弹，到1986年他去世，前后28年间他们聚少离多。他的工作保密性太强了，而且当时纪律十分苛刻、严格，他不能多说，她也不能多问。甚至许鹿希的北京医科大学的同事都不能来家里，免得受影响。至于他什么时候回来她根本不知道，什么时候该走，一个电话，汽车马上就在楼底下等着，警卫员一来就马上走了。

那是一个几乎从零开始的事业，艰难可想而知。然而，我们成功了。1964年10月6日和1967年6月17日，中国研制的原子弹和氢弹爆炸成功！

两弹元勋邓稼先，他参加组织和领导中国核武器的研究、设计工作，是中国核武器理论研究工作的奠基者之一。他把自己的一生献给了祖国。

2017年4月20日，我参观上海交通大学钱学森图书馆时，看到了邓稼先的团队研究的第一个"大炮仗"成功发射后的备份弹，在高大的弹体边，发现了一张照片背后的作者自己。

那是1987年10月5日，中国空军利用邓稼先的团队研究的红旗-2号导弹击落越南入侵我国领空侦察的侦察机的照片。我当时是参加这一战斗行动的指挥员之一，成功地组织指挥我空军歼击机伴动，逼敌机入我导弹伏击范围，红旗-2号导弹一举将其击落，保卫了祖国领空的安全。

我小时候最爱听父亲讲故事，是听着父亲的爱国故事长大的，高中毕业时，我毅然走进了军营，成为一名空军飞行员。

后来转业到地方工作，父亲还对我说，做好党分配给你的工作就是爱国，不然连国家发给你的工资都对不起！我牢记父亲的教诲，兢兢业业、勤勤恳恳，对职业的敬畏使自己不敢稍有懈怠。

再后来，我走上了领导岗位。父亲再提醒我说，当官就要堂堂正正、清清白白、不怕吃苦、不怕吃亏、不怕得罪人（决不能有意整人），才能当好官。当不了好官，至少也要当个守规矩的官，万不可当赃官贪官糊涂官，秦桧、和珅就是警示钟在那挂着呢！父亲的教诲我时刻牢记在心，几十年当官不像官，自觉以普通士兵自束自励。

父亲的家国情怀，深深地感染了我。现在父亲早已离去，每当梦中相见，父亲似乎还在嘱咐我，要力所能及地多做些工作，以报效祖国养育教导之恩。

家国情怀是一个人对自己国家和人民所表现出来的深情大爱，是对国家富强、人民幸福所展现出来的理想追求。它是对自己国家一种高度认同感和归属感、责任感和使命感的体现，是一种深层次的文化心理密码。"烽火连三月，家书抵万金"，这是杜甫对家的眷恋；"王师北定中原日，家祭无忘告乃翁"，这是陆游对国家的期许；"拼将十万头颅血，须把乾坤力挽回"，这是秋瑾报国的决心；"振兴中华""天下为公"，这是中山先生的情怀；"问苍茫大地，谁主沉浮？"这是毛泽东对历史的叩问。直到今天，哪一位中华儿女，不希望祖国强大，不憧憬生活美满？家国情怀就这样代代流淌，绵延不止，凝聚成岿然不倒的民族精神，升华为中国追梦的不竭动力。

## 家规育儿微语

孟子说："天下之本在国，国之本在家，家之本在身。"孟子用严密的逻辑语言，说明天下、国、家、人的关系。国家的仁德政治、家庭的仁德风气、个人的仁德修养息息相关。有国才有家，建议家庭建立忠规，年轻的父母，将忠于家庭、忠于国家的种子种在孩子幼小的心灵里，滋养我们后代的家国情怀，以"家庭梦"托起"中国梦"，实现中华民族的伟大复兴。

# 第二章 孝规

## 第14条 养亲

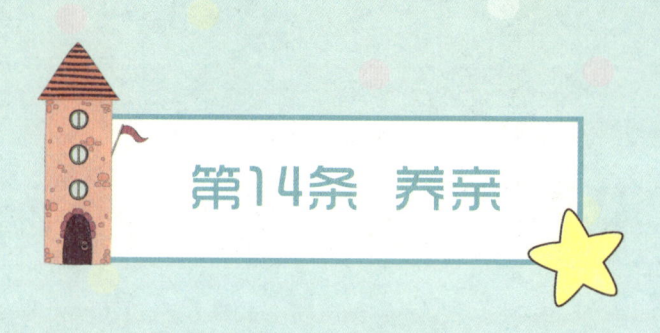

从前，黄香小时候，家中生活很艰苦。在他9岁时，母亲就去世了。黄香非常悲伤，他本就非常孝敬父母，在母亲生病期间，小黄香一直不离左右，守护在妈妈的病床前。母亲去世后，黄香对父亲更加关心、照顾，尽量让父亲少操心。

冬夜里，天气特别寒冷。那时，农户家里又没有任何取暖的设备，到了晚上，很难入睡。一天，黄香晚上读书时，感到特别冷，捧着书卷的手一会就冰凉冰凉的了。他想，这么冷的天气，爸爸一定很冷，他老人家白天干了一天的活，晚上还不能好好地睡觉。想到这里，小黄香心里很不安，为让父亲少挨冷受冻，他读完书便悄悄走进父亲的房里，给他铺好被，然后脱了衣服，钻进父亲的被窝里，用自己的体温，温暖了冰冷的被窝之后，才招呼父亲睡下。黄香用自己的孝敬之心，暖了父亲的心。黄香温席的故事，就这样传开了，街坊邻居人人都夸奖黄香。

夏天到了，黄香家低矮的房子格外闷热，而且蚊蝇很多。到了晚上，大家都在院里乘凉，尽管都不停地摇着手中的蒲扇，可仍不觉得凉快。入夜了，大家也都困了，准备睡觉时，才发现小黄香一直没有在这里。

"香儿，香儿。"父亲忙提高嗓门喊他。"爹，我在这儿呢。"说着，黄香从父亲的房中走出来。满头大汗，手里还拿着一把大蒲扇。"你干什么呢，多热的天气啊！"爸爸心疼地说。"屋里太热，蚊子又多，我用扇子使劲一扇，蚊虫就跑了，屋子也凉快些，您好睡觉。"黄香说道。爹爹听后紧紧地搂住黄香："我的好孩子，你自己却出了一身汗呀！"

此后，黄香为了让父亲休息好，晚饭后，总是拿着扇子，把蚊蝇扇跑，还要扇凉父亲睡觉的床和枕头，使劳累了一天的父亲能早些入睡。"香九龄，能温席。孝于亲，所当执。"就是出自这个故事。

黄香小小的年纪，就有这样的孝心，正因为这样一份孝心，也使他做人、求学上有所成就，后来当上了以孝闻名的好官。在黄香的领导下，家乡的日子越过越好。人称"天下无双，江夏黄香"，黄香也被列为"二十四孝"之一。

其实，现实版的黄香在我们身边比比皆是。

彭彩金是梅州兴宁罗岗镇的一位小姑娘。1992年，出生30多天的小彩金被遗弃在大山里，膝下无子的养父母抱来抚养。两间破旧的瓦房，三分菜地就是养父母的全部家当。小彩金的养母早年得了重病，全家靠养父替别人修锁挣钱来维持生活。小彩金就在这样的环境里，一天天地长大了。尽管小彩金家境贫寒，但在学习上却加倍努力，成绩优异，收获着属于她的快乐童年。

在小彩金9岁的时候，不幸的是，养父不慎在家门口摔成瘫痪。二老心疼小彩金没有人照顾，让人找来彩金的亲生父母，请他们领回去。小彩金含着泪水说："你们把我抚养大，现在比亲生父母更需要我，我必须留下来，侍候你们。"彩金说到做到，勇敢地用她稚嫩的肩膀挑起了家庭的重担。

9岁的彩金包揽了家里种地、耕田、浇菜、挑水、洗衣、做饭、捡柴等大小活，一家生计除了国家的特困40元补助金外，就靠小彩金种地维持着。一日三餐，彩金都会把饭菜做好，端到二老床前。每天还要帮养父擦身，半夜要服侍二老大小便。每天早上5点到半夜，她都像个小陀螺般转个不停。因为没有钱，彩金学会了配置药水帮养父打针。并且她也没有因为家务的繁重而放弃学业，每天都精心照顾着养父母，直至二老相继去世。

"我是怀着无比激动的心情看了这部影片，我万万没有想到在我们身边还有这样一个经受苦难，却又坚强乐观、孝顺、感恩的同龄人——彩金。她用自己的实际行动谱写了一首感人的道德颂歌。看到这样的彩金，作为同龄人的我们，却依赖父母的照顾，甚至我们中的大部分人是过着衣来伸手、饭来张口的生活，只知道向父母索取，却从不知道如何孝顺父母。偶尔，我妈妈安排我做一些较轻的家务，我总是以我还没有做完功课或者没有时间来推辞。和彩金比起来我是那么的渺小啊！当看到彩金与亲生父母重逢，我想彩金肯定会回到生活条件优越的亲生父母身边，但万万没有想到，她竟然选择留在养父母身边，决心要照顾他们的生活起居，她那知恩图报的精神真的让人感动。记得片中小彩金对养父母说了一句话：'你们都生病了，不能干活，我不为这个家操心，谁操心？'多么懂事的孩子啊。彩金，从你身上我看到了孝顺与感恩，坚强与乐观。你的品质正如你的名字将在我们心中焕发出金色的光彩。"一个中学生观影后如是说。

"孝"字上面是一个老字头，下面是一个"子"，那就是说，为人子女，就要支撑和养育老人，让老人愉快健康，是我们的责任。每个人都是父母所生，又是因父母的精心照顾而长大成人，这种生命创造及养育的客观事实使人类产生了报恩意识，即在自己的父母年老之后要竭尽全力赡养父母，尽"反哺"义务。养亲即子女对父母在生活上的赡养，"生则养"，这是孝规的最起码的要求。这主要有以下几个方面的内容：

一是赡养。子女出于天性、并尽自己的能力做到孝行，赡养父母，解决父母最基本的衣食住行问题，使其安享晚年。曾子认为，"孝有三：大者尊亲，其次弗辱，其下能养"（《大戴礼记·曾子大孝》），可知子女养亲是孝的最低标准。提倡在物质生活上首先要保障父母，如果有好吃的，首先要让老年父母吃。这一点非常重要，孝道强调老年父母在物质生活上的优先性。知道父母喜欢吃什么，亲手给他们做一两道菜。如果父母上了年纪，食物要炖得软烂，中老年人脾胃虚弱，不易消化。条件允许，给父母备足零花钱，每年亲手帮父母选一两套新衣，让他们穿得舒畅体面。

二是侍奉。尽力为父母做些力所能及的事，从身边一点一滴的小事做起，满足父母的需求。子夏说："事父母能竭其力"（《论语·学而》）。是说一个人的力量有大有小，对待父母要使出全部力量来，这就是恪守孝道。常和父母谈心，谈谈你的工作、生活等情况。每年帮父母洗一次脚，或者捶一次背，梳一次头，剪一次指甲，回味父母曾经为我们所做的事情。

三是陪伴。守候在父母身边，是为了更好地尽子女之责。如果离开父母到外地工作生活，记得带上爱人小孩，常回家看看，如做不到，那就一周两次以上电话，不要因父母的啰嗦而表现烦躁。记住父母的生日，生日当天送上生日礼物，或亲口说"我爱你""我想你"。

四是关爱。关心父母身心健康，老年人年老体弱，容易得病，因此，中国传统孝道把"侍疾"作为重要内容。如果父母生病，要及时诊治，精心照料。每年或每两年带父母去做一次体检。寒湿地区，给父母常备暖宝宝、保温鞋、羊绒裤等保暖御寒用品。学习一些养生之道，教会父母。家中常备常用中成药，如板蓝根、附桂理种丸、金匮补肾丸等。还可准备热水袋、刮痧板、拔火罐、按摩椅、足浴盆等保健产品。多给父母生活和精神上的关怀，关心父母的心理健康，帮单身父或母找一个老伴。

父母健在，不管你有没有和他们同住，如果有一天，你发现妈妈的厨房不再像以前那么干净，家中的碗筷好像没洗干净，锅铲不再雪亮，母亲煮的菜变太咸和太难吃，父亲的花草树木已渐荒废，家中的地板衣柜经常沾满灰尘，父母经常忘记关灯，父母不再爱吃青脆的蔬果，父母爱吃煮得烂烂的菜，父母喜欢吃稀饭，父母过马路行动反应都慢了，老是咳个不停，也不再爱出门……这时子女要警觉父母真的已经老了，器官已经退化到需要别人照料了。如果子女不能照料，要替父母找人照料，并要常常探望，不要让父母觉得被遗弃了。为人子女者要切记，看父母就是看自己的未来，也是教育小孩的最好方式，所以孝顺要及时更要尽心。

## 家规育儿微语

孔子说："树欲静而风不止，子欲养而亲不待。"百善孝为先，行孝道要及时，要趁着父母健在的时候多关心、陪伴父母。建议家庭建立养亲家规，让孝敬、赡养父母长辈成为传统习惯。在家里养成孝敬父母长辈的好习惯，到社会中，才能做到爱朋友、爱同学、爱老师，才有可能关心他人，关心集体，将来也才能成为一个人格健全的人。

## 第15条 敬亲

清朝时，长江口外的崇明岛上，有吴氏四兄弟，小时候因家境贫困，父母不得已把他们卖给富家为童仆，以求一条生路。他们长大后，个个勤奋节俭，赎出卖身契，回到家乡，合力盖起房舍并各自娶妻成家。这时，他们已理解当日父母之苦心，故争相供养父母，以示不忘养育之恩。开始认定每家供养一月。后来，贤惠孝顺的妯娌们认为隔三个月才能轮到供养，时间太长了，故改为每家供养一日。以后又改为自老大起每人供养一餐，依次排下。每隔五天，全家四房老少合聚一起，共烹佳肴，奉养父母。席上子孙、儿媳争相端菜敬酒，百般孝顺，真是合家欢乐乐陶陶。二位老人安享天年，福寿近百岁无病而终。后人还为《兄弟争孝》的故事赋诗一首："父母育恩深似渊，不尤被鬻孝犹虔。弟兄争奉酒甘旨，纯孝妯娌浑归贤。"

现实版的《兄弟争孝》就在我们身边。据2015年12月9日《华西都市报》的报道，就有80多岁的三兄弟轮流照顾100多岁的老母亲的事例。

"老太太都100多岁了，还精神得很！三个儿子都80多岁了，都孝顺得很！"说起洪启莲老太太的孝顺儿子们，泸州市龙马潭区关口社区居民交口称赞。洪老太太今年已103岁，有三个儿子，老大宋树清今年85岁，老二宋召宽83岁，宋召阳是老三，今年81岁。洪启莲在三个儿子的悉心照顾下，身体硬朗，生活还能够自理。

近段时间，洪启莲老人住在二儿子宋召宽家。她的卧室里，挂着干净整洁的蚊帐，厚厚的被子叠得整整齐齐。宋召宽说，几十年来，兄弟们总是抢着赡养老人。后来，按照母亲的意思，由三兄弟轮流照顾老人，母亲在每个儿子家住10天。至今已超过22年。"我们住在同一个小区，老太太来去也很方便，大家从没有谁红过脸，至今已有二十多年。"宋召宽告诉记者。

宋召阳的老伴早年去世，为了方便照顾母亲，宋召阳放弃了和儿孙们住在一起的机会，而是选择独自居住，并亲自为母亲打理房间。每天早上，他给老人冲碗豆奶粉，煮鸡蛋，晚上冲麦片；每天午饭和晚饭都提前做好，准备她最爱吃的蔬菜；每天晚上都要到母亲房间看几次，热天，帮她开关电扇，冷天，帮她盖被子……"我没有女儿，三个儿子对我都很好。一家住10天，觉得新鲜点，好过些。"洪启莲老人逢人便说，现在衣服有人洗，饭菜有人煮，有时自己发脾气，孩子们都忍着。

日前，由于三兄弟轮流照顾老太太，抢着尽孝，老太太的小儿子宋召阳被评为泸州市第四届"孝老爱亲"道德模范。

的确，敬老爱老，自古以来就是中华民族的传统美德，这样的故事也不胜枚举。中国传统孝道的精髓在于提倡对父母首先要"敬"和"爱"，没有敬和爱，就谈不上孝。孔子对"敬亲"特别重视，而且把能否敬爱父母作为人与畜、君子与小人的区别。"今之孝者，是谓能养。至于犬马，皆能有养；不敬，何以别乎？"（《论语·为政》）在传统孝观念中，敬亲是比养亲更高层次的孝。对父母在生活上的奉养，是最起码的要求，还要在人格上对其尊重，思想上令其满足，才能使其健康长寿。对待父母关键在于要有对父母的爱，而且这种爱是发自内心的真挚的爱。没有这种爱，不仅谈不上对父母孝敬，而且与饲养犬马没有什么两样。同时，子女履行孝道最困难的就是时刻保持这种"爱"，即心情愉悦地对待父母。可是现在有的人为了从父母处获得利益，就反常地讨好老人，目的达到了，但真正的亲情与人伦却丧失了。

## 家规育儿微语

尊老敬老是对待老人特殊的态度，有敬畏之心、有崇敬之心，让老人顺心、顺气、顺意，以老人为中心，这就是孝顺。古人说："老吾老，以及人之老；幼吾幼，以及人之幼。"建议家庭建立敬亲家规，培养孩子孝敬自己的父母长辈的规矩，推及尊敬别的老人，爱护年幼的孩子。在家庭形成尊老爱幼的风尚，才能在全社会形成尊老爱幼的淳厚民风，这也是我们新时代人的责任。

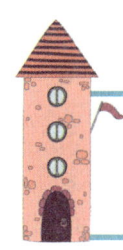

## 第16条 顺亲

古代有一个《卧冰求鲤》的故事。晋朝时期，有个叫王祥的人，心地善良。他幼年时失去了母亲。后来继母朱氏对他不慈爱，时常在他父亲面前说三道四，搬弄是非。他父亲对他也逐渐冷淡。王祥的继母喜欢吃鲤鱼。有一年冬天，天气很冷，冰冻三尺，王祥为了能得到鲤鱼，赤身卧在冰上。他浑身冻得通红，仍在冰上祷告祈求鲤鱼。正在他祷告之时，他右边的冰突然开裂。王祥喜出望外，正准备跳入河中捉鱼时，忽从冰缝中跳出两条活蹦乱跳的鲤鱼。王祥高兴极了，就把两条鲤鱼带回家供奉给继母。他的举动，在十里乡村传为佳话。人们都称赞王祥是人间少有的孝子，并赋诗一首歌颂："继母人间有，王祥天下无；至今河水上，留得卧冰模。"

《华西都市报》曾刊载了《美媳妇孝敬公婆》的故事。

"妈，坐起来洗脸，来，毛巾热着呢！""妈，我来喂你。"在泰兴市古溪镇刁网村龚垛五组的李小云的家中，她正为婆婆洗脸，喂她吃早饭。李小云今年63岁，为人憨厚老实，和婆婆相依生活，住四间小平房。婆婆叫翁巧珍，已经86岁了。李小云十几年如一日孝敬婆婆，婆媳相依为命已成为当地人传颂的佳话。

这个家庭原来就是很艰难的，李小云的公公婆婆20岁时结婚，共生育了8个孩子，但由于那个年头缺吃少穿，孩子生病又无钱治疗，中途夭折了五个子女。李小云嫁过来时，公公就已经卧床不起，由于他患的是支气管炎、肺气肿，什么活儿也不能干，不久就离开了人世。而婆婆全身骨节变形肿胀，风雨天更是痛得钻心，11年前又患缺血性中风，生活不能自理了，余生的时间只能躺在床上。

李小云和丈夫只生育了一个女儿，由于那时家境不好，女儿只读到初中就外出打工了，后来女儿与安徽的小伙子恋爱结婚远嫁他乡。14年前，李小云的丈夫又因患癌去世，因此，家中就剩下了残疾老人翁巧珍和孤寡的李小云。

丈夫在世时，李小云全家只是靠种几亩地生活，丈夫患癌后，光医疗费就向左邻右舍借了七八万元，癌症夺走丈夫生命后，她走东家跑西家请求施舍，才凑了几千元将丈夫安葬。这个家，让没有任何收入的婆媳终身背上了沉重的债务。婆婆虽然躺在床上，但看到儿媳出出进进忙碌时，常常唉声叹气道："小云呀，这个日子怎么过呀！"李小云却安慰道："妈，有我喝的粥，您就别愁没得咽，您放心，我会把您服侍好的！" 逢年过节，李小云都要到差债务的亲朋和左邻右舍去招呼一下请求谅解，而好心的亲朋和左邻右舍也劝道："小云呀，那个钱就算了，我们现在不缺那个钱了，你就好好地过吧，别惦记着这些。"李小云却说："只要我有一口气在，就算要饭，也要还清所有债务。"

11年前，婆婆中风后，四肢完全失去了知觉，只能躺着，一日三餐都要小云喂，洗脸、擦身也都是李小云服侍。老人家从小爱干净，大小便从不拉身上，因此，常常一天要喊李小云十几趟。李小云是声声应，声声答，一喊就到，帮助婆婆解手，端尿端屎。有时候，李小云到地里去劳动，就得叫上邻居帮助照看婆婆，实在不方便时自己常常从地里跑回来再跑过去。由于家庭没有任何收入来源，古溪镇政府早年给李小云一家办理了低保，婆媳俩就靠这几百元维持平时的开销。每月，她会去集镇一趟，买一点鱼或肉回来为婆婆改善生活。本来就买得不多，往往煮好了一碗都不能装满，但李小云还是要分几顿给婆婆吃，而自己就在肉里加一些萝卜或加一些芋头。她一边喂着婆婆吃肉，也送一块到自己嘴里，每当婆婆问："孩子你也吃呀！"她就装吃得津津有味的样子对婆婆说："妈，我也吃着呢！"

婆婆如今已经86岁，躺在床上也有11年了，婆婆的身体不但没有变坏，反而越来越好，每逢阳光明媚的时候，媳妇李小云总要把老太太扶到外面晒晒太阳。李小云说：" 每年最开心的时候就是逢年过节，女儿带着外孙回来，四世同堂，一大家子人在一起热热闹闹，非常开心。"

人们常说孝顺父母，顺就是顺从父母的意志，听从父母的话，遵循父母的意愿，态度上对父母长辈和悦，在行为上事之以礼，且更为深层的是要顺从父母长辈的意志，按父母的要求行事，凡事以父母的标准为标准。《论语》记"孟懿子问孝"，孔子回答"无违"。孔子还说过："父在观其志，父没观其行，三年无改于父之道，可谓孝矣。"（《论语·学而》）强调子女的意愿始终要和父母一致，不能轻易改变和违背。顺亲并非说应该盲从，愚孝盲从是不可取的。应当摒弃那种"天下无不是的父母""君要臣死，臣不得不死""父要子亡，子不得不亡"愚忠愚孝的观念。据《孝经》载，曾子问孔子："从父之命，可谓孝乎？"子曰："是何言与！"又说："从父之命，又焉得其孝乎？"可见，孔子讲的顺亲并非盲目地顺从。他并不是认为，只要是长辈说的做的，无论在什么情况下都是对的，并且要求子女在任何情况下都要绝对服从。由于父母年迈的原因，与子女在思想观点和见识等方面有所偏差和某些方面跟不上时代的发展，也是正常，做子女的说清道理，求同存异就好。

### 家规育儿微语

有朋友说，交朋友首先看对方是不是对老人孝顺。一个对自己父母都不孝顺的人还会对朋友忠诚吗？实际上，道理就是这样，仁义礼智信，如果没有一个"孝"字支撑，一切就都是假的，变了味道的。父母是我们的根本，孝顺父母长辈，是我们表现家庭（家族）优秀品质最基本的行为，也是外部世界认知我们品质的刻度记。建议家庭建立顺亲家规，善待我们父母长辈，顺意我们父母长辈，这是天下儿女作为晚辈最基本的品质。

## 第17条 谏亲

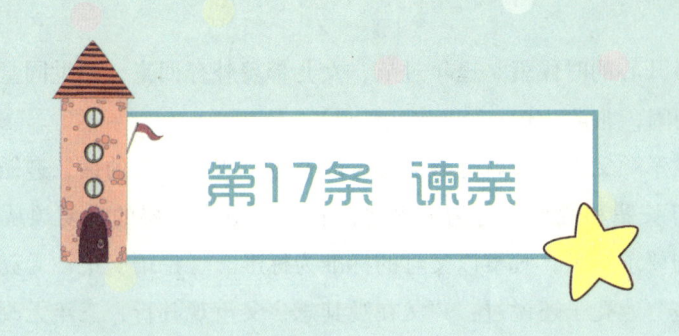

在清朝时期，有个名叫吴长江的孩子，10岁时母亲因病离世，父亲吴保富侍候卧病在床的爷爷，一家人生活过得十分艰难。

父亲侍奉有病的爷爷，爷爷的病卧床三四年了，也不见好转。媒人几次上门来提亲，都因为有个老病人拖累，而唉声叹气地走了。父亲续弦的事就一直搁置着。

一天，王媒婆来吴家提亲，同吴长江的父亲吴保富说，邻村年轻寡妇黄氏有意嫁来吴家，可是因为吴家卧病不起的老爷爷，人家不愿意嫁过来。王媒婆给吴保富耳语了几句，出了个主意，吴保富犹豫再三，还是答应了媒婆提出的条件。媒婆这才笑着回复黄氏去了。

没有女人的日子不好过，家不像家。吴保富思前想后，狠心地背起瘫痪的老人，悄悄地进山，将老人安置在一个小山洞里。谎称有事，过一会儿就接老人回家，痛心将长期卧病在床的老父亲抛弃山野。

吴保富回到家，儿子吴长江不见了爷爷，就问父亲，爷爷到哪里去了？吴保富红着脸一时不知如何回答，只好谎称，把爷爷送到姑姑家去了。吴长江感觉不对劲，父亲可能心里有鬼。因为他知道，他根本没有姑姑这样的亲戚。

吴长江惦记爷爷，一夜难眠。整夜都在想爷爷会到哪里去呢？

天刚一亮，王媒婆来了，看到吴家果然将重病的老人送走了。王媒婆就同吴保富开始商量彩礼、布置新房和迎亲的事。一切妥当之后，王媒婆乐呵呵地回去了。

这时，吴家的小狗却叫个不停，扯着吴长江的裤角，往外拽。长江觉得有些蹊跷，就跟着小狗往外走。小狗领着长江来到了山洞，见到了爷爷，爷孙俩抱头痛哭。

吴长江开始想法子怎么劝父亲回心转意。正好这时，吴保富也来看老人，见到儿子长江，他愣住了。长江央求父亲把爷爷接回家。正在父亲犹豫时，长江机智地拿起父亲背爷爷的破背筐就往洞外跑。父亲追出洞外，问儿子拿这个破筐有什么用？儿子巧妙地回答，如果将来你老了，这筐就会派上用场了……儿子的话，深深地刺痛了父亲，父亲幡然悔悟，向儿子、父亲承认了错误，高高兴兴地将爷爷背回了家，从此过着幸福的生活。

民国时期，有个孝子，叫作孙和祥。生母早年去世，父亲娶了一个继母，生了两个儿子。继母不喜欢孙和祥，冬天给两个弟弟穿用棉花做的棉衣，而给孙和祥穿的却是用芦花做的"棉衣"。

有一天很冷，孙和祥跟父亲驾马车出外干活。因为芦花不保暖，冻僵的手不听使唤，失手掉了驾马的鞭子。父亲起初以为儿子太粗心，不想好好驾车，很是生气，捡起鞭子就打他。没想到一连几下，鞭子把衣服抽破了，露出来的是芦花，才知道大儿子的手，是因为芦花衣不保暖，冻得不好使的。回家后，父亲摸了摸两个小儿子的棉衣，都是暖和的棉花。父亲的心里明白了，是继母虐待了大儿子，一气之下，就厉声赶走继母。

这时孙和祥"扑通"一声跪下哀求父亲，说："母在一子单，母去三子寒。"母亲在家，只有孩儿一人受冻，如果母亲走了，家里就有三个孩子要受寒。这两句话感动了父亲，留下了继母，继母深深反省，而变成了慈母！

还有一个发生在2013年年初的故事。战士艾涛的父亲，受他人蛊惑入股参与非法开采稀土矿，事发后又畏罪潜逃。艾涛长期在部队接受军营文化和法律的熏陶，有比较强的法律意识，得知父亲的情况后，主动联系父亲，劝父亲投案自首。其父自首后，因主动投案且情节轻微而从轻处罚。

艾涛的父亲在给儿子所在部队指导员打电话时说："感谢部队，帮我培养了一个好儿子，还把我从悬崖边上拉了回来。"激动之情溢于言表。

尊长在处理家庭生活琐事的过程中，有时难免会有不当或偏颇之处，一时难以发现或改正，作为晚辈发现情况后，不能任由尊长滑向错误的深渊。劝谏尊长，使其改正错误或不足，这是做晚辈的本分。敏锐、冷静、求实地分析问题的性质所在，以委婉含蓄、情真意切的话语相劝，更容易打动长辈，让长辈接受。作为晚辈要给长辈留面子，不可拿长辈的错误说事，絮絮叨叨，即便是好心，也往往会引起长辈的反感，造成感情和心理上的伤害，不利于事情的解决。因此，要讲究劝谏的方式方法，使长辈乐于接受自己正确的意见。

## 家规育儿微语

《弟子规》中说："亲有过，谏使更，怡吾色，柔吾声。"建议家庭建立谏亲家规，假如父母的言行举止有过失，从尽孝的角度而言，子女还是应以婉转的语气劝说父母终止不良行为，但不能语言犀利、态度蛮横，应点到即止。

## 第18条 侍疾

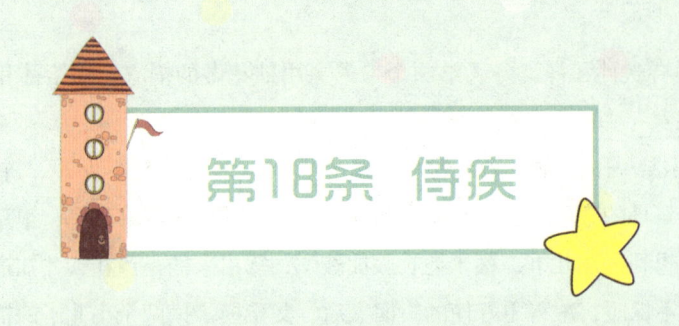

1962年，陈毅元帅出国访问归来，路过家乡，抽空去探望身患重病的老母亲。陈毅的母亲瘫痪在床，大小便不能自理。陈毅进家门时，母亲非常高兴，刚要向儿子打招呼，忽然想起了换下来的尿裤还在床边，就示意身边的人把它藏到床下。

陈毅见到久别的母亲，心里很激动，上前握住母亲的手，关切地问这问那。过了一会儿，他对母亲说："娘，我进来的时候，你们把什么东西藏到床底下了？"母亲看瞒不过去，只好说出实情。陈毅听了，忙说："娘，您久病卧床，我不能在您身边伺候，心里非常难过，这裤子应当由我去洗，何必藏着呢。"母亲听了很为难，旁边的人连忙把尿裤拿出，抢着去洗。陈毅急忙挡住并动情地说："娘，我小时候，您不知为我洗过多少次尿裤，今天我就是洗上10条尿裤，也报答不了您的养育之恩！"说完，陈毅把尿裤和其他脏衣服都拿去洗得干干净净，母亲欣慰地笑了。

陈毅元帅有繁忙的公务在身，但他不忘家中的老母亲。在百忙中抽空回家探望瘫痪在床的母亲，为母亲洗尿裤，以关切的话语温暖抚慰病中的母亲。虽然陈毅元帅为母亲所做的只是一些很平常的小事，但从这些平常的小事中看出了他对母亲浓浓的爱。他不忘母亲曾为自己付出的点点滴滴，理解母亲的艰辛和不易，知道报答母亲的养育之恩。

《今日遂川》报道过《独享优职高薪，不如侍母左右——草林新苑社区曾小荣精心侍候母亲传佳话》的新闻。

"当时知道情况的时候，我脑袋就懵了，心里只有一个念想，那就是一定要救回我妈。"面对记者的采访，曾小荣说出了自己的心里话。

来自草林新苑社区一个普通人家的曾小荣，家庭和睦，邻里团结。然而天意弄人，2012年其母亲黄宣玉身患癌症、全身瘫痪。这个朴实的家庭面对突如其来的噩耗，陷入了无限的悲痛中。儿子曾小荣听到这个消息后，放弃了深圳年薪10多万元的工作，回到草林家中，无微不至地伺候瘫痪的母亲，三年如一日，毫无怨言。血溶于水，患难见真情。在曾小荣眼中，亲情胜过一切，承担起家庭的重担是他义不容辞的责任。他说："早知道我就学医了，不仅能当个医生为家人看病，也可以为别人看病，让更多家庭幸福快乐。"

曾小荣坦言，他永生难忘当初赶回家时看到的那一幕：母亲高烧到39摄氏度多，双脚异常浮肿，且经常性抽搐，疼痛难忍，以泪洗面。"当时，恨不得躺在床上的人是自己，而不是母亲。"回到家中的第二天，曾小荣便与父亲一起将母亲先后送往县中医院以及县人民医院，然而医生均无法诊断出病情，建议转至赣州市人民医院。于是，曾小荣一家又马不停蹄地赶往赣州，但是得到的结果与县医院一样，仍然无法诊断出病情。随后，曾小荣一家只得前往南昌，辗转于南昌各大医院，最终在南昌大学第二附属医院看到了曙光：母亲确诊为结缔组织病，ANCA相关性血管炎及支气管扩张，俗称血管癌，病情极不乐观，诊治也颇为棘手。

了解病况后，曾小荣当即安排母亲住院治疗。然而，主治医生称病人病情严重，建议转至上海治疗。正当曾小荣联系上海的医院时，却遭到母亲黄宣玉的坚决反对。曾小荣有些哽咽地告诉笔者："我妈也晓得家里的经济情况，当时光是化疗就已经花费近二十万元，她不想拖累家里，坚决不去上海看病。"

在南昌治疗期间，黄宣玉高烧不退，一直瘫痪在床，生活不能自理。曾小荣夫妇以及父亲曾建林常驻病房，无微不至地照顾病人。一个月之后，曾小荣一家从南昌回到草林，母亲黄宣玉开始在家中进行环磷酰胺药物注射冲击化疗。八个月后，在家人的细心照料下，她高烧终于退了，但是人也极度瘦弱，体重降至70多斤，双腿只剩皮包骨头，粗大明显的血管蜿蜒于小腿上，同时免疫力也急转直下，遇到天气变化就容易感染病毒，引发高烧。但相对于一年前来说，母亲黄宣玉的身体状况已经好转很多，曾小荣心中也稍微轻松一些，但一想到母亲随时存在的危险，他又担心不已，整日焦灼不安。所以曾小荣决定不再外出务工，选择就近就业，方便随时照顾母亲，他这一决定也得到了妻子的理解与支持。平日里，母亲在家的药物治疗都由曾小荣一手操办，做起来得心应手，毫不含糊。如今，曾小荣在家门口开了一家药店，维持一家生计，一家人也算过上了相对平稳的生活。

俗话说："孝心感天地，家和万事兴"。回想起家里人齐心协力克服困难，相互扶持到现在的过程，曾小荣认为，这都源于良好的家风，与爸妈从小的教育分不开。

据曾小荣介绍，重孝道、讲和气是他们全家信仰的生活真谛。在这个家庭里，虽然家庭每位成员的性格、文化、志趣等不同，但是家庭中很少出现矛盾，大家能互相体谅、尊老爱幼、民主平等、宽容谦让，形成了互相理解、互相尊重的文明家风。同时，真心待人是他们全家的处世态度。他们一家人都希望通过自己的绵薄之力为那些需要帮助的人解决燃眉之急。

如今，母亲黄宣玉的身体多有好转，从当初瘫痪在床到如今能小范围自由行走，只要每两个月前往医院观察一次。曾小荣坦言，现在的他特别感恩，母亲病情的好转离不开社会好心人的帮助，亲朋好友的关心以及家人的支持。"现在我们一家人能够围在一起聊聊家常，我就已经很满足了。"曾小荣腼腆而又知足地笑着对记者说。

## 家规育儿微语

陈毅元帅和曾小荣都侍候母亲疾病，虽是一件平凡的事，但平凡的事却折射出孝子孝女的光芒，也为我们树立了榜样。建议家庭建立侍疾家规，父母年老体弱，容易得病，在疾病面前，做儿女的要及时给予诊治，精心照料，用自己朴实的行动，多给父母生活和精神上的关怀。

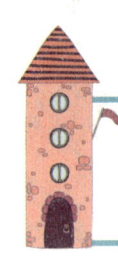

## 第19条 礼亲

有一位母亲是这样做的。她的女儿在外地上高中，就在高考前夕，孩子的姥爷病逝，有人说，孩子离家比较远，又马上面临高考，就不让她回来吧。跟孩子爸商量后，她毅然决定让孩子回来参加她姥爷的发丧、吊唁、追悼会、火化、下葬等活动。她让孩子自始至终陪伴着家人，孩子一次又一次地看到妈妈哭得柔肠寸断、死去活来的情景，自己也一次又一次地潸然泪下，泣不成声，内心受到巨大的震撼。孩子感受到了人失去亲人时是怎样

的痛断肝肠。我们相信，这种亲情体验比孩子高考多考十分八分要重要得多。

殡葬礼仪是中华民族五千年来传承下来的一种特殊文化，各个地区差异很大，就是相隔数十里的村落，一些讲法和做法也不尽相同。传统葬礼的主色调为白色和黄色，故亦有白事之称，与红事（喜事）相对。随死者的信仰和经济情况，整个过程中经常伴有佛教、道教或风水仪式。大致有这样一些通俗流行的一种礼俗：报丧、停灵、守灵、大殓、送殡、谢葬、守孝等。

葬礼的内涵突出孝的主题。丧礼为孝子贤孙提供了表示孝敬之心的机会；活人可以表达对死者的尊敬，一定的仪式可以使家人脸上增光。同时，中国人有慎终追远的传统，也使丧礼更加庄严肃穆。民间的丧葬习俗同人们普遍的信仰与知识紧紧地联系在一起，不能尽孝，对于传统的中国人来说，就等于精神支柱的崩塌。中国这个千年礼仪之邦，对于人生的这一最终环节，素来十分重视，如孟子所说"使民养生送死无憾"。送走死者，是说后辈送前辈，在孟子心中将之提高到与养生一样的地位。同时，送终老者也是顺死，是较为安详平和的死，像中国人经常说的"喜丧"指的就是顺死。死有不及成年而亡的，是为夭亡，有遭受横祸而亡的，是为横死；有寿终正寝的，有终于故土的，也有客死他乡的……人有幸有不幸。因此，在华夏文明丧葬传统中，生者不但不与死者割断联系，相反却以各种方式极力保持和死者的联系，这在民间葬礼的很多习俗中有诸多表现。表面上是活人在向亡灵祈求保佑，其实这种意愿的抒发是虚无的，而真实的情况是活人为了能长久地尽孝道，阐扬自己的孝心，完善自己的人格和品德，以求得心理和精神的平衡、满足。静静躺在那里的死人，"享受"着活人的祭拜，成为活人净化心灵的工具和媒介。

葬礼过程弥漫哀痛之情，亲人由悲而泣，但也存在着表演的因素。这才是死亡礼俗的根本功能。整个送葬礼俗，表面上是为死者饯行，实质是活人在寻求一种平素难以获取的精神寄托和安慰。尤其是那些往日对死者有过过节和非礼行为的人，更是希望通过兢兢业业的丧礼行为来弥补自己的过失，以消除内心的不安，并达到一种品格的升华。

服丧行孝的实质在于：理智上是清醒的，承认人死不能复生，也没有什么灵魂鬼神，但感情上必须非常痛苦，并通过种种言行宣泄出来，这才是行孝的本意之所在。每个人或许无法选择自己的社会角色，可是，人可以选择的是自己的心灵世界。我们都会老去，慎终追远，通过一定的仪式追念先人，生命因为有孝义而延续。

到了清明节，这一天是祭奠亡灵的日子，扫墓行孝义。为故人的坟墓添些土，清除墓碑上的灰尘，再摆些贡品鲜花等。或是远去的先人，或是刚离别的亲友，到清明节时，来到他们的坟前表示悼念之情思念之心。通过祭拜的形式缅怀、追忆故人，寄望我们活着的人运势能更好，以求自己的健康、感情、婚姻、事运、财运都能够好运来。

　　生命和大自然是需要尊重与敬畏的。在清明时节缅怀先人、反思自己、展望未来，让我们在慎终追远中，感悟这份传统文明，感受生命的价值。人生即意味着生死，岁月转换，回头便是年轮。缅怀故人，孝敬亲长是美德，让我们一起施行。

　　礼亲即按照家庭礼仪来对待父母，这是孝的重要内容。所有的孝规都是礼亲家规的内容，父母在世时要按照家庭礼仪来对待，重点是在世尽孝，父母去世后也要以葬礼和祭礼对待，以供亲友哀悼，寄托后辈哀思。

## 家规育儿微语

　　建议家庭建立礼亲家规。《论语》有说："慎终追远，民德归厚矣。"对这句话，国学大师钱穆有非常精辟的解释："慎终，终，指丧礼言。死者古不复返，抑且益古益远。若送死之礼有所不尽，将无可追悔，故当慎。追远：远，指祭礼言。死者古我日远，能时时追思之不忘，而后始有祭礼，按照当地的习俗祭祀。生人相处，易杂功利计较心，而人与人间所应有之深情厚谊，常掩抑不易见。唯对死者，始是仅有情意，更无报酬，乃益见其情意之深厚。故丧祭之礼能尽其哀与诚，可以激发人心，使人道民德日趋于敦厚。"

## 第20条 育后

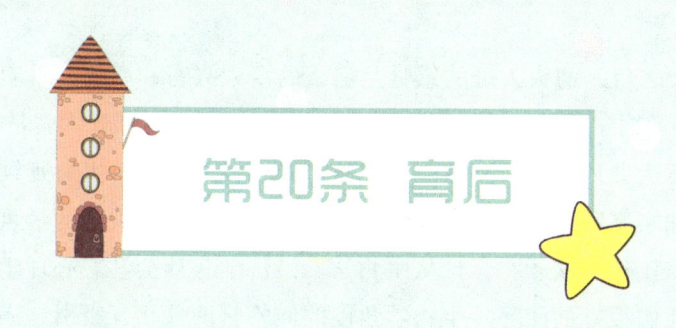

先来看看一位怀孕妈妈的心路历程。

我们结婚两年,我和老公终于有了爱的结晶。伴随着我和老公喜悦高兴的心情,宝宝在肚子里健康地成长,这种为人父为人母的幸福,对于我和老公来说是人生中一笔巨大的财富。我们多么向往小宝贝的降生啊!

自怀了宝宝后,老公对我千依百顺,不让我做这做那。家里人把我当国宝似的,婆婆说:"你安心养胎就好,我来照顾你的饮食起居。放心,我知道你爱漂亮,怕胖,我煮的东西保证你和宝宝吃得既有营养,又不会让你胖起来。"听到婆婆这样说,我觉得更幸福了。因为我之前一直听身边的女性朋友说,她们怀宝宝时,婆婆不管什么都煮给她们吃,只要宝宝长好就行了。可是现在,我的婆婆知道我的担心,把我和宝宝都照顾到了,我能不幸福嘛。现在我每天都像泡在蜜罐里似的。我总对我妈说,我婆婆对我比你对我还要好。我妈说,这不是很好嘛,婆婆对你好,老公对你也好,你这傻丫头,现在全世界最幸福的人,就是你了。

呵呵,肚子里的宝宝就快六个月了,还有三四个月我就能见到自己的孩子了,多奇妙的生命体验啊!老公说我怀了宝宝后温柔了,没有以前那么野蛮了。我听了只能无奈地笑了笑。日子一天天地过去,宝宝在我肚子里也一天天地长大,我和老公都很期待宝宝的降临,没有什么比宝宝的健康平安更重要了。

孩子刚出生的那一刻,看着孕育了十个月的小生命降临在这世界上,听着婴儿的哭声,心中的喜悦难以言表。医生说是个女儿,7斤重,肤色白白的,眼睛长长地眯着呢,看不出来大小,耳朵轮廓漂亮,脸型方方的像老公,嘴巴、鼻子像我,就这样周围的人都笑了。沉浸在喜悦之中的亲朋好友们,为了表达对新生命的祝福,都以各种形式为孩子送来祝福!

第二章 孝规　51

有了宝宝之后，初为人母的感觉是那么的令人兴奋和幸福。看着宝宝一天天变化，我才更加明白父母对孩子的那种期盼和希望：孩子能健康长大就是一种幸福了。

经过了长达十月之久的酝酿，人类从古到今，才得以将生命延续和进化，也才得以将自己和家庭家族的生命延续。这是影响中国人生育观念的最重要的思想。人为什么要传宗接代生孩子？无论从生物学、经济学、社会学、心理学，还是哲学的角度都给了我们很好的回答。生物学角度的回答是两性相互吸引，满足彼此生理需求，沿袭了动物繁衍的自然法则。生殖繁育、传宗接代、"把根留住"，完成养儿育女这一重任，也体现对父母的孝，对祖先的尊；经济学角度的回答是双方的经济合作，拥有共同资产后使生活获得适当的满足，对晚年的投资，养儿防老，老有所乐，也满足长辈享受天伦之乐的愿望；社会学角度的回答是扩大家庭的社会网络（改变资源），改变社会地位（阶层间流动），使社会关系发生变化。科学推算，每对夫妇需要生育2.35个孩子，才可以保持整个人口平衡；心理学角度的回答是婚姻让感情有依归并延续；哲学角度的回答是达到心灵契合，开始另一个成长。

传宗接代传承的是中国人的家庭观念、宗亲观念和财富观念，传宗接代的思想影响了中国的千秋万代。生子育孙能使家庭以至整个宗族得以稳固和延续，使得中国始终屹立于世界民族之林。无论是自然灾害，还是人为战祸，中华民族总是在绝境中崛起，传宗接代的传统起到了极大的作用。对我们个人而言，父母给了我们生命，传宗接代，实现长辈、祖先开枝散叶的愿望我们责无旁贷。

以往，大部分人会选择结婚生子的传统生活方式，以生养后代为人生的中心，为此倾注了毕生的精力、经济、年华。但随着社会发展，人们的恋爱观、婚姻观、家庭观和性观念产生了许多变化，导致目前婚恋关系的多元化。有的人选择丁克，有的人选择独身，终身不娶不嫁。社会环境变得开放和包容，特别是现代科技的发展，使得人们对个性化生存有了追求，独身主义也逐渐形成了一种社会现象。

在当今多元化的社会里，由于人与人的经历、文化、修养、职业、兴趣、爱好、人格、品性、条件、所处环境的不同，观念不同是难免的。传统与现代的冲突，人与人观念的差异，导致生活方式的多元化，各有各的活法，没有对与错之分，没有是与非之别。人们都有选择自己生活方式的自由和权利，只要不伤害他人，是无可非议的，求同存异，相互接纳，和平共处，只有这样，我们的社会才会更加和谐。

世界上任何事物都有两面性。这个世界是公平的，有得就有失，有失就有得。如果承袭了传宗接代的传统观念，儿孙满堂，开枝散叶，既得到了天伦之乐，也为这个世界留下了后代。在为抚养子孙付出辛劳的同时，既得到了他们的孝敬、尊重、关爱、体贴和照顾。当然，在得到这些的同时，自然也会失去了一些自由支配的时间，负担和束缚也会增大。而如果儿女选择了独身或丁克，由于传宗接代的传统观念在大多数中国人的心目中根深蒂固，父母可能会对儿女终身不娶不嫁的决定接受不了，会伤心、揪心、窝心、别扭、痛苦。但父母与儿女之间的血缘关系是不会改变的，父母对儿女别无他求，只要你过得比我好，只要你平安、健康、快乐、幸福。

当然，每个家庭、每个民族都希望传承自己的希望，传承自己的血脉，传承自己的后代，只有这样，家庭、民族才能后继有人，兴旺发达。

### 家规育儿微语

建议家庭建立育规，鼓励婚后生育后代。养育孩子，除了有一个完整的家庭体验外，还能参与一个生命的成长，为人类基因库的保存做点贡献，把生命密码以基因的形式留存在这个世界。一个人的生命需要另一个人的生命来完善，同时也为家庭、家族和民族的延续和发展做出自己的贡献。

## 第21条 立身

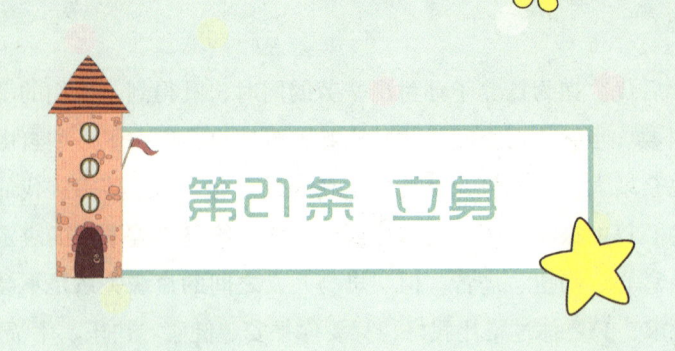

公元773年，也就是唐代宗大历八年，柳宗元在长安街的一个官宦家庭出生了。柳宗元的家庭文化气氛非常浓厚。父亲柳镇信奉儒学，常年在外做官，不羡慕荣华富贵，仁爱仗义，为官廉洁，做人耿直，从不阿谀奉承。相传他在路上捡到大鱼，却分给贫困的老百姓吃。12岁后，柳子随父亲宦游，过着游学的生活。跟随父亲的步伐，让柳子学到了父亲积极入世的态度和刚正不阿的秉直。

母亲卢氏，从小就深受圣贤教诲的影响。自嫁到柳家，她服侍公公和婆婆体贴入微，非常孝顺。她对待柳家的所有亲戚和宗族们也是以诚相待，尽心尽力，邻里间相处得十分和睦。后来，柳镇被调到了朝廷去做御史。卢氏为了使丈夫能够在朝廷里安心做事，将柳家的所有亲属，统统迎接过来，共同居住。面对这个大家庭，卢氏心中时时想着的是每一个人的需要。她做起事来诚敬而又谨慎；待人更是谦恭得体。处处把自己放在最卑微的位置上；对待年幼（或长辈）者，她就百般慈爱，像亲生父母（或儿女）一样爱护他们；对待和自己平辈的，她就视为手足，关爱备至。卢氏对族亲们的真诚付出，使得这个大家庭充满了和谐与温馨。

时逢荒年，又发生了"安史之乱"。柳家一家大小的生活一下子变得十分艰难。为了照顾好家庭中的每个人，卢氏常常自己忍饥挨饿，把食物留给亲属们的孩子吃。这一切深深感染着柳宗元。

长大后的柳宗元继承了父母的遗德，传承了好的家风，他心系天下、心系人民。他参与"永贞革新"，想去弊存利。他提出的"官为民役""民利民自利"的民本思想，如今依旧闪烁着光芒。他在柳州任刺史时赎奴仆、修堤坝、兴水利，办学堂，做了许多有益于人民的事。

柳宗元，因祖籍今山西省永济市，世称"柳河东"，又因官终柳州刺史，又称柳柳州。与韩愈共同倡导唐代古文运动，并称"韩柳"；与刘禹锡并称"刘柳"；与王维、孟浩然、韦应物并称"王孟韦柳"；与唐代的韩愈，宋代的欧阳修、苏洵、苏轼、苏辙、王安石和曾巩，并称"唐宋八大家"。柳子自"永贞革新"后被贬到永州做永州司马员外郎这一闲职，他一住就是10年，在这里写出了《永州八记》等脍炙人口的文章，提出"官为民役"的民本思想，为后人所称道。

柳宗元立身成人的故事，告诉我们做人最关键是要拥有智慧。每个人的作为不一样，为什么有些人走正路，有些人走邪路，说到底，是智慧的程度不一样，这跟学历的高低没有什么关系。有学历很高的人，但是活得非常痛苦，他们找不到人生的方向。

长期以来，我们反传统、反封建反得太多了，把老祖宗的一些精华都反掉了。我们从小接受的教育，往往是"竞争"，就是要有竞争意识；要有个性，要张扬个性，要有自我意识。过度的个人主义指向的可能就是自私。

长期以来，我们传统的东西丢失了，但现在我们国家意识到了这个问题，习近平总书记强调家规家风建设，利用我们老祖宗的智慧来治国安邦。这是"正本清源"，从根源上去考虑如何解决问题。《论语》里面一开头就跟我们讲"学而时习之，不亦说乎"。这个"说"要读成"悦"，喜悦的"悦"。这里"学"是什么？"学"不是指学习科学文化知识，而是指圣贤人讲的"学"——都是指的大学之道。大学之道是什么呢？就是做人之道。一些技术性的东西叫作"小学"，做人之道我们开始学的时候，并不快乐，如果你要学孝道，就得遵守平时我们都不懂的要遵守这个秩序，遵守那个规矩，要尊师，要尊长，要尽孝道。开始学是不快乐的，所以你要"学而时习之"，忍受这一段时间后，经常性地按照圣贤人说的去做，以后你就能得到真正的快乐了。

圣贤教大家的东西，无非就是要养成一个好的习惯。我们古人找到了一个养成好习惯而立身的根本，就是孝道。当我们从孝道开始，自己做到仁至义尽的时候，整个社会环境也就变好了。

## 家规育儿微语

建议家庭建立立身家规。《孝经·开宗明义》中说："立身行道，扬名于后世，以显父母，孝之终也。"人从小就应该学习做人的智慧，习得做人规矩，养成良好的习惯，尊重他人，做事有分寸，善解人意，虚怀若谷，举止大方，谈吐文雅，心胸宽广，明理诚信，等等，做一个恬静、温和，能给人带来温暖与快乐的人，自己立身成人，同时也促进了整个社会环境的和谐友爱。

## 第22条 立功

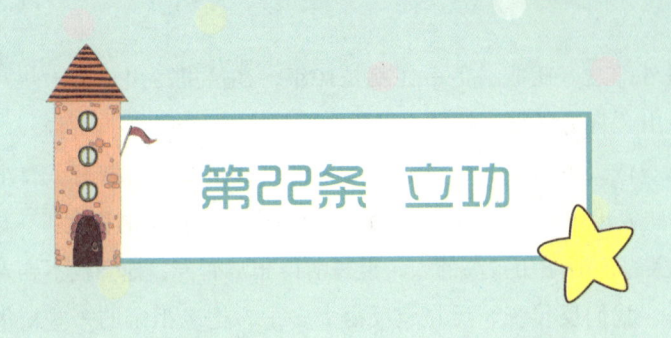

作为中国第一代高铁工人的杰出代表，工作三十年，李万君凭借自己精湛的技艺成为公司转向架制造中心的焊接大师、首席操作师，同时还获得了中华技能大奖，被人们称为"工人院士"。但他更看重"师傅"这个名称：经他培训的400多名学员，全部考取了国际焊工资格证书，为打造一批"大国工匠"储备了坚实的新生力量……

在得知自己成为"感动中国2016年度人物"时，李万君深情地说："高铁有394道工序，每一道都不容失误，我们要坚持工匠精神，做好自己的本职工作，使我们的团队技术更加成熟，保证高铁又稳又快地奔跑，同时创造具有我国自主知识产权的品牌。"他又说，他就是一名技术工人，离开了生产一线啥也不是。他这辈子很幸运，能分配到长客，赶上了高铁发展的时代，才让他这样的技术工人有机会回报企业，报效国家。所以，他下决心干好高铁，变中国制造为中国创造，让每一个技术工人都能当上创新主角，像动车组一样，节节给力，人人添彩，到时候让老外给咱中国人打工！

"我现在一听焊接的声音，就知道哪个徒弟或是员工哪个地方焊得不好，焊缝是宽还是窄，焊接质量好不好……"这样的境界，可是经过千锤百炼才能达到。1987年8月，19岁的李万君职高毕业后被分配到长春客车厂（中车长客股份公司前身），在配焊车间最苦最累的水箱工段当工人，和他一起入厂的还有28个伙伴。一进焊接车间，火星子乱蹦，烟雾弥漫，刺鼻呛人。焊工们穿着厚厚的帆布工作服，戴着焊帽，拿着焊枪喷射着2300℃的烈焰，夏天时，穿着几斤重的装备干完活出来，全身都湿透了。这样艰苦的条件不是每个人都能承受的。一年下来，和他一起入厂的同事调走了25个。但他，依然选择了留下来。厂里要求每人每月焊100个水箱，他就多焊20个，一年下来，两年一发的工作服被他磨破了5套，不够穿。

除了跟着师傅学习，他一有时间就跑到其他师傅那儿看，有问题就问。一开始，一些老师傅嫌他黏人。但慢慢的，师傅们发现，这个小伙子凡事问过一次，就会举一反三。不知不觉中，李万君的焊接手艺在同龄人中已出类拔萃。入厂第二年，李万君就在车间技能比赛中夺冠；2005年，他在中央企业焊工技能大赛中荣获焊接试样外观第一名；1997年、2003年、2007年，他三次在长春市焊工技能大赛中荣获第一名；2011年，他捧得"中华技能大奖"。

为了攻克各种各样的困难，他成立了一个攻关团队，遇到焊接难题，整个团队都会群策群力，攻坚克难，将技能和智慧紧密地结合在一起，突破一个又一个难关。

2005年，李万君根据异种金属材料焊接特性发明了"新型焊钳"，获得国家专利并被推广使用。2010年，在出口伊朗的单层轨道客车转向架横梁环口焊接难题中，李万君再次挺身而出，经过不断试验摸索，成功总结出了氩弧自动焊接方法和一整套焊接操作步骤，一举填补了我国氩弧焊自动焊接铁路客车转向架环口的空白，也为我国日后开发和生产新型高铁提供了宝贵依据。2012年，针对澳大利亚不锈钢双层铁路客车转向架焊接加工的特殊要求，李万君冲锋在前，总结出了"拽枪式右焊法"等20余项转向架焊接操作方法，解决了批量生产中的多项技术难题，累计为企业节约资金和创造价值800余万元。

2016年7月15日，李万君所在的中车长客股份公司试制生产的两列中国标准动车组，以420公里时速成功进行会车实验。列车以相对时速840公里的速度擦肩而过，这还是世界第一次。实验的完美表演，再一次赢得海外市场的关注以及相关合作国家的青睐，成为开启国外高铁市场的一把"金钥匙"，为中国高铁走出国门奠定坚实的基础。

"其实，我的追求很简单，我希望每一位焊工都把焊接标准熔到骨子里，把焊枪下的产品升华到极致，从而成为一件件艺术品……"李万君说。

凭着一股子不服输的钻劲儿、韧劲儿，他参与填补了高速车、铁路客车、城铁车转向架焊接规范及操作方法的几十种国内空白领域，先后进行技术攻关100余项，其中21项获得国家专利。

"感动中国"给李万君的颁奖词写道：器成天下走。你是兄弟，是老师，是院士，是这个时代的中流砥柱。表里如一，坚固耐压，鬼斧神工，在平凡中非凡，在尽头处超越，这是你的人生，也是你的杰作。

其实，我们每一个人，活在这个世界上，自然要做很多很多的事情。作为一个有人生追求的人，渴望做事立功，对待工作十分重视、十分努力，这就是最高的人格追求。

我们看王阳明一生，立下不少功劳：明正德十三年（1518），王守仁恩威并施，平定为患江西数十年的民变祸乱。正德十四年（1519），王阳明在鄱阳湖中仿效赤壁之战，平定洪都宁王朱宸濠之乱。嘉靖七年（1528），平定西南部的思恩、田州土瑶叛乱和断藤峡盗贼。

  这些对于一介书生来说，实在难能可贵。王阳明一生带兵打过很多胜仗，平定许多叛乱。有弟子问王阳明，用兵是不是有特定的技巧？王阳明回答，哪里有什么技巧，只是努力做学问，养得此心不动，如果你非要说有技巧，那此心不动就是唯一的技巧。大家的智慧都相差无几，胜负之决只在此心动与不动。王阳明举例说，自己和朱宸濠对战时处于劣势，他向身边的人发布准备火攻的命令，那人无动于衷，他说了四次，那人才从茫然中回过神来。这种人就是平时学问不到位，一临事，就慌乱失措。那些急中生智的人的智慧可不是天外飞来的，而是平时学问纯笃的功劳。

  再来看看曾国藩为师为将为相的经历验证的两条道理：第一，通才是存在的，人事练达，世事洞明，依靠常识百事可做。第二，做事是硬道理。也就是行行出状元。

  人生在世立功（做事），就是要用一件一件的具体事情，来丰富、充实我们的人生。如果人生是一棵树，那么"立功"，就好比是一棵树的花与果。取平常心，做非常事。"非常"就是"不平常"，就是"不一般化"，就是把事情做到极致，就是有点突出，有些特点，比前人、他人"更高"或者"更好"。一个人，可以做不成大事，但不可以不做事；可以做不成许多事，但不可以不努力做成几件事。

## 家规育儿微语

  建议家庭建立立功家规。人生在世立功（做事），功在当下，利及千秋。人生在世，总要做几件事，当我们总结人生，俯仰天地，上对得起国家，下对得起百姓；外有益于社会，内有益于自身；前无愧于祖宗，后无愧于子孙。这就是最光彩的人生！

# 第三章 礼规

## 第23条 餐规

一天中午，成成和爸爸妈妈应刘叔叔的邀请到饭店吃饭。成成非常高兴，因为他非常喜欢刘叔叔家的小弟弟，今天他就可以与叔叔家两岁的小弟弟一起玩耍了。

到达之后，成成就迫不及待地奔弟弟而去。弟弟活泼可爱，看到成成就笑，手舞足蹈，成成玩得不亦乐乎，爸爸妈妈则与叔叔交谈甚欢。

到了吃饭的时间，大人们都起身准备就座，成成转了一圈，发现正对着门的位置很好，视野开阔，于是就跑到了那个座位上坐着。妈妈看见了，就向成成招手让他过来。将那个位置空了出来，爸爸与叔叔相互谦让着，最后叔叔坐到了那个位置上。成成与爸爸妈妈则坐到了叔叔旁边。

大家都就座后，成成小声地问妈妈："妈妈，为什么我不能坐在那个位置上？"妈妈告诉成成："因为那个位置叫上座，是要留给主人坐的。我们是客人，所以应该坐在主人旁边的座位上。如果有爷爷奶奶来了的话，我们也要让他们坐在上座。""那你知道什么叫作上座吗？"妈妈接着问，成成摇了摇头，"上座就是指离门最远，面对门的位置。当我们准备上桌的时候，要先请主人坐到主座上，然后请比较重要的客人依次就座，之后自己再坐下。这是对别人的一种尊重，还有很多餐桌礼仪规矩，妈妈慢慢给你讲，如果你在平时注意这些礼仪规矩，大家都会觉得你是一个懂事有礼貌的好孩子。"成成点了点头，告诉妈妈："妈妈，我会记住的，要做一个懂礼貌的孩子。"

晚上，妈妈参加同事小孩天天"金榜题名"庆祝聚会，带成成一起去吃饭。天天学习很勤奋，因此成绩非常好，考取了一所重点大学。大家一提起天天都赞不绝口，把天天当作自己孩子的榜样，成成妈妈也经常说起天天，成成很想看看天天哥哥是什么样子。

到了饭店，成成发现有很多小朋友，原来大家都知道天天考上重点大学了，都想带自己的孩子来见天天，向他学习。很快就上菜了，菜品漂亮而繁多，在餐盘上旋转着。成成看见了一盘最喜欢吃的鸡腿，就耐心地等待盘子转过来，当他拿起筷子准备夹菜的时候，鸡腿飞快地被转走了，他暗暗地皱了一下眉头，抬头一看，原来是天天在转桌子，只见他把那盘鸡腿转到了自己跟前，把盘子端了下去，再一看，他的身边摆了虾、鱼等好几盘菜，满满当当。天天自顾自地吃了起来，狼吞虎咽，还发出"吧唧吧唧"的声音。大家看着天天的吃相，面面相觑，本来热烈的气氛开始变得尴尬起来，大家默默地将饭吃完，各自打招呼就都散去了。

成成和妈妈与一个阿姨一起走，成成听到妈妈和阿姨谈起了天天，但他们都没再像以前那样带着羡慕去夸他，而是觉得这个孩子虽然成绩优异，但是在礼仪礼貌方面太欠缺，缺少对别人的尊重，让人笑话。

到家之后，妈妈变得沉默，成成问："妈妈，你怎么了？"妈妈说："天天哥哥成绩好，本来我想带你去学习一下，但是没想到他在待人处事方面闹了笑话。你觉得今天他的表现好吗？"成成说："不好，我想吃的鸡腿都被他端走了。"妈妈说："所以弄得场面很尴尬，成成，妈妈有必要先教你一些就餐的基本礼仪规矩。"

1. 感恩食物。学会怀着一颗感恩的心来享受我们的每一顿饭。这种感恩包括对大自然给我们带来各种当季的美味的感恩，包括对培育这些食品的人的感恩，也包括给我们补充营养和能量的这些食物的感恩。这种感恩应作为一种家规文化，传承下去。

2. 长辈先食。吃饭时先请家中长辈、客人上位入座（一般对门为主位），并先给长辈、客人盛饭。在长辈、客人还未动筷之前，晚辈不应自顾自地先吃起来。长辈把碗递给孩子时，孩子应双手把碗接过来，表示对长辈的尊敬。

3. 正座进餐。坐正坐直，保持挺拔的姿势。姿势既优雅好看，还有利于消化。

4. 正确用筷。前筷尖对齐，使用时只动筷子上侧，用中指、拇指、食指三根手指轻轻拿住，拇指要放到食指的指甲旁边，无名指的指甲垫在筷子下面，拇指和食指的中间夹住筷子将其固定住，筷子后方留一厘米左右，顺势夹食。另有两种夹食方式，一种是五指并拢，夹菜时手背向上，着力点在中指上的背夹式；另一种是食指翘起，筷子放在大拇指和食指之间的翘指式。筷子作为中华饮食精髓的一部分，正确使用筷子能帮助我们更好地传承中华饮食文化。

5. 自己进餐。孩子到一定年龄，就会开始喜欢独立用餐具吃饭，这标志着他对人格独立的向往，家长应给予充分的鼓励和支持，要鼓励孩子自己进餐。

6. 避免挑食。不要为了挑自己喜欢吃的菜而用勺子或筷子在盘中翻来翻去，有的人甚至将自己喜欢的菜从盘中全部挑走，而把不喜欢吃的留给别人，这是一种很失礼的行为。而且挑食、偏食，不仅会影响对营养的全面摄入和吸收，一味地任性挑食，还容易养成自私的毛病。

7. 吃相文雅。吃饭时不可敲打碗筷或大声喧哗。吃饭时尽可能不要发出声响，咀嚼时尽量闭着嘴，不可狼吞虎咽，喝汤时也不可发出咻溜呼噜声。避免打嗝或者打喷嚏，如果无法忍住，则应该将脸背过去，或者用餐巾纸挡住，远离他人和饭桌，同时要说一声"不好意思""对不起""请原谅"之类的话，以示歉意。如被菜塞了牙，绝不可用手抠牙，应用餐巾或手挡住嘴巴，用牙签剔牙。

8. 专心进餐。吃饭时尽量营造一个安静的环境，不可边吃饭边看电视，玩手机、玩具等。家庭避免"餐桌教育"，长辈从学业、功课，到活动、交友礼仪都喋喋不休，甚至对孩子的缺点和错误厉声批评，孩子解释反驳，动不动就僵了，摔碗筷拍桌子，酿成吵架，不欢而散。

9. 按需取食。根据自己食量，酌量添饭，食物不要咬了一口就扔掉。节约粮食，教育孩子养成节约的习惯。让孩子知道饭菜来之不易，应该节约粮食。

10. 完餐离座。吃完饭之前不要离开座位。除了饭前洗手外，最好让孩子养成吃饭前处理完上厕所的问题，这样可以更安心、放松地享受美食。

11. 饭后谢意。饭后对准备食物的人表示感谢。

12. 离席告之。吃完饭后若要先离席，要跟同桌人打招呼："我吃好了。"

13. 收拾餐具。餐前餐后帮忙收拾餐具和洗碗筷等。

妈妈继续说，餐桌礼仪规矩要从平时开始训练，跟家人、客人一起吃饭时，妈妈会经常提醒成成的，并解释要遵守礼仪规矩的原因，希望成成自觉养成，并形成习惯，做一个文明礼貌的好孩子。

## 家规育儿微语

建议家庭建立就餐的规矩。家长培养孩子的餐桌礼仪规矩，应从小培养，从小事做起，尽早让孩子在用餐时，学会与人分享，尊重他人，注意自我的行为举止，展现出一个有礼貌、有规矩、有素质、有教养的好孩子形象。

## 第24条 待客礼规

星期天，成成在家认真地做作业。突然，门铃响了。成成赶紧上前去问，原来是妈妈的同事王阿姨。

成成赶紧给王阿姨泡了一杯热茶，王阿姨对成成说："真是个好孩子！"王阿姨刚说完这句话，又对成成说："你的学习好吧，考试成绩也不错吧？"

成成把自己这次的考试成绩都说了，王阿姨说："不错啊！继续努力！""谢谢王阿姨！"成成赶紧谢谢阿姨夸奖。

王阿姨临走时和成成道别："成成真是个好孩子，再见！"成成站在门口依依不舍地说："阿姨，再见！"

这种待客，主客都高兴。下面这种待客就不欢而散了。

一天主人大摆喜宴，请来大批客人，他看有几位客人还没到，就自言自语地说："怎么该来的还不来呢？"

来的客人们听了，心想："我们都是不该来的了。"于是有一半人悄悄走了。他一看十分焦急，又说："嘿！不该走的倒走了！"

剩下的客人一听，已走的是不该走的，那么，该走的就是我们了，于是又有三分之二的人离开了。

一见客人都不辞而别，主人急得直拍大腿连连说："这，这，我说的不是他们。"

最后剩下的三位客人一听，心想："那一定是说我们了。"于是，一个个也告辞了。

主人一见此景，长叹一声说："不会说话愣请客，鸡鸭鱼肉全白做。"

在日常生活中，我们经常会碰到客人来访的情况。孩子作为家庭的小主人，我们也应该懂得一些待客的礼仪。良好的待客之礼，体现出的是主人的热情和殷勤。它既使客人感到亲切、自然、有面子，也会使自己显得有礼、有情、有光彩。

每个人都有必要学一些基本的待客之礼。

1. 热情迎客。应提前做好迎客准备，包括家庭布置要干净美观，主人的服饰要整洁得体，水果、点心、烟酒、菜肴等要提前准备好，同时还要叮嘱孩子一些注意事项。听到客人敲门声或门铃声，应热情迎出、招呼，并表示欢迎。

　　2. 接礼道谢。当客人送上礼品时，应双手接过，表示感谢，并请客人以后不要再破费。注意不能当着客人的面，急忙打开礼物的包装，看看究竟是什么东西。

　　3. 介绍客主。如果来的客人是自己的同学或朋友，是第一次来访，应该给家人介绍一下，要先把客人介绍给家人，再把家人介绍给客人，并互致问候与家人认识。客人要走时也要告诉家人，让客人有机会向自己的家人道别。

　　4. 让座上茶。如果客人是长者、上级或平辈，应请其坐上座，主人坐在一旁陪同；如果是晚辈或下属则请随便坐。选择最好的座位给客人坐，然后泡上一杯茶水，双手递上。注意茶具要清洁，茶水每杯应沏到杯中三分之二位置为宜，至多八分满，以便于客人饮用。

　　5. 准备小吃。沏茶后，拿出水果、小吃等招待客人。如果请客人吃东西，应问客人是否要洗手；如果请客人吃西瓜，应准备好放瓜子、瓜皮的盘子和毛巾、纸巾等。

　　6. 陪客谈话。谈话是待客过程中的一项重要内容，是关系接待是否成功的重要一环。第一，谈话要紧扣主题。第二，要注意谈话的态度，语气要温和适中，不要以势压人。第三，交谈时要认真听别人讲话，应适时地以点头或微笑做出反应，不要随便插话。第四，不要频繁看表、打呵欠，以免对方误解你在逐客。如果父母作陪，小孩子一般不要随便插嘴。如谈的是重要问题，可指引小孩子做自己的事，适当回避。

　　7. 宴请客人。客人来访，一项不可少的内容就是宴请客人。家庭常见请客有正式宴会、便宴、家宴三种。前两种一般选在酒店餐厅举行，后者一般由主人亲自下厨料理，家人共同招待，特点是规模较小，气氛自然、随便。宴请宾客还得安排座位，一般以向门一面为主宾席，主人背门而坐。上菜应左手上右手下，上菜一般顺序为：冷盘——

主菜——热菜——大菜——甜菜——点心——汤。或根据当地的风俗习惯顺序上菜。上菜时机要选择恰当，防止空盘又不宜堆积过多，上最后一道菜时，应暗示用餐已近尾声。上菜按我国传统习惯，应"鸡不献头，鸭不献尾，鱼不献脊"，即不应把鸡头、鸭尾、鱼脊朝向主宾；每上一道菜，主人可当特邀之宾先动手品尝或给客人分菜；酒水分白酒、葡萄酒和啤酒三大类，斟酒顺序一般按顺时针方向从右手依次斟酒，斟酒时，要给尊长者或远客、贵宾先斟，以示敬重。

8. 送客离去。当客人散席或准备告辞时，主人应婉言相留，若客人执意要走，应等其起身后，主人再起身相送。送客人到门外，亲切告别，说"再见"。若客人来时有送礼物的，应再次提及对礼物的感谢或回赠礼物，并不忘提醒客人是否有东西遗忘。送客应送到大门口或街巷口，切忌跨在门槛上向客人告别或客人前脚走就"啪"地关门，待客人出门后，可轻轻地将门关上。

待客礼仪是孩子一生中必学的功课，从做客待客实践中培养孩子是最好的途径。做客前家长应先向孩子介绍造访的对象，让孩子有必要的心理准备；其次还要帮助孩子树立一定的信心。比如，可这样鼓励孩子："王阿姨特别想见你，她们家还有一个小哥哥，有很多玩具，一直都想跟你玩。"用诸如此类的话，帮助孩子消除陌生感，树立信心。成人也可经常请亲戚朋友到家中做客，给孩子创造当小主人的机会。这时，对于在生人面前易胆怯的孩子，家长不必急于求成，可按上述步骤循序渐进。必要时鼓励孩子与客人交谈或为客人表演节目。对孩子与陌生人交往中每一次突出的表现，都应抓住时机，给予鼓励。如可用亲切的语言告诉孩子："你今天待客真棒，客人们都夸你了，爸爸妈妈真为你高兴。"必要时还可送一样孩子喜欢的玩具和食物，并明确告诉他得到奖励的原因。家长应相信孩子的能力，放手让他们做自己能做的事，还要有意识地去锻炼孩子，比如，请孩子去邻居家借东西，让孩子给某个阿姨送本书，孩子实际练习机会多了，以后与人交往便会自然多了。

**家规育儿微语**

建议家庭建立待客的规矩礼仪。让孩子学会在家中招待客人基本礼仪规矩，学会与陌生人相处，让客人有宾至如归的感觉。建议家长利用节假日等时间，让孩子请朋友来家做客，让孩子多与人交往，让孩子学会独立自信，尊重他人，理解他人，礼貌待客，形成良好的接人待物行为习惯，逐渐形成健全的人格和与人交往、处事的能力。

## 第25条 做客礼规

星期天，成成的妈妈带成成去阿姨家做客。

到了阿姨家门口，妈妈让成成敲阿姨家的门。"咚，咚咚；咚，咚咚。"成成轻轻地敲了几下阿姨家的门。

阿姨开门了，一看见阿姨，成成就大声说："阿姨好！"阿姨摸了摸成成的头说："成成好乖！成成可真有礼貌。"

进屋后，成成一眼就看见了客厅里的一个汽车模型，他的眼睛一眨也不眨地盯着模型看。阿姨发现后，对成成说："喜欢这个汽车模型吗？喜欢的话，阿姨就送给你玩！"阿

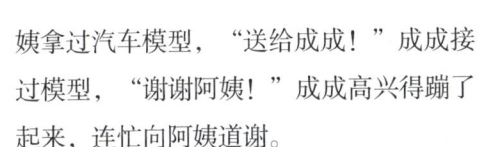

姨拿过汽车模型，"送给成成！"成成接过模型，"谢谢阿姨！"成成高兴得蹦了起来，连忙向阿姨道谢。

傍晚，成成和妈妈该回家了。成成向阿姨道别："谢谢阿姨的汽车模型，阿姨，再见！"成成挥挥手说。阿姨笑着说："不客气！成成！""再见！以后要常来玩呀！"

路上妈妈跟成成说："做客真是让人高兴的一件事啊！不过，做客时可别忘了一些礼仪规矩呀！"做客注意礼当先，先敲门，再问候，告别别忘说"再见"。具体做法如下：

1. 预约。预约就是要和被访的主人事先打招呼。即便是受到了主人的事先邀请，出于礼貌，赴约之前最好也要打一个招呼。如果主人没有指定时间，约定时间应选在主人比较方便的时候，尽量避开就餐和就寝时间，也不要选在早晨刚起床，或晚上即将休息的时间。如果即将拜访的人是家长的朋友，那么在打电话与对方预约时，不妨让孩子在一旁听；如果要拜访的是家长和孩子都熟悉的亲戚或者朋友时，则不妨让孩子自己打电话预约。

2. 准备。做客之前要做好个人卫生，梳妆整洁，服装要大方得体。要准备好带给主人的礼物，以表示敬意。还要有思想准备，即见到主人后，要和主人交流哪些内容。

3. 叩门。来到主人门前，应按门铃或轻声叩门，使用得体的称呼，如爷爷、奶奶、叔叔、阿姨或某某同学，示意自己已经来到了。切忌不可用力敲门或大喊大叫。

4. 问候。当见到主人后，如果是长辈，应问候"您好"。同时行鞠躬礼。如果是自己的老师，在问候"您好"的同时，可以行少先队队礼。如果是平辈，可以问候"你好"。同时和对方握手。握手时双目要注视对方，面带微笑。为了表示对对方的尊重，行鞠躬礼时要先脱帽，行握手礼时要摘下手套。

5. 祝福。如果需要对主人的成功或喜事表示祝贺，可以使用祝贺语。如"祝您生日快乐""祝您节日愉快""祝你取得了好成绩"等。在祝福的同时，可以双手送上自己带来的礼物。如果不方便双手并用时，也可以用右手递送。左手递物，是被视为不礼貌的。

6. 落座。当主人示意就座时，可按主人示意的位置坐下。孩子应等家长坐下后，坐在家长的旁边，从容走到座位前，然后转身落座。坐下后，腰背自然挺直，双肩放平，双手自然摆放，双膝并拢，双目平视。注意不要摆弄手指，不要前俯后仰，不要抱胸，不要手托下巴，不要跷二郎腿。

7. 饮茶。当主人端来茶水时，应起身双手接过，同时说"谢谢"，以示答谢。接过茶水后，应放到离自己较近的位置上。饮茶时应小口饮用，切忌一饮而尽。空腹时要尽量少饮茶，以免造成胃部不适。

8. 交谈。在与主人交谈时应目视对方，目光不应游移不定或躲躲闪闪，要落落大方，不应扭扭捏捏。和长辈交谈，语气应谦恭；和平辈交谈，语气应明快。当主人与家长交谈时，孩子不要插嘴，也不要表现出不耐烦的神情，要在一旁静静等候。切忌在主人房间里随意走动，随便翻看主人的东西。

9. 相处。带孩子去做客之前，要先和孩子一起探讨，该如何和主人家的孩子相处，该如何表现出忍让和大方。小主人家的玩具是小主人的，他有支配权，到别人家做客，小主人提供什么玩具就玩什么，不要肆意乱翻。孩子看到自己没有的"好玩意儿"，不能想着据为己有，要征得同意后再拿过来玩，之后还要记得放回原处。如果一件玩具两个宝宝都想玩，家长应该规劝自己的孩子不要争抢，要学会用商量的语言与小主人沟通。只有这样，自家孩子和主人家的孩子才能和睦相处。

10. 就餐。当主人要求留下就餐时，应首先表示谢意，如"谢谢，给您添麻烦了"。然后请示主人，到卫生间去洗手。用餐时根据主人的示意，从座椅的左侧入座。如果与长辈同席，应在长辈入座后，再背对座椅入座。若有家长，应坐在家长旁边的座位上。餐中使用筷子时，应放在筷架上。若无筷架，可放在小碟上。别人给盛饭或盛汤时，要双手接饭，并说声"谢谢"。自己碗中或盘中的饭菜要尽量吃完，未吃完前不要添新饭菜。用筷子无法夹起的菜，可以用勺。吃饭或喝汤时不要发出声响。饭菜中的鱼刺或骨头放在餐巾纸上或小碟中。用完餐不要急于离座，应等长辈离座后，自己再轻轻离开座位。同时应再次向主人表示道谢，离座时应从座椅左边离开。

11. 告别。向主人提出告辞。取好自己的东西后，和主人说一些告别的话。离开主人家大门时，可以说些"请您留步"之类的客气话。离开大门后，应挥手致意，说"再见"，如果是平辈，可以握手道别。

妈妈把这些做客的礼仪编成一段儿歌，成成比较好记。"做客前，约在先。修仪表，如约至。小礼品，示友好。入座后，坐相端。主人物，不乱翻。主人忙，适时帮，临告别，致谢意。

今天到阿姨家做客，成成就非常有礼貌，像这样有礼貌，妈妈和阿姨都喜欢。

## 家规育儿微语

有人说，人前有约束便是规矩，也是礼仪，更是尊重。历来有"做人先学礼"的说法。建议家庭建立做客规矩，家长带着孩子走亲访友，参加一些聚会时，让孩子学会做客，在主人家的一举手、一投足、一出口，按规行事，培养孩子举止大方、得体谈吐、彬彬有礼等良好行为习惯。

## 第26条 站规

一位朋友老李，每周末在家里开一个书法班，义务教十几位好朋友的孩子学书法。

这个周末我去老李家，看到他正耐心地指导十几个孩子学书法。这些孩子都在读小学，年龄不等。此时不懂事的孩子们说话声此起彼伏。老李是一名大学老师，他是抱着一份对传承书法的热情来教孩子们的。经过交流得知，这些孩子每次到他这上课都是话声不断，难以安静写字，他也不知怎么办。

离下课还有十分钟时，李老师突然宣布说："现在请大家围着桌子坐成一圈，让白老师给大家上课。"孩子们倒是很快围坐成一圈，用各种很不雅的坐姿坐着，眼神里流露出的是随意，似乎还有些向我挑衅的意味。毫无准备的我面对这群似乎不一般的孩子，一两秒思考后，马上有了主意。

我心里想：首先自己的心要定，才有办法面对孩子们给我的每一个难题、每一个考验。现在一些老师看到学生不好的表现心里就发急，这使得本来心就不定的孩子心更不定，而老师自己一急躁，能教育学生的最好智慧都跑到九霄云外了。

我微笑着看看每个孩子，他们都是好孩子啊，只是习惯稍显得差些。"能不能自报家门呢？中国人初次见面都习惯自报家门的。"我说。

一个男孩子把手微微举起。我请他先发言。他软塌塌地站起来，身体挨着桌边很不自然地介绍自己叫刘远明。我知道有的孩子玩闹得很厉害，但在正经场合他的表现就难显现出端庄姿态。这是因为他不够自信。我鼓励他说："男子汉是要顶天立地的。你能否把身子往后站站。"他很听话地往后站了一下，身子不自觉地稳了些。

"很好。白老师现在想请你坐下去后重新站起来。"在我的要求下，刘同学坐下去重新站起来，他身子没有靠在桌子边，稍显稳重了些。

"孩子们，你们看刘同学现在站得怎样？"我故意问其他孩子。"有精神了。"孩子们说。"很好。你们懂得见人善，即思齐。你们很会发现别人的变化。"听着大家的夸奖，刘同学脸上微微有些笑意。

"我认为男子汉要有阳刚之气，你把胸脯挺起来，把身子挺直试试看。"刘同学又很顺从地把身子挺起来。此时他就像一棵傲立的小松树。

"很好。现在请你坐下去后重新站起来自报家门。"我说。刘同学再次站起来时，少了起初的那种疲沓，多了一分力量，多了一分阳光，更多了一分尊重。他很有精神地站起来自报家门，声音比刚才响亮了。好一个阳光少年。

孩子的成长需要我们耐心地一点点去教。在这不长的时间里我仅仅只是在指导刘同学站姿吗？不，其他小朋友也在跟着成长。对于老师的要求，他们听在耳边，记在心里；看在眼里，记在心中，进而将会将它化作行动。

我看看桌边其他孩子，有的已将歪斜的身子调整了，有的虽然还没动，但他看刘远明的眼睛似乎开始有神了。对于已经养成的习惯一下子改好是不容易的，慢慢来，许多时候对孩子的教育是需要耐心的等待。

对于刘同学的回答我没花多少时间，反而在站姿上花时间进行训练，是因为我觉得现在一些老师在课堂上比较注重让学生回答问题，却忽略了学生的站姿等基本礼仪要求。学生的良好精神面貌就因不好的站姿而失去了。我看过去的儒雅之士，他们的举手投足都显得很有涵养，站与行都显得风度翩翩，现在难能见到。我希望自己尽可能帮助孩子成长，让他们如有精神的小树健康成长。

第二个站起来的是个小女孩。她驼着背两手撑在桌上说:"我叫李煜珊,今年九岁。"

李同学眼睛很大,长得很秀气,可是此时不端庄的站姿及无神的话语令她失去了秀美。可惜,可惜。我说:"李煜珊同学,白老师认为女孩子无论是站着还是坐着都应该是端庄秀气的。你想想该怎样站才符合要求呢?"因为有了对刘同学比较细致的要求,现在我就想让其他孩子为自己的姿势做检查。透过眼睛余光,我看到几个坐得很随意的孩子悄悄摆正坐姿。李同学驼着的背此时伸直了,开始显得有精神了。

"手、身子离开桌边……"我的话没说完,她马上意识到了,身子离开桌边,两手自然轻松放下,她的自信立刻呈现出来,眼睛开始有神了。我请她重新介绍自己。她如秀气的白杨树端庄地站着,脸上微带笑容说:"我叫李煜珊,今年九岁。"话音刚落,孩子们就拍起掌来。为李同学的改变,为同学得体的表现拍掌。我认为这掌声也是给孩子们自己的,此刻相信他们的内心也在悄悄地发生变化。

军人在训练场上训练的第一课就是站军姿,站出军人的风采。国旗班的战士一出场,就是祖国一道亮丽的风景线。白老师曾与国旗护卫队一起,参加了1984年首都国庆阅兵,向全世界人民展示了中国军队威武之师、文明之师的良好形象。一位看完阅兵的老华侨写道:"阅兵战士的形象像纪念碑一样高大,心灵像汉白玉一样纯洁,胸怀像广场一样开阔。"这就是一个良好的站姿给人的印象。

我们对孩子不可能像军人那样严格要求,但完全可以学习军人的良好形象,学习立姿的基本要求。从正面看,身躯应当正直,头、颈、身躯和双腿应与地面垂直,两肩齐平放松,两臂和手在身体两侧自然下垂,手指自然弯曲,掌心向内轻触裤缝,或将右手搭在左手上,贴放在腹部。侧视,下颌应微收,双眸平视前方,精神饱满,面带微笑,胸部稍挺,小腹收拢,整个形体显得庄重、平稳、自信而有力度,两脚间的距离以不超过双肩为宜。站立时间较长时,可以以一腿支撑,另一腿稍稍弯曲,但上身始终要保持挺直。男女的立姿应形成不同侧面的形象,男孩子应站得刚毅洒脱、舒展大方,女孩子应站得挺立端庄,

秀丽俊美。女孩的立姿还要与服饰相适应,穿紧身短裙,应脚跟靠紧,脚掌分开呈"丁"字形;穿礼服或旗袍,可双脚微分。不论男女,立姿都切忌缩颈、含胸、驼背、腆肚、撅臀。站的时候不要无精打采地东倒西歪,耸肩勾背,或者懒洋洋地依靠在墙上或椅子上。这样将会破坏自己的形象。两臂可以随谈话内容适当做些手势。但在正式场合,不宜将手插在裤袋里或交叉在胸前,更不要下意识地做小动作。过多的小动作,会给人留下缺乏自信和经验的感觉,而且也有失仪表的庄重。

在我们成长的过程中,常听到长辈们耳提面命地叮咛我们"站要有站相"。好的站姿,可以让身体各个关节的受力比较平均,不会特别弯曲,让某些特定的关节承担大部分的重量。而且当你抬头挺胸时,胸口会变得开阔,呼吸也会顺畅,身体得到足够的氧气,精神、注意力都会比较容易集中。所以好的立姿体态,不是只为了美观而已,对于健康也非常重要。

## 家规育儿微语

建议家庭建立站姿规矩。家长要时时注意孩子站姿形象的训练,引导男孩子站得堂堂正正,如一个顶天立地的男子汉,培养男孩子敢于担当天下责任的雄心与气势。引导女孩子站得要端庄秀气,如花似玉般可爱,培养女孩子乐于奉献的端庄与贤惠。孩子良好的站立姿势,衬托出的是孩子个人美好的气质与风度。

## 第27条 坐规

　　成成和依依是一对好朋友。他们整天在一起玩耍。星期天，他俩一起来到了布娃娃商店，成成坐在沙发上，哄着摇篮中的布娃娃，依依则坐在旁边，看着可爱的布娃娃，心想：要是我能把她抱起来玩该多好啊！于是，依依伸出双手，去抱布娃娃，刚触碰到布娃娃，谁知这时布娃娃却摇起小手，惊恐地说起了话："不要，不要，我不要！"这可吓着了依依，也急坏了成成！成成连忙伸手抱起了布娃娃。奇怪的是，这时的布娃娃"呵呵"地笑出了声。

　　成成和依依走出了商店，一起来到了动物园。他们来到八哥表演区，坐在椅子上一起观看八哥的表演。看着八哥精彩的表演，依依和成成情不自禁地拍起了小手，八哥一看有两个热情的小朋友喝彩，马上飞过来，在成成的面前飞来飞去，还停在他的肩膀上，高兴地向他打起了招呼，不停地说道："你好！你好！"

　　依依在一边看着羡慕极了，她也多想八哥能飞到她的面前来！于是，便也学着成成的样子朝八哥拍起了手，可是，八哥把头一转，还很不高兴地说道："难看死啦，难看死啊！"八哥说完把头一扭，飞回去了。

　　依依伤心得哭了，哭丧着脸走出了动物园，闷闷不乐地回到了家。心想：为什么布娃娃、八哥就不喜欢我，都只喜欢成成呢？是我长得难看吗？

　　依依拉过一把椅子，坐到大衣镜前，仔细地端详镜子里的自己。这一看，她才发现，原来，镜子里的那个"我"的坐姿太难看！身子斜斜，肩膀歪着，眼睛斜视着，真是要说有多难看就有多难看！

　　依依认真地回忆起成成平时的坐姿，突然明白了"原来成成的坐姿端正优雅，比我好看多了"！于是，她就学着成成的样子坐到小椅子上，这时，镜子里的"我"再也不是原来的"我"，瞧！坐得多么的端正有致啊！还有……还有那双大大的眼睛正好好地看着自己！哇，好精神的一个"我"啊！

　　从此，依依再也不歪着身子，斜着眼睛坐了，而是端端正正，精神焕发。后来，布娃娃和八哥也跟她成了好朋友。

坐，也是一种静态造型。正确规范的坐姿要求端庄而优美，给人以文雅、稳重、自然大方的美感。坐是举止的主要内容之一，无论是伏案学习、参加听课，还是会客交谈、娱乐休息，都离不开坐。坐，作为一种举止，有着美与丑、优雅与粗俗之分。坐姿要求"坐如钟"，指人的坐姿像座钟般端直，当然这里的端直指上体的端直。

坐姿的基本礼规：

1. 平缓入座。入座时要轻、稳、缓。走到座位前，转身后轻稳地坐下。女孩子入座时，若是裙装，应用手将裙子稍稍拢一下，不要坐下后再拉拽衣裙，那样不优雅。正式场合一般从椅子的左边入座，离座时也要从椅子左边离开，这是一种礼貌。女孩子入座尤要娴雅、文静、柔美。如果椅子位置不合适，需要挪动椅子的位置，应当先把椅子移至欲就座处，然后入座。而坐在椅子上移动位置，是有违社交礼仪的。

2. 神态从容。嘴唇微闭，下颌微收，面容平和自然。

3. 自然得体。双肩平正放松，两臂自然弯曲放在腿上，亦可放在椅子或是沙发扶手上，以自然得体为宜，掌心向下。

4. 直腰挺胸。坐在椅子上，要立腰、挺胸，上体自然挺直。

5. 双膝并拢。双腿正放或侧放，双脚并拢或交叠或成小"V"字形。男孩子两膝间可分开一拳左右的距离，脚态可取小八字步或稍分开以显自然洒脱之美，但不可尽情打开腿脚，那样会显得粗俗和傲慢。

6. 臀占适度。坐在椅子上，一般坐三分之一应至多坐满椅子的三分之二，宽座沙发则至多坐二分之一。落座后至少10分钟左右不要靠椅背。时间久了，可轻靠椅背。

7. 侧身交谈。谈话时应根据交谈者方位，将上体双膝侧转向交谈者，上身仍保持挺直，不要出现自卑、恭维、讨好的姿态。讲究礼仪要尊重别人但不能失去自尊。

8. 离座稳当。离座时要自然稳当，右脚向后收半步，然后站起。

9. 女孩特规。（1）女孩子穿裙装入座时应当将裙子后片向前拢一下，以显得端庄、文雅；起立时右脚先向后收半步，站起，向前走一步，再转身走开。（2）两脚交叠而坐时，悬空的小腿要向回收，并将脚尖屈向下，以给人高贵、大方之感。（3）女孩子需要侧坐时，应当将上身与腿同时转向同一侧，但头部保持向着前方。（4）女孩子坐姿的选择还要根据椅子的高低以及有无扶手和靠背，两手、两腿、两脚还可有多种摆法，但两腿叉开或成四字形的叠腿方式是很不文雅的。（5）坐低陷的沙发时，小腿斜斜地摆向左或右的任意一边。如果穿着短裙，以90度弯曲膝盖的话就很容易露出内裤，遇到这种场合，携带一条披肩，便于遮盖腿部，保持端正的仪态。（6）在餐厅用餐时，为了不让调味酱等溅出，你应该尽量使自己的上半身靠近餐桌，但切记不能弓背，这会使你的淑女形象大打折扣。不用餐时，手可放在餐桌下的膝盖上。（7）坐高脚酒吧椅时，一只脚放在椅子的支架上，一只手撑或靠在桌面上，臀部浅坐在椅子上。（8）下车时，当朋友为你打开车门时，微笑着说"谢谢"，然后先臀部落在车座上，再抬双脚入车内。下车时，一只脚先下地，另一只脚随后，并拢脚跟，挺直腰身，并不要忘了说声感谢："今天谢谢了，非常开心！"

## 家规育儿微语

建议家庭建立坐姿规矩。家长培养孩子"坐有坐相"的习惯，从小培养孩子保持正确的坐姿，无论外出或居家，都应举止有度，坐要有坐的样子。尤其是写字看书时坐姿要脚放平、肩不耸，头不歪、身坐正，要脊柱正直，挺胸、抬头，稍收腹部，眼离书本30厘米远，胸离桌子一拳距离。"相由心生"，由心境反映出面相，规矩文雅的坐姿衬托出一个人良好的内在素质。

## 第28条 蹲规

蹲姿，在我们日常生活中使用得非常多，当我们要附身捡起什么东西时，就要采取蹲姿，但是你知道如何采取优雅的蹲姿方式吗？这一点对于女性而言特别重要。文雅的蹲姿礼仪规矩如下：

1. 交叉式蹲姿。在实际生活中常常会用到蹲姿，如集体合影前排需要蹲下时，女士可采用交叉式蹲姿，其特征是蹲下后双腿交叉在一起，尤其是穿短裙的女士，姿势优美典雅。其方法，下蹲时，右脚在前，左脚在后，右小腿垂直于地面，全脚着地。左膝由后面伸向右侧，左脚跟抬起，脚掌着地。两腿靠紧，合力支撑身体。臀部向下，上身稍前倾。

2. 高低式蹲姿。下蹲时，右脚在前，左脚稍后，两腿靠紧向下蹲。右脚全脚着地，小腿基本垂直于地面，左脚脚掌着地，脚跟提起。左膝低于右膝，左膝内侧靠于右小腿内侧，形成右膝高左膝低的姿态，臀部向下，基本上以左腿支撑身体。

3. 半蹲式蹲姿。它的正式程度不及前两种蹲姿，一般在应急时采用。基本特征是身体半立半蹲。主要要求在下蹲时，上身稍许弯下，但不要和下肢构成直角或锐角。臀部务必向下，而不是撅起。双膝略为弯曲，角度一般为钝角。身体的重心应放在一条腿上，两腿之间不要分开过大。

4. 半跪式蹲姿。又叫作单跪式蹲姿。多用在下蹲时间较长，或为了用力方便时，双腿一蹲一跪。主要要求在下蹲后，改为一腿单膝点地，臀部坐在脚跟上，以脚尖着地。另外一条腿，应当全脚着地，小腿垂直于地面。双膝应同时向外，双腿应尽力靠拢。

5. 蹲姿禁忌。下蹲时一定不要有弯腰、臀部向后撅起的动作。切忌两腿叉开，两腿展开平衡下蹲，以及下蹲时，露出内裤等不雅的动作，以免影响姿态美。

6. 蹲姿要点：迅速、自然、得体、美观、大方，不遮遮掩掩。应使头、胸、膝关节在一个角度上，脊背保持挺直，臀部一定要蹲下来，避免弯腰翘臀的姿势，使蹲姿优美。若用右手捡东西，可以先走到东西的左边，右脚向后退半步后再蹲下来。男士两腿间可留有适当的缝隙，女士则要两腿并紧，穿旗袍或短裙时需更加留意，以免尴尬。

## 家规育儿微语

建议家庭建立蹲姿规矩。家长有必要规范孩子蹲姿等生活中的细小动作，并进行训练。即使是我们生活中的一个小运作，比如蹲姿，我们也要注意自己的规范姿态，做到迅速、美观、大方、优雅，一气呵成，飒爽英姿，赏心悦目，显示出良好的教养。

## 第29条 行规

"叮铃铃，叮铃铃"，伴随着上课铃声的响起，正在操场上玩耍的一群孩子，以迅雷不及掩耳之势向教室奔去。可当跑到板砖时，意外发生了。

只看见一个低年级女生被一个高年级男生撞倒了，女生哭了起来，男生装作若无其事的样子，继续跑向自己的教室。走廊地板上只剩下小女生默默哭泣的身影，和旁边匆匆离去的人群。可在这群人中竟然没有一个人想到把小女生扶起来。

高年级的成成同学看到了这一幕，跑上前去，把小同学扶了起来，拍了拍学妹身上的尘土，然后关心地问道："同学，你叫什么名字？在哪个班？""我是二年（4）班的郭丽莎。""哦，是莎莎呀！现在已经是上课时间了，我送你到教室去吧！""谢谢成成！"就这样，成成把学妹莎莎送回了教室。

"叮铃铃！"下课铃声响了。同学们像一只只久圈在笼中的小鸟等到了笼门开放的时刻，欢快地跑出教室，成成来到走廊上散步。

走到一个转弯处，一群男生正在嘻嘻哈哈地追逐打闹，一窝蜂冲了上来，成成吓了一大跳，身体猛地往后退了一步。成成皱了皱眉毛，心想学校已经不止一次提醒过不可以在走廊上打打闹闹了。

成成收拾好心情，又继续往前走。不一会儿，又到一个转弯抹角处，一群女生从对面右侧跑来，成成措手不及，和她们撞了个满怀。幸好，其中一位女同学把成成从地上拉了起来，问："你没事吧？对不起，我们撞到你了。我们不是故意的，实在是对不起！"

这位女同学低下了头，小脸通红通红的，手也在不停地搓揉裤子的两侧，看着她那不好意思的样子，成成刚刚想奚落她的想法也都抛到了九霄云外。他笑了笑，对她说："没关系，你也不是故意的嘛！"

正是她们的诚实和礼貌，得到了成成的宽容礼让，一场可能产生的冲突避免了。

爸爸听了成成讲的故事，表扬了成成做得对。正如俗话所说"礼到人心暖，无理讨人嫌"。行走是人生活中最常见的动作，走姿又称步态，还真要注意一些基本的规矩。

1. 昂扬前行。走路要抬头挺胸，目视前方，肩臂自然摆动，步速适中，忌讳八字脚、摇摇晃晃，或者扭捏碎步。

2. 靠右边行。在公路上行走时，要自觉地走人行道，不要走行车道，还应自觉让出专用的盲道。无人行道时，应尽量走路边。在道路上行走时，按惯例应自觉走在右侧一方，不可逆行左侧一方。上下台阶，应注意一步一阶，不可并排而行挡住后面的人；上楼梯时，应让尊者或女士走在前面；下楼梯时，应走在尊者或女士之后。

3. 路窄礼让。如果道路狭窄又有他人迎面走来时，则应该退至道边，请对方先走。在拥挤处不小心碰到别人，要立刻说"对不起"，对方应答"没关系"。以粗鲁的态度予以回复，是非常不礼貌的行为。

4. 多人鱼贯。走路时忌多人携手并肩前行，那样会阻碍别人行走，而且不利于交通安全，当走在狭窄的道路时，很容易被来往的车辆刮到。

5. 路行忌停。在道路上行走时，行动不要太慢，应该保持一定的速度，以免阻挡身后的人，更不宜在路上停留、休息或与人长谈。

6. 行不食物。走路时不要吃零食，这样不仅吃相不雅，也不卫生，而且有可能给其他行人造成不便，妨碍他人。不要认为走路吸烟是一种帅气的行为，那样其实会令人望而生厌。

7. 保持路洁。行路时要维护马路卫生，走路时不要随手乱丢废弃物，应将废弃物品投入专用的垃圾箱。

8. 讲究卫生。走路时需要清嗓子、吐痰，应在旁边无人时，将痰吐在纸巾里包好，然后投入垃圾箱，不要将其咽下，更不能随地乱吐，也不能直接吐入垃圾箱。

9. 举止文雅。多人一起步行，尤其是与尊长、异性一起在较为正式的场合步行时，一定要注意位置的具体排列应符合礼仪。多人并排行走时，其规则是：两人时，以右为尊，以内侧为尊；以左为卑，以外侧为卑。并行者多于三人时，以居中者为尊。多人单行行走时，以前为尊，以后为卑。所以，要尽量让尊长者或女性走中间和内侧。男女两人同行的时候，男孩子应该主动走在靠近街心的一边，让女孩子在自己的右侧行走。当一个男孩子与两个以上的女孩子结伴而行时，男孩子不应走在女士的中间，而应走在女孩子们的外侧。行走时，随带物品最好提在右手上，若有同龄男孩子在，物品应由男孩子代劳。恋人同行，不要勾肩搭背、搂搂抱抱，女士只能轻挽住男士手臂，不能表现得过分亲密。因为这种行为极不自重，而且令旁人鄙视。

10. 街事尽避。街头发生冲突时，切莫围观、起哄，应劝阻。对于陌生的异性，不要频频回首顾盼，更不能尾随其后进行骚扰。

11. 爱护公物。对公共场所的各种设施、物品，要自觉爱护。不要攀折树木、采折花卉，践踏绿地、草坪或在墙壁上信手涂鸦、划痕。

12. 忌窥私宅。对毫不相干的私人居所，不要贸然上前打扰，不要在别人家的门口、窗口、墙头偷偷观望，窥视他人的隐私。

13. 遵守交通。交通规则是步行安全的重要保障，城市的交通法规对行人的行走和各种车辆的行驶均有严格的规定，人人都应自觉遵守。穿越马路时，一定要从人行横线处走过去，并注意红灯停、绿灯行，不可随意穿越，不可低头猛跑，更不可翻越栏杆，或在马路上随意穿行，要注意避让来往车辆，确保安全。在有信号指示或交通警察指挥的地方，一定要遵守信号和听从指挥。

14. 善面迎人。熟人相遇，要问候，要用适当的方式与对方打个招呼，不能视而不见，切忌冷面视人；需要交谈，应靠路边或到角落谈话，不能站在道路当中或人多拥挤的地方。对不相识的人，如正面接触，也应点头友好示意。

15. 问路礼貌。需要问路时，首先，应选择合适的对象，最好不要去问正在急于行走的人或正在与人交谈的人以及正忙碌的人。如果民警正在指挥车辆，也应尽量不去打扰。可以另找那些不很忙，或比较悠闲的人打听。其次，问路时要礼貌地称呼对方，要用尊称，事后要微笑致谢。用礼貌语言打招呼，如"对不起，打扰您一下""请问"等，年轻人问路应选适当称呼，如"老爷爷""阿姨""叔叔"等，然后再问路；绝不能用"喂""哎"等一些不礼貌的语气词呼叫对方。听完回答之后，一定要说："谢谢您！"最后，当别人给予回答后，要诚恳地表示感谢，若对方一时答不上你的提问，也应礼貌地说声"再见"。

16. 适当助人。有人问路时，应真诚相助，不要不理睬。应认真、仔细回答，自己不清楚，应说："很抱歉，我不知道，请再问问别人吧。"

17. 扶老携幼。遇到老弱病残者，或孕妇、儿童有困难时，应主动上前帮忙，不要歧视，更不要讥讽或呵斥。

有的学校把行走之礼编辑成了儿歌——《校园行走礼仪歌》。
行走礼仪是古训，遵规守纪请谨记；
不吃东西不看书，行走也要很专心。
不丢垃圾不吐痰，不踩草坪不摘花；
文明责任牢牢记，顺手弯腰拾垃圾。
上下楼梯靠右行，脚步踩稳要当心；
狭路相逢不抢道，礼让三分显文明。
集合整队快齐静，队伍整齐不拥挤；
不勾肩，不搭背，安安静静不嬉戏。
教学区里不奔跑，横冲直撞危险多；
教室里面轻轻走，走廊过道慢慢行。
专用教室提前去，三人成队不着急；
不管老师在不在，文明安全我能行。
放学回家需排队，横穿马路看仔细；
绿灯亮了小心走，遇到红灯要禁行。
紧急疏散靠墙走，看清前方通道灯；

注意脚下防绊倒，紧急避让莫踩踏。
步伐稳健风度翩，抬头挺胸显自信；
不忸怩，不摇晃，肩臂自然从容行。
遇人主动打招呼，礼让尊长幼弱先；
文明用语不离口，人人夸我有教养。

## 家规育儿微语

建议家庭建立行走的规矩礼仪。"行如风"，遵守行走礼仪规矩方显修养。从小培养孩子行走的规矩，养成轻而稳，胸要挺，头要抬，肩放松，两眼平视，面带微笑，自然摆臂行走习惯。轻松自然的步态，轻松灵活、富有弹性，令人精神振奋；步伐稳健、自然大方，给人以沉着、庄重、斯文之感；步伐雄壮、铿锵有力，给人以英武、勇敢、无畏的印象；步伐轻盈、敏捷，给人以轻巧、欢悦、柔和之感。总之，女孩子要步履轻捷优雅，步伐适中，不快不慢，展现出温柔、矫健的阴柔之美。男孩子则要步履雄健有力，不慌不忙，展现雄姿英发、英武刚健的阳刚之美。

## 第30条 注目礼规

1984年10月1日，经过了八个多月紧张艰苦训练的阅兵队员们，终于迎来了庄严的时刻。10时正，庆祝中华人民共和国成立35周年仪式正式开始。广场上1200人组成的军乐队高奏国歌，28响礼炮响彻云霄，五星红旗在广场中心的旗杆上迎风飘扬。

中央军委主席邓小平，在雄壮的军乐声中走下天安门城楼，乘敞篷红旗轿车检阅部队，是那么的严肃，那么的庄重！他频频向指战员们挥手致意，来到我们方队前，全体队员行注目礼。"同志们好！""同志们辛苦了！"主席的问候如煦春风，温暖军心。我们齐声回答："首长好！""为人民服务！"受阅部队的口号震天撼地。

阅兵分列式开始，我们21个地面徒步方队7392名队员——我在空军学院方队第11排24兵位置，以良好的军姿，标准的动作，昂扬的精神，踏着雄壮的军乐曲，迈着矫健的步伐，英姿勃勃地踏着正步通过了天安门，接受党和国家领导人的检阅，接受全国人民的检阅。军旗在前面引导，国徽在头顶闪耀，国歌在胸中激荡，作为受阅部队的一员别提有多么兴奋和自豪了。那铿锵有力的足音，整齐划一的动作，纵看一条线，横看一条线，斜看还是一条线，形成排山倒海之势，向全世界展示中华人民共和国新一代士兵威武之师、雄壮之师的形象。

注目礼泛指以目注视对方的见面礼节，也是军礼之一，行礼时身体直立，眼睛注视目标。注目礼字面意思是他人关注的目光，深一层的意思是每一个"我"通过他人给"我"的注意和关注，来反证自我。功成名就的人最得意是在自己熟悉的人面前，获得熟人的注目礼，事业有成的人最在乎的是衣锦还乡的时刻。

注目礼是一项比较庄严的礼节，大多在严肃、庄重的场合使用。我国《国旗法》规定，升国旗时必须行注目礼。一般学校在上课前，师生双方也行注目礼。

动作要领：行注目礼的时候，身体立正站好，挺胸抬头，目视前方，双手自然下垂放在身体两侧，行礼前要求脱帽（军人除外），摘手套。注意细节：1. 行注目礼大都在严肃的场合，所以行礼时表情应该庄重沉静，不能嘻嘻哈哈；2. 行礼时应精神饱满，不应懒懒散散，不能倚靠他物，不能把手放在兜里或插在腰间；3. 在参加升国旗仪式时，少先队员要佩戴红领巾，右手高举头上。

注目礼，是在人际交往时，以一种深情的、含蓄的无声语言，表达有声语言难以表现的意义和情感。"眼睛是心灵的窗口"，它在很大程度上能如实反映一个人的内心世界。目光应是坦然、亲切、和蔼、有神的。在整个交谈过程中，与对方目光接触应该累计达到全部交谈过程的百分之六十左右，其余百分之四十左右时间，可注视对方脸部以外5～10米处，这样比较自然、有礼貌。

场合不同，注视的部位区域也不同。一般分为亲密注视、社交注视、公务注视。1. 亲密注视。这是亲人之间、恋人之间、家庭成员之间使用的注视方式。注视的位置在对方双眼到胸之间。2. 社交注视。这是指在各种社交场合使用的注视方式。与陌生人的谈话，注视的位置在对方唇心到双眼之间的三角区域，标准注视时间是交谈时间的30%～60%。3. 公务注视。在洽谈、磋商、谈判等严肃场合，目光要给人一种严肃、认真的感觉。注视的位置在对方双眼或双眼与额头之间的区域。注目礼，一般避免转移视线的自然飘动和失神。

## 家规育儿微语

眼睛是心灵的窗口。眼神的交流最多，建议家庭建立注目的规矩礼仪。家长培养孩子从小学会掌握眼神交流的规矩礼仪，通过良好的礼仪传递情感，消除距离，相互沟通，寻找成功，同时赢得别人的友爱，创造更多的发展机会。

## 第31条 点头礼规

六月是小学毕业考试的时候，艳阳高照，成成的邻后座一个姑娘穿的是耀眼的红裙，敢于穿大红颜色的姑娘必然有超然的自信，她的一笑一颦总令成成侧目瞟上几眼。回家后成成把这段事当作考场趣闻告诉父母，妈妈怪成成考试时注意力不集中，爸爸却哈哈大笑："朱衣人点头，吾子必得高中尔。"

"朱衣人点头"，还有一个有趣的典故。

这件事得从北宋时候说起。欧阳修是"唐宋八大家"之一，北宋古文运动领袖，积极培养后辈。"八大家"中宋朝的王安石、曾巩、三苏父子都可谓其门墙桃李。欧阳先生留诗云："文章自古无凭据，惟愿朱衣一点头。"这"朱衣点头"的典故就出自这句诗。

宋仁宗嘉祐二年（1057），欧阳修与端明殿大学士韩子华等一起主持礼部大考。考毕，欧阳修闭门考试院，不辞辛苦、夜以继日地评阅试卷。看着看着，仿佛觉得身后有个穿红衣的人频频点头，表示赞赏，他朱砂笔一挥，便是一篇入选佳作，不由暗暗称奇。更奇怪的是，他一连批阅的几份佳作，似乎都觉得背后朱衣人在点头，而阅平庸之作却无此感。欧阳修原以为是懂得文章鉴赏的侍吏在点头。可回头一看，室里空无一人。如此反复几次，他以为是幻觉，便悄悄取来一面铜镜，置于案头。

一天，当他又发现一篇好文章时，抬眼朝镜中瞧，果然看到有一个穿红衣的老人拈须颔首，赞赏好文章，但回头一看，身后杳无人影。欧阳修把这一奇怪的情景告诉一起阅卷的同僚，大家都惊叹不已，疑有神仙相助。为此，欧阳修曾吟就"惟愿朱衣一点头"的诗句，表达了为朝廷选拔贤士的美好愿望。

果然，拆卷登分时，佳作累累。放榜之日，苏轼、苏辙、曾巩等后起之秀皆名列前茅。连宋仁宗皇帝回宫后都抑制不住兴奋，向章献太后报喜："朕为子孙擢拔了王佐将相之才（指苏轼兄弟等人）。"当时一道参与阅卷的大诗人梅尧臣把苏轼的作文《刑赏忠厚之至论》拿给欧阳修看，欧阳修又惊又喜，以为得到了异人。

苏轼殿试中了乙科，写信答谢主考官，欧阳修读了信后，告诉梅尧臣："老夫要避这个后生，放他出人头地！"后来，苏轼的诗文一写成，就为人传诵，每次传到欧阳修处，他总要兴奋一整天。有一天，他与儿子谈诗论文，提到苏东坡时，十分感慨地说："你记住我的话，三十年后世人再也不会提起我了。人们只知有苏东坡而不知有我欧阳修了！"

宋代文宗，有如此伯乐慧眼，若谷虚怀，确实难能可贵，想必他与冥冥之中频频点头的红衣老人身无彩凤，心有灵犀矣！

后来，人们将这种点头礼作为一种行礼方式，如路遇熟人或与熟人、朋友在会场、剧院、歌厅、舞厅等不宜交谈之处见面，以及遇上多人而又无法一一问候之时，都可以点头致意。点头礼在日常生活中被广泛适用。

点头礼规分为点头致意和点头同意。点头致意是一种常用礼节。左右邻居，早晚相见，不必握手，可以点头致意，表示友好。"点头致意"的正确姿势应该是屈颈，收颔，上身可以微微前倾。在日常谈话交流中，点头致意并不等于说同意对方的意见，点头致意也许仅意味着你了解对方的意思。微微点一下头是一种微妙而又肯定的肢体语言，表示你给予讲者全部的注意力，也是一种礼貌的举动。

点头有时表示同意的意思，"点头同意"在古代称为颔首。表示同意的点头，头部向下方倾斜30°~45°轻轻一点，同时面带笑容，动作更小，更轻。注意不要反复点头不止，点头的幅度不宜过大。行点头礼时，不受时间、地点、对象的限制，站着、坐着、走着都可以。

可见"点头致意"与"点头同意"是有区别。别看这"点头致意"之礼事小，它却显示出一个人的风度、修养和礼数。在公众场合，千万不可傻傻地盯着人家，既不说话，也不点头，好像是在等待别人主动来与自己打招呼似的，那是最没有礼貌的表现。

## 家规育儿微语

微微点一下头是一种微妙而又肯定的肢体语言，表示你给予对方的注意力，或者意味着你了解对方的意思，是一种友好礼貌的举动。点头礼仪在日常谈话交流中被广泛运用，建议家庭建立点头规矩礼仪，家长引导培养孩子学会点头礼仪规矩，显示出孩子的家教、修养和礼数。

## 第32条 扶门礼规

有一次，爸爸带着阳阳去逛商场，大门上挂着落地塑料珠绳门帘。走在我们前面的是一位妈妈，带着七八岁的女儿，一边说着话一边往里进，掀开那个塑料珠绳门帘进入商场大门，爸爸抱着两岁的阳阳紧随其后，本以为她会回头看看后面有没有人，再撑一下门帘等后面人接手，没想到她头也不回地一甩，那个厚重的塑料门帘向着爸爸扑面而来，爸爸猝不及防，和阳阳的脸都被那个门帘狠狠地拍了一下。而爸爸在这时，却为后来人举起了塑料珠绳门帘，接手的人连声说"谢谢"，门帘就这样接力传了下去。

前几天，阳阳爸爸到小区门口，推开了小区的铁门，看到后面有位年轻妈妈推着电动车，车后坐着一个四五岁的小女孩子，就习惯性地扶着门，等她们先过去。

那位妈妈一边跟孩子说"在幼儿园对老师和小朋友要有礼貌哦！……"一边在过小区铁门时，妈妈对孩子说"谢谢叔叔"！孩子看着阳阳爸爸，甜甜地说了两声"谢谢叔叔"，她们走过去之后，孩子还举起小手，说："叔叔，再见！"爸爸也说："小朋友，再见！"

爸爸帮她们扶个门只是举手之劳，却造就了一个如此关爱和谐的小场面。

在公众场合，开了门会不会为后来者扶门，前行者为你扶门，你会不会接，这些小细节，都反映了一个人的公共意识。而所谓"教养"，其实往往就体现在一个人在"公共便利"与"个人便利"间的取舍。

记得在德国的时候，觉得那儿的人好像都特别绅士，还没走到门前，就有人面带微笑帮爸爸开门。凡是公共场合有门的地方，总会看到这样的情形：走在前面的人，推开门后都要回头看看后面有没有人进门。他（她）会扶着门让后面的人进去，而后面的人进去后，也总要向扶门的人说声"谢谢"，并接着扶。爸爸在学校的时候，特别留意观察，爸爸给后面的小学生扶门时，发现每个人都会说"谢谢"。无论在学校还是商店门口，很少有人进去后一甩门扬长而去的。

有人说德国民众天生素质就比中国人高，其实也不尽然。真正的原因是联邦德国成立后，政府制定了一套规则，让民众自觉提升素质。如德国有法律规定，关门时不小心把人撞了，你得无条件赔偿，还得帮人医治。这些规定都很具体，操作性很强。还有遵守交通规则、按秩序排队等，随着时间的推移，这些良好的行为就变成了习惯，这个社会就变得文明起来了。

我国自古被称为"衣冠上国，礼义之邦"，有个小孩子说，在她的生活中，有一位最疼爱她的人，那就是她的妈妈。最令她感动的不是妈妈给她买好吃的东西、买好看的衣服或者做一顿丰盛的饭菜，而是平时看起来一个毫不起眼的动作——扶门。慢慢地，这孩子也开始学会为妈妈扶门了。有时候孩子对爱的诠释往往很简单。

如今育儿公众号、微课多如牛毛，新晋父母热情好学，通过各种渠道和方式研习育儿大法，而"熊孩子"却仍然层出不穷。究其根本，就是"言传用力过猛，身教空洞无为"。所谓"言传身教"，既要言传，也要身教。很多年轻父母只在言传上使劲，甚至用力过猛，而完全忽略了身教。自己都做不到，甚至不愿做的事，却要求和自己有着相同遗传密码的孩子做到，这个可能性大吗？

孩子是一张白纸，父母的一言一行，都将被复制其上。复印件有错，不去改原件，就算换个最高级的复印机，再复印出来还是错的。

父母要求孩子讲礼貌，要求孩子为别人着想，前行者为你扶门你却不接或者不道谢……孩子的表现其实大部分就是爸妈本我的真实状态，我们是在奋力表演，还是本色显现，都会被孩子一眼戳穿，继而本真地复制出来。

"是以与善人居，如入芝兰之室，久而自芳也；与恶人居，如入鲍鱼之肆，久而自臭也。"想让孩子成为有教养的人，先从回头扶门开始。

## 家规育儿微语

我们家庭教育的首要责任就是把孩子培养成有教养的人。细微之处见教养，建议家庭建立扶门的规矩礼仪。如果年轻的父母能像那位妈妈一样，为孩子扶门，那么孩子就会积极效仿，久而久之，形成习惯。建议父母为子女扶门，儿女为父母扶门，孩子到了社会上也会自觉传递，受惠的人会肃然起敬，内心定会萌生对父母的那种感激和尊敬。"与人方便，自己方便"至简大道，就会形成和谐人际关系的良好氛围。

第三章 礼规

## 第33条 乘车礼规

866路公交车缓缓进站,车上仅剩下一个空位。大家迫不及待地拥出了站台。

这时,一个童声传了过来:"这里有个老奶奶。"拥挤的人群静了下来,一位戴着红领巾的小学生搀着一位老奶奶走过来,人群自动分开了一条通道,他自豪地把老奶奶扶上了车,坐在了仅剩的位子上。然后大家依次上了公交车,司机师傅露出了满意的笑容。

现代城市发展迅速,我们这个城市的公交、地铁总是不尽如人意,上下班时,车厢里挤得不能够转身,车厢外的乘客还要拼命往上挤,弄得车厢像沙丁鱼罐头。

车子总算开动了,车厢里的人仿佛松了一口气。"哎呀,你踩了我的脚了。""不好意思,对不起,车厢里实在太挤了。"可惜人群密不容针,无论转往哪个地方,都会碰到别人的腿,不如大家相互礼让,让车厢里充满和谐的春风。

公共汽车和地铁是我国城市居民最常用的交通工具。平时上下班、双休日上街购物,通常都乘坐票价便宜的公共汽车和地铁。乘坐公共汽车和地铁,应讲究以下礼仪规矩。

1. 依次上下。在公共汽车、地铁站，乘客应自觉排队等候，依顺序上车。在中间站停靠，车靠站停稳后要先下后上或从前门上后门下，应主动让老弱病残、妇女儿童先上。上了车的乘客应酌情向车厢内移动，不要堵在车门口，以免妨碍后面的乘客上车。下车时，应提前在车门等候，及时有序下车。

2. 主动购票。乘客上车后应主动刷卡购票或出示月票。乘坐无人售票车时，应主动刷卡或将事先准备好的钱币自觉投入箱内。

3. 坐姿端正。应是上身坐直，膝盖并拢，把手提包放在自己的膝盖上。不要跷起二郎腿，这样会妨碍邻座的人和身前站立的人。

4. 互谅互让。车上遇到孕妇、病人、老人和抱孩子的妇女，有座位的年轻乘客应主动让座。当他人给自己让座时，要立即表示感谢。

5. 注意卫生。乘客在车上不要吸烟，不要随地吐痰、乱扔果皮和纸屑。随身携带机器零件或食物等的乘客，应将所带物品包好，以免弄脏其他乘客的衣服。

## 家规育儿微语

公共交通工具作为城市生活的必备要素，是市民们流动的家。建议家庭建立乘车的规矩礼仪，家长引导培养小孩养成文明乘车的礼仪规矩，主动给老、弱、病、残、孕妇和抱小孩的乘客让座，爱护车内环境，不乱丢杂物，不损坏座椅等公共设施，在车内不大声喧哗，上下车时不拥挤，以保证公交车上的秩序。从小做一个文明礼貌的好孩子。

## 第34条 乘电梯礼规

一个星期六的早上，成成和同学约好去友谊商场购物。

一进商店，琳琅满目的商品让人眼花缭乱，他们决定先乘电梯到3楼买食品。于是便随着人流来到电梯口等候，电梯到达时，等候电梯的人们在两侧排好队伍，让开中间的通道，让电梯里面的人出来后，才排队进电梯，整齐的队伍像爱的五线谱。先进去的人按住电梯开门键，直到外面的人全部进来后才关门。

电梯里很挤，大家肩膀挨着肩膀，脚跟挨着脚跟，但是每个人都尽可能地让出一点位置，让空间变得宽松了许多。这时，电梯最里面的一位老公公焦急地说："帮我按一下2楼吧，快到了！"靠近电梯口的叔叔连忙按下"2"的按钮。2楼到了，人们让出了一条通道给老公公出去。一位推着婴儿车的阿姨进来了，车里的婴儿睡得正香呢，闹哄哄的电梯顿时安静下来。

3楼终于到了，他们和那位阿姨都要出去，电梯里的人主动让开，等推车的阿姨和他们出去后再回电梯里。那位推车的阿姨说"谢谢"，让路的人点着头连连说"不用谢"。走出电梯，成成的心暖暖的，心想，这部电梯蕴含着多少关爱！

电梯是城市人群生活中密不可分的交通工具，我们需要懂得乘坐电梯礼仪，让乘坐电梯既安全又得体。搭乘电梯的一般礼仪规矩有：

1. 先出后进。电梯门口处，如有很多人在等候，请勿挤在一起或挡住电梯门口，以免妨碍电梯内的人出来，应先让电梯内的人出来之后方可进入，不可争先恐后。

2. 先进服务。靠电梯最近的人先上电梯，然后为后面进来的人按住"开门"按钮，出去的时候，靠电梯门最近的人先走。男士、晚辈或下属应站在电梯开关处提供服务，并让女士、长辈或上司先行入电梯，自己随后再进入。

3. 人少让控。如果乘坐电梯的人比较少，先进电梯的人，要主动远离电梯按钮控制区，方便后上梯的人，选择调控。

4. 面向梯门。在电梯里，尽量站成"凹"字形，挪出空间，以便让后进入者有地方可站。进入电梯后，正面应朝电梯口，以免造成面对面的尴尬。在前面的人应站到边上，如果必要应先出去，以便让别人出去。

5. 忌控梯等人。为了自己和他人的方便，切忌为了等人，让电梯长时间停在某一楼层，这样会给其他乘客带来不便。但也不要不等就在电梯门口的人，一上电梯就关门，应等待即将快步到达的人。

6. 礼让他人。伴随客人或长辈来到电梯门前时，应先行进入电梯，一手按"开门"按钮，另一手按住电梯侧门，礼貌地说"请进"，请客人们或长辈们进入电梯轿厢。待客人或长辈进入电梯后，按下客人或长辈要去的楼层按钮。若电梯行进间有其他人员进入，可主动询问要去几楼，帮忙按下。电梯内可视状况决定是否寒暄，如没有其他人员时可略做寒暄，有外人或其他同事时，可斟酌是否有必要寒暄。电梯内尽量侧对客人。到达目的楼层，一手按住"开门"按钮，另一手做出"请出"的动作，可以说："到了，您先请！"客人走出电梯后，自己立刻步出电梯，并热诚地引导行进的方向。如拎着鱼、肉等物品时，要包裹严密，尽量放在电梯角落，防止蹭在他人身上。遇到老幼病残孕者，应让他们先行。如果电梯里人很多，不妨静候下一趟电梯。

7. 注意安全。当电梯关门时，不要扒门，或是强行挤入。在电梯人数超载时，不要心存侥幸，非进去不可。当电梯在升降途中因故暂停时，要耐心等候，不要冒险攀缘而行。

8. 爱护电梯。按呼梯按钮，一次即可，不反复乱按，不用伞柄、木棍、尖刀、钥匙等器物指戳，更不要以脚代手。

9. 戒除陋习。站在近电梯门处妨碍他人进出；不依序进出电梯，插队，甚至冲撞他人；不等待即将快步到达者而关闭电梯门；不帮助不便按控制按钮者；对着电梯里的镜子旁若无人地理头发或者涂口红；大声喧哗，打情骂俏，大声打电话；吸烟和过度使用香水；在轿厢内乱写乱画，乱扔污物；带宠物进电梯；性骚扰。这些行为都是不可以的。

第三章 礼规　91

### 家规育儿微语

如今，电梯已经成为都市生活中必不可少的工具。建议家庭建立乘电梯的规矩礼仪，家长引导培养小孩从小文明乘电梯的礼仪规矩，从小事做起，养成文明乘坐电梯良好习惯。好的公共环境需要大家一起来维护，只有大家都主动规范约束个人行为，才能形成文明乘梯的电梯礼仪文化。

## 第35条 手机礼规

去法国旅行，我事先办理了CDMA国际长途业务，到了巴黎才知道当地没有CDMA网络，手机无法使用。索性关掉了手机，逃离平日随时响起的手机铃声，静享一个真正的、无琐事干扰的轻松旅程。令人惊讶的是，一路乘坐地铁、参观旅行、逛街购物、餐馆就餐，居然没有听到一声手机铃声，没有听到一人大声接打电话。心里觉得好奇：法国人的手机呢？

一次，我们雇用的当地司机征询导游阿美，可否互留一下手机号码。阿美爽快答应。当司机告诉完他的手机号码后，阿美便把电话拨了过去。很快，司机挥着振动的手机说："收到了。"

下车后，我问阿美："你们怎么都只用手机的振动模式，是不是有专门的规定？我们在法国没有听到一声手机铃声，是不是所有法国人都这样呀？"阿美笑着说："没有什么规定，这只是我们法国人的一个习惯而已。这样一来，手机铃声便不会影响到别人了。"

阿美的话让人恍然大悟，耳畔少了嘈杂的手机铃声干扰，也让人静心感受到法国人的"手机文明"。

现在手机已成为每个人必不可少的随身通信交际的工具，而且随着技术的发展，手机已不再只是打电话的通信工具，而是具有众多实用功能的必备工具。然而，我们在享受手机便利的同时，也要遵守一些手机礼仪。

1. 放置合适。在一切公共场合，手机在没有使用时，要放置在合乎礼仪的常规位置：一是随身携带的包里，这种位置最妥当；二是上衣的内袋里；也可以放在不起眼的地方，如手边、背后、手袋里，但不要放在桌子上，特别是不要正对长者。不宜没使用时拿在手里或是挂在上衣口袋外。

2. 使用避扰。在公共场合接听手机时，正确的做法应该是侧身通话，或找个僻静的场所交谈。切忌旁若无人地面对众人大声通话，要注意自己音量的控制，避免影响到周围的人，例如大声通话，开着喇叭玩游戏或看电影。在要求"保持安静"的公共场所，如音乐厅、美术馆、影剧院、教室、会议室等处活动时，应关闭手机，或将手机设置为静音状态。在艺术展或其他展览会场标有"请勿拍摄"或"录音、录像"的场所，未取得他人同意不得拍录。在走亲访友会客、会议或聚会等社交场合时，不要沉溺于翻看手机，以免给别人留下用心不专、不懂礼貌的坏形象。更不能一边和别人说话，一边查看手机，这对别人不尊重。给别人去电要注意时间，中休时间、晚上10点以后勿给他人打电话，以免影响他人休息。给对方打手机时，尤其当知道对方是身居要职的忙人时，应首先想到的是，这个时间他（她）方便接听吗？并且要有对方不方便接听的准备，询问对方"现在通话方便吗？"通常是拨打手机的第一句问话。

3. 安全用机。（1）走路行车时，不宜边走边看手机，不要使用手机通话或查看信息，以免分散注意力，造成不安全甚至交通事故。（2）使用手机时，会产生电磁波，不要在加油站、面粉厂、油库等处使用手机，免得手机所发出的电磁波引起火灾、爆炸。（3）不要在病房内使用手机，以免手机信号干扰医疗仪器的正常运行，或者影响病人休息。（4）不要边走路边打电话或发短信、微信，

看手机资讯。（5）不要在飞机飞行期间使用手机，以免给航班带来危险。（6）最好不要在手机中谈论政治商业秘密或国家安全事项等机密事件，因为手机容易出现信息外漏，产生不良后果。（7）特别注意周围有无禁止无线电发射的标志。

4. 铃声适当。由于网络技术的进步与发展，铃声不仅可以从网络上下载，而且可以自行编制，还有变化多样的彩铃、乐曲、歌声、仿人声、仿动物叫声应有尽有。但在公共场合，最好不要用怪异或格调低下的彩铃，以免影响周围正常秩序。

5. 尊重他人隐私。手机是个人隐私的重要组成部分，为了尊重他人，体现自己的涵养，不要翻看他人手机中的任何信息，包括通信录、短信、微信、通话记录等；一般情况下，不要借用他人的手机打电话，万不得已需要借用他人手机打电话时，请不要走出机主的视线，并且尽量做到长话短说，用毕要表示感谢。

6. 文明通信。在手机信息的内容选择和编辑上，应该和通话文明一样重视。因为你发出的信息，也同时反映了你的品位和修养。所以不要编辑或转发不健康的信息，特别是一些涉及政治、伟人、名人贬损讽刺的信息。

## 家规育儿微语

当今社会，手机已经成为人们生活中必不可少的工具，而且是越来越离不开的工具。使用手机就像女士出门要化妆、要整衣冠一样，是展示个人形象的重要一步。建议家庭建立使用手机的规矩礼仪，家长引导培养小孩从小文明使用手机的礼仪规矩。

## 第36条 言规

一天早上，在繁华的巴黎大街边，坐着一个衣衫褴褛、头发斑白、双目失明的老人。他不像其他乞丐那样伸手向过路行人乞讨，而是在身旁立一块木牌，上面写着："我什么也看不见！"不用说，他是为生活所迫才这样做的。街上过往的行人很多，那些衣着华丽的绅士、贵妇人，看了木牌上的字都无动于衷，有的还淡淡一笑，便姗姗而去了。

中午，法国著名诗人让·彼浩勒经过这里。他看看木牌上的字，问："老人家，今天上午有人给你钱吗？"

"哎！"老人叹息着回答，"我，我什么也没有得到。"脸上露出了非常悲伤的神情。

让·彼浩勒听了，掏出衣袋里仅有的一些钱，放在老人身边的小盆里，然后拿起笔，悄悄地在那行字的前面添上了"春天到了，可是"几个字，就匆匆地离去了。

晚上，让·彼浩勒又经过这里，向老人询问下午的情况，老人笑着对诗人说："先生，不知为什么，下午给我钱的人多极了！"让·彼浩勒听了，摸着胡子满意地笑了。

"春天到了，可是我什么也看不见！"这富有诗意的语言，能产生这么大的作用，就在于它有非常浓厚的感情色彩。是的，春天是美好的，那蓝天白云，那绿树红花，那莺歌燕舞，那流水人家，怎么不叫人陶醉呢？但这良辰美景，对于一个双目失明的人来说，只是一片漆黑。这是多么令人心酸呀！当人们想到这个失明的老人，一生连万紫千红的春天都不曾看到过，怎能不对他产生同情之心呢？

与人交流使用最多的是语言，我们讲话时，态度要诚恳、亲切；声音大小要适宜，语调要平和沉稳。说者言由心声，听者才乐意舒服，这样双方才能和谐。谈话的

姿势往往反映出一个人的性格、修养和文明素质。所以，交谈时，首先双方要互相正视、互相倾听，不能东张西望、看书看报、面带倦容或者哈欠连天。否则，会给人心不在焉、傲慢无理等不礼貌的印象。语言作为一门艺术，也是个人礼仪的一个重要组成部分，语言交流是有一定的规则和礼仪的。

1. 问候用语：标准式问候用语的常规做法：在问好之前，加上适当的人称代词，或者其他尊称。例如，"你好！""您好！""大家好！"……

2. 欢迎用语：最常用的欢迎用语有："欢迎！""欢迎光临！""欢迎您的到来！""见到您很高兴！""恭候您的光临！"……往往离不开"欢迎"一词。但在客人再次到来时，可在欢迎用语之前加上对方的尊称，如"先生，真高兴再次见到您！""欢迎您再次光临！"……以表明自己尊重对方，使对方产生被重视之感。

3. 送别用语：最为常用的送别用语，主要有"再见""慢走""走好""欢迎再

来""一路平安"等。需要注意的是，送别乘飞机的客人忌讳说"一路顺风"。

4. 请托用语：通常指的是在请求他人帮忙或是托付他人代劳时，照例应当使用的专项用语。在工作岗位上，任何服务人员都免不了会有求于人。在向别人提出某项具体要求或请求时，都要加上一个"请"字。

5. 致谢用语：致谢用语一般为"谢谢""感谢您的帮助"等。致谢的几种情况：一是获得他人帮助时；二是得到他人支持时；三是赢得他人理解时；四是感到他人善意时；五是婉言谢绝他人时；六是受到他人赞美时。

6. 应答用语：常用的应答用语主要有"是的""好""很高兴能为您服务""好的，我明白您的意思""我会尽量按照您的要求去做"等。重要的是，一般不允许对客人说一个"不"字，更不允许对其置之不理。

7. 推托用语：在生活中有时也需要拒绝他人，此时必须语言得体，态度友好，一般知道指向的应指示明确，如"请找某某，这里由他负责"。不知道指向的可以说"不好意思，这事我不了解"。一般不能直言"不知道""做不到""不归我管""问别人去"等。

8. 道歉用语：常用的道歉用语主要有"抱歉""对不起""请原谅"等。

9. 服务忌语：在服务中我们必须杜绝以下四类服务忌语：①不尊重之语——如，面对残疾人时，切忌使用"残废""瞎子""聋子"等蔑称。对体胖之人的"肥"，身材矮小之人的"矮"，都不应当直接说出。②不友好之语——即不够友善，甚至满怀敌意的语言。③不耐烦之语——在服务工作中要表现出应有的热情与足够的耐心，要努力做到：有问必答，答必尽心；百问不烦，百答不厌；不分对象，始终如一。假如使用了不耐烦之语，不论自己的初衷是什么，都是属于犯规的。④不客气之语——如在劝阻服务对象不要动手乱摸乱碰时，不能够说："别乱动""弄坏了你得赔"等。

## 家规育儿微语

"语言美，春风化雨润心田"。建议家庭建立使用语言的规矩礼仪，家长应重视孩子的语言礼仪规矩，让孩子学习一些说话的技巧，学会得体适度的语言，文雅、和气、宽容的语言，让听者乐意舒服，把文明用语放在心上，挂在嘴边，和谐周围人际关系，塑造美丽人格风尚。

## 第37条 道歉礼规

"我恨不得打死徐老师！"当青青的嘀咕传入老师耳中时，周围的孩子也都听见了。孩子们把目光一齐投向老师，有愤怒的，有惊异的，有不满的，也有迟疑的。老师知道，孩子们在看她的态度。但是，她装作什么也没听见，继续整理孩子们的作业本。

下课了，老师把青青带进办公室。"你不是想打死老师吗？能不能给老师一个理由？"没有声音，孩子眼中噙着泪水，他不愿意和老师说话。

站在老师面前的青青，一个10岁的男孩子，由于父母教育不得当，他一直以个人为中心，做事非常急躁，遇上不顺心的事或受点委屈，就会让失控的情绪殃及教室的桌椅、墙壁甚至周围的同学。记得他曾经因为午餐不愿意吃南瓜而冒火，发脾气，还迁怒于给他舀南瓜的同学；他也因和同学交流不如意而乱踢桌子、椅子。今天，可能又有什么把他给触怒了？

老师拉过一张椅子，让他坐下，顺手递给他一张纸巾。然后走到教室去了解了他生气的原因。

事情是这样的：今天要评优秀小组，让孩子们互相检查作业的改错。如果作业的错没改完，要在小组评比中扣分。当时，有孩子问老师，青青有错没改，是不是该扣分。老师再次强调了没改错的要扣分。而另一个孩子却说青青找多音字时找错了，它把一个普通的字当作多音字组词，改错时他另外选了一个多音字来组词。听孩子这样说，老师同意了这样的改法。但是检查青青作业的孩子开始不知情，执意要给青青的小组扣分。于是青青就迁怒于老师，说出了"恨不得打死徐老师"的话来。

回到办公室，冷静了一会的青青情绪稍微平了一点，老师轻声问："徐老师今天有什么事情让你这么生气？"他没出声，低着头，似乎还是不愿和老师说话。"老师猜，跟今天要评的优秀小组有关，对吗？"还是没有回答，但是他抬头看了老师一眼。

老师转移话题："青青，你知道吗？老师发现你现在比以前爱集体了。你这段时间给小组加了10多分，你们小组的同学都告诉老师了。以前你可没这么在意优秀小组的评分哟！你长大了，懂事了许多了。"

青青定定地望着老师，嘴唇动了动，用含混不清的声音说了句："你冤枉我！"青青终于开始说话了，老师心中窃喜。这孩子个性太强，如何让他学会冷静，学会正确处理问题，这才是今天更重要的事情。

"嗯，老师已经了解了情况，的确冤枉你了。你这么生气，是因为你爱集体，很好。但是，你这样生气，甚至还说要打死老师，能解决问题吗？""不能。""后来你们小组的分扣了吗？""没有。""为什么没扣呢？""你说不扣！""噢！结果不是你被冤枉了，而是老师被冤枉了呀！那你还这么大火气？"老师故意开玩笑。

"我给你道歉！"青青突然闷声闷气地说了一句。听到这句话，老师有点哭笑不得。这孩子的气说来就来，说走就走。"道歉"远远比不上让孩子明白自己该如何面对委屈和正确调整自己的情绪重要呀！"为什么要给老师道歉？你不道歉对老师也没什么影响呀？"老师装着不情愿的样子说，"算了，你还是回家好好想想道歉有什么用，明天再来找老师吧！"

第二天，青青站在老师面前，"徐老师，对不起！""为什么道歉？"老师问。"因为本来就是我错了，我还乱说话。对不起，徐老师！""噢，你哪里错了？"老师乘势追问。"我应该在同学要扣分的时候主动问问老师，向老师解释一下。"停顿了一下，青青接着说："我太冲动了，还乱骂老师，对不起！"

老师点了点头，接着说："说得好，看来你是个通情达理的孩子。如果昨天你能冷静一下，不就把问题解决了吗？"青青认真地点点头。老师接着说："老师发现，在平时的学校生活中，你经常有控制不了情绪的时候，有时扔东西，有时踢桌子，有时也乱骂同学，是吗？"青青不好意思地低声"嗯"了一声。"你如果每次都是先发了脾气才发觉自己不对，然后又去给别人道歉，这样好吗？""不好。""为什么？""同学说我脾气坏，他们不愿意和我做朋友。""是呀！你的学习还比较优秀，老师也经常表扬你，可同学并不喜欢你，这都是因为你面对问题爱犯急躁，甚至迁怒于同学呀！你想想，你能有朋友吗？"青青的头低下去了。

"老师有个建议，不知你愿不愿意听？"青青抬起头，迷惑的目光望向老师，使劲地点了点头。"记住，当你遭遇误会或处理问题不圆满时，你要学着好好控制自己的情绪，学着主动与人交流沟通。无论如何，克制情绪，解决问题才是最重要的！你能试着这样做吗？"青青郑重地点点头，说了一声"好"！

老师摸了摸青青的头，笑了。"好了，老师接受你的道歉了！但是，这个道歉今天没有结束，老师要看你以后的行动。改变自己爱冲动、爱发脾气的毛病，这是给老师最好的道歉，好吗？"

青青羞涩地笑了笑，走出了办公室……

有道是"知错就改"，人不怕犯错误，却怕不承认过失，明知故犯。在人际交往中，倘若自己的言行有失礼不当之处，或是打扰、麻烦、妨碍了别人，最聪明的方法，就是及时向对方道歉。也许有人会说，道歉有什么难的，说声"对不起"不就得了。其实，真正的道歉是要有勇气承认自己的错误，表达内心的歉意，诚心诚意地请求对方原谅，这样能冰释前嫌，消除他人对自己的恶感，还能防患于未然，为自己留住知己，赢得朋友。

道歉时，也有应注意的地方。

1. 歉语应文明规范。有愧对他人之处，宜说："深感歉疚""非常惭愧"。渴望见谅，需说："多多包涵""请你原谅"。有劳别人，可说："打扰了""麻烦了"。一般场合，则可以说："对不起""很抱歉""失礼了"。

2. 道歉应当及时。知道自己错了，马上就要说"对不起"，否则越拖得久，就越会让人家"窝火"，越容易使人误解。道歉及时，还有助于当事人"退一步海阔天空"，避免因小失大。

3. 道歉应当大方。道歉绝非耻辱，所以应当大大方方，堂堂正正，完全彻底，不要遮遮掩掩。不要过分贬低自己，说什么"我真笨""我真不是个东西"，这可能让人看不起，也有可能让人得寸进尺。

4. 道歉可借助"物语"。有些道歉的话当面难以启齿，写在信上寄去也成。对西方妇女而言，令其转怒为喜，既往不咎的最佳道歉方式，无过于送上一束鲜花，婉"言"示错。这类借物表意的道歉"物语"，会有极好的反馈。

5. 道歉应适宜。不该向别人道歉的时候，就千万不要向对方道歉。不然对方肯定不大会领自己的情，搞不好还会因此得寸进尺，为难自己。即使有必要向他人道歉时，也要切记，更重要的，是要使自己此后的所作所为有所改进，不要言行不一，依然故我。让道歉仅仅流于形式，只能证明自己待人缺乏诚意。

## 家规育儿微语

古人云："人非圣贤，孰能无过？"建议家庭建立道歉的规矩礼仪，家长教会孩子如何向他人道歉，掌握正确的道歉方式方法，甚至道歉的艺术，放低自身姿态，平息他人怒气，解决问题，化解矛盾。俗话说"知错就改，善莫大焉"。知道自己错了，就立即改正，既要"知"，更要"改"。知而后改，学会道歉，并把握好道歉之后的解决方案，这是一个人的行为准则，也是一个人立身处世的基本原则。

## 第38条 拒绝礼规

有一位名叫罗斯恰尔斯的犹太人，在耶路撒冷开了一家名为"芬克斯"的酒吧。酒吧的面积不大，30平方米，但它却声名远扬。

有一天，他接到了一个电话，那人用十分委婉的口气和他商量说："我有十个随从，他们将和我一起前往你的酒吧。为了方便，你能谢绝其他顾客吗？"罗斯恰尔斯毫不犹豫地说："我欢迎你们来，但要谢绝其他顾客，不可能。"打电话的不是别人，是美国国务卿基辛格博士。他在访问中东的议程即将结束时，经别人的推荐，才打算到"芬克斯"酒吧的。基辛格后来坦言告诉他："我是出访中东的美国国务卿，我希望你能考虑一下我的要求。"罗斯恰尔斯礼貌地对他说："先生，您愿意光临本店我深感荣幸，但是，因您的缘故而将其他人拒于门外，我无论如何办不到。"基辛格博士听后，摔掉了手上的电话。

第二天傍晚，罗斯恰尔斯又接到了基辛格博士的电话。首先他对前面的失礼表示歉意，说明天打算带三个人来，订一桌，并且不必谢绝其他客人。罗斯恰尔斯说："非常感谢您，但是我还是我无法满足您的要求。"基辛格又很意外，问："为什么？""对不起，先生，明天是星期六，本店休息。""可是，后天我就要回美国了，您能否破例一次呢？"罗斯恰尔斯很诚恳地说："不行，我是犹太人，您该明白，礼拜六是个神圣的日子，如果经营，那是对神的玷污。"

这个小酒吧连续多年被美国《新闻周刊》列入世界最佳酒吧前十五名。店主罗斯恰尔斯的身上体现了一种十分珍贵的品质，那就是：拒绝的勇气。在需要拒绝的时候，他勇于拒绝任何人——包括基辛格那样的高官权贵。

拒绝，就是不接受。从语言方面来说，拒绝既可能是不接受他人的建议、意见或批评，也可能是不接受他人的恩惠或赠予的礼品。从本质上讲，拒绝即对他人意愿或行为的否定。在生活交往中，尽管有时拒绝他人会使双方一时有些尴尬难堪，但"长痛不如短痛"，"当断不断，自受其乱"，需要拒绝时，就应将此意以适当的形式表达出来，但应考虑不要把话说绝，别让别人感到难为情。

从语言技巧上说，拒绝有直接拒绝、婉言拒绝、沉默拒绝、回避拒绝等四种方法。

1. 直接拒绝。就是将拒绝之意当场明讲。采取此法时，重要的是应当避免态度生硬，说话难听。在一般情况下，直接拒绝别人，需要把拒绝的原因讲明白。可能的话，还可向对方表达自己的谢意，表示自己对其好意心领神会，借以表明自己通情达理。有时，还可为之向对方致歉。

有人对拒绝的借口不屑一顾，实在不够理智。若是生活交往中有人送了现金，心里觉得不能接受，不要不近人情地质问对方"用心何在"。不妨采用婉转的语气，来拒绝馈赠，如可以说："某先生，实在要感谢您的美意，但我们家有家规，不能接受他人赠送的礼金。对不起了，您的钱我不能收。"这样对方就不好强人所难了。

2. 婉言拒绝。就是用温和曲折的语言，去表达拒绝之本意。与直接拒绝相比，它更

容易被接受。因为它更大程度上，顾全了被拒绝者的尊严。

一位男士送内衣给一位关系一般的女士，这不太合适。但不可反唇相讥："这是给你妈买的吧？"这话近似泼妇了。不如婉言相拒，说："它很漂亮。只不过这种式样的我男朋友给我买过好几件了，留着送你女朋友吧。"这么说，既暗示了自己已经"名花有主"，又提醒对方注意分寸，而且总算不难听。

3. 沉默拒绝。就是在面对难以回答的问题时，暂时中止"发言"，一言不发。当他人的问题很棘手甚至具有挑衅、侮辱的意味，"拔剑而起，挺身而斗"，未必勇敢。不妨以静制动，一言不发，静观其变。这种不说"不"字的拒绝，所表达出的无可奉告之意，常常会产生极强的心理上的威慑力，令对方不得不在这一问题上"遁去"。

沉默拒绝法虽则效果明显，但若运用不当，难免会"伤人"。因此还可以尝试避而不答，"顾左右而言他"的方法，即回避拒绝法，来拒绝他人。

4. 回避拒绝。就是避实就虚，对对方不说"是"，也不说"否"，只是搁置此事，转而议论其他事情。遇上他人过分的要求或难答的问题时，均可相机一试此法。

在现代社会中，每个人都无法独立生活，也就意味着每个人都要与别人打交道。在这个过程中，我们难免会遇到别人提出的请求或者要求。接受这些是非常容易的，不过是动动嘴皮的事情，而拒绝却需要足够的勇气，还得拉下面子。如果因为一时心软就把事情给答应下来，而自己的能力精力又办不到，或办不妥，后果实在是不堪设想，赔上自己的时间和精力，还可能会力不从心，最后不但不会让别人满意，反而会落埋怨。因此，要学会拒绝。

## 家规育儿微语

在日常生活中，人与人交往，对别人有求必应，说起来很容易，做起来却很难，难免会遇到需要拒绝的时候。建议家庭建立拒绝的规矩礼仪，家长教育引导小孩从小学会拒绝，学会拒绝的技巧，即有足够的勇气，当机立断，不可含含糊糊，态度暧昧；还要不伤害对方，给他人留有面子，甚至触动他人的心灵。这样的做法，有利于交往，又有利于提高我们生活效率和质量。

## 第39条 握手礼规

1954年4月，朝鲜停战不久，经中、苏、英、美、法五国同意，谋求和平解决朝鲜问题的日内瓦会议于4月26日召开，美国代表团团长杜勒斯下令，不准同中国代表团任何人握手，以傲慢顽固态度对待出席日内瓦会议的中国人员，成为外交史上的笑料。

5月30日杜勒斯回国后，由副国务卿史密斯担任团长。史密斯对美国敌视中国的政策有所保留，想同我代表团接触。一天，史密斯主动同周总理的秘书浦寿昌攀谈，夸他英语讲得好，是地道的美国音，问他是在哪儿学的，还说了一些友好的话。浦寿昌将上述情况汇报给周总理。总理说："好啊！既然是史密斯愿意同我们接触，那明天休息时，我找他谈谈。"第二天，在中国代表团秘书长王炳南的安排下，当史密斯走向柜台喝咖啡时，即把周总理引去。这时史密斯左手拿着雪茄，看见周总理向他走来，急忙用右手去端咖啡，以避免违反杜勒斯不准与中国人握手的禁令，只笑容可掬地同周总理打打招呼，赞扬中国是古老的民族，有五千年的文明史，美好的山川大河，还说他很喜欢中国的陶瓷。日内瓦会议结束时，他主动与周总理交谈，微笑着说，会议即将结束，能够在这里与您相识，感到高兴和荣幸，中国在这次会议上发挥了很好的作用，我们希望朝鲜能够得到和平。说完挥手而去，又一次避开握手。

1958年4月5日在全国外事工作会议上，周总理在报告中提到此事时说："我们不能像杜勒斯那样做法，到日内瓦还规定一条，不准握手。"经过长期的对立和斗争，中美关系得到缓和和改善。握手，这个人际关系中最平常的礼仪，仍是美国政府领导人最敏感的问题。1971年7月，基辛格博士秘密访华，就特别注意握手的礼仪。他在回忆录《白宫岁月》中写道："（1971年）9日下午4时，周恩来到我住处，我在宾馆门口迎接他，特意早早地把手伸出去，周恩来即大步迎上来微笑和我握手，这是将旧日嫌隙抛到脑后的第一步。"

1972年2月21日，尼克松总统乘专机于上午11时30分抵达北京机场。在抵达北京之前，他多次告诫随行人员要纠正过去的失礼行为。他要求与夫人先下飞机，其余人员在机舱内等候，不能有其他美国人在电视镜头上出现，等他和夫人走下舷梯与周恩来握完手后，随行人员再下飞机。为此尼克松专门安排了一名保安人员，在机舱出口阻拦，免得有人忽视他的嘱告。尼克松与夫人走下飞机，距周总理还有两步之遥时，便主动伸出长臂，"一个时代结束了，另一个时代开始了。"中美两国领导人的手握在了一起。

周总理和尼克松会谈时曾对尼克松说："你刚才不是在毛主席那里已经说了吗，我们握手了。杜勒斯就不敢这样做。"尼克松则说："总理也不一定愿意同他握手。"

握手，是石器时代穴居人留下的一种遗俗。那时人们在狩猎的过程中，手中拿着武器，当与陌生人相遇时，若双方都无恶意，不想发生冲突，就要放下手中的武器，然后向对方敞开右手掌亮出掌心，或让对方摸摸手心以示友好。随着时代的变迁，这种遗俗逐渐演变成一种两手相握的礼节方式。现在大多数国家的人已将握手礼视为一种习以为常的见面礼。

现代人握手时表示的含义很多：见面时表示友好、欢迎、寒暄；告辞时表示送别；也表示对他人的问候、感谢、慰问、祝贺、安慰等。标准的握手姿势：距受礼者约一步，右臂自然向前伸出，伸出右手，拇指稍用力握对方的手掌。左臂自然下垂，双目注视对方，面带微笑，上身微微前倾，头微低。在各种场合能轻松自如地与相识的或陌生人握手，是现代社会中每个人都应该学会的一种礼节。

在公众场合遇见朋友，或在谈判场合会见对手，都应握手，表示友好。在公众场合，男士会见女士，不要贸然伸手与女士握手，以免尴尬。最好是先欠身致意，等女士主动伸手与你握手时，再上前握手。与女士握手，宜轻不宜重。尽礼而已，万万不可握而不撒，令人讨厌。男士与人握手，必须脱下手套，否则便是无礼；女士与男士握手却可以戴着手套，不算无礼。少者（下级）会见长者（上级），最好先鞠躬致敬，欠身致意，不要勉强去与长者握手。等长者主动伸手与你握手时，再上前握手，最好是双手捧住长者之手，轻轻一顿，表示"与您见面，十分荣幸"。

可见握手也有学问，当你跟对方握手时，目光一定要注视对方的眼睛，以表示你的专注和热诚。切不可一面跟对方握手，又同时东张西望，这样显得对对方不尊重，也不要注视对方的其他部位，而降低了对人的热情。握手有先后次序，应由主人、年长者、身份高者、妇女先伸手。客人、年轻者、身份低者男士见面先问候，待对方伸出手再握。多人同时握手时，不要交叉，待别人握完后再伸手，握手时要微笑致意。男子与妇女握手时，只握一下妇女手指部分，军人戴军帽与对方握手时，应先行举手礼，然后握手。

**家规育儿微语**

握手是司空见惯的事情，是一种最基本的友善表示手段。建议家庭建立握手的规矩礼仪，家长引导培养孩子学会握手的礼仪规矩，见面与别人手相握，传达热忱，传递情感，表明力量，让人感觉到真诚与力度，能够留下很深的印象，觉得你特别有魄力。

## 第40条　手势礼规

收到明明照片的时候，威威很难把照片上这个搂着"××县年度最佳射手"奖杯、一脸阳光的年轻人，同十二年前那个瘦弱畏缩的男孩子联系起来。但是，他高高举起的右手是划破威威记忆的闪电，那是一个孩子对生命的坚强诠释。

十二年前，威威受县第一中学邀请，担任该校足球队春季集训的教练。第一次和队员们见面是在一个阳光明媚的下午，十多个男孩穿着整洁的球服坐在草地上听威威讲话。从孩子们清澈的眼睛里可以看出，他们是崇拜威威的。训练结束后，威威对孩子们说："现在轮到教练认识你们了。大家站成一排，在教练和你们击掌的时候，告诉教练你们的名字。"

威威从一个个孩子面前走过，夸奖着那些自信地喊出自己名字的孩子，最后走到了队尾那个瘦小的男孩面前。男孩紧张地看着教练，小声说："我叫明明。"然后，他缓缓地把左手伸到教练面前。

"哦，这可不行，"教练说，"你应该知道用哪只手握手吧？而且你的声音还可以

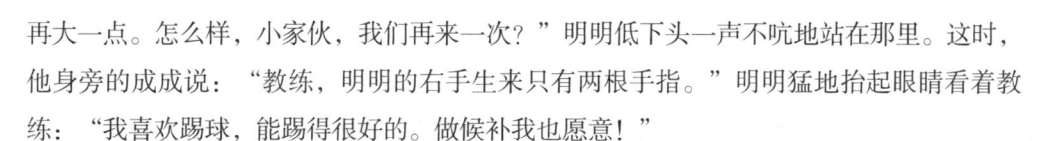

再大一点。怎么样，小家伙，我们再来一次？"明明低下头一声不吭地站在那里。这时，他身旁的成成说："教练，明明的右手生来只有两根手指。"明明猛地抬起眼睛看着教练："我喜欢踢球，能踢得很好的。做候补我也愿意！"

教练平静地把右手伸到明明的面前，温和地说："你愿意跟我击掌吗？"明明迟疑地将他残缺不全的手举了起来，教练双手握住他微微颤抖的小手："明明，你记住，没有必要遮掩什么。恰恰相反，你有一双幸运的手。上帝如此安排，为的是能让你比别人更快地打出'V'（胜利）的手势。"

明明苍白的脸上渐渐浮起灿烂的笑容。

集训结束的时候有一场汇报比赛。孩子们举着手争先恐后拥到教练面前，希望自己能首发出场。明明的左手几乎举到教练眼前，教练装作没有看见。剩下最后一个名额时，教练默默地看着明明。明明涨红的脸上突然有了凝重的神情，他坚定地举起了自己的右手，微微张开两指："教练，请给我一次机会！"

教练记得十二年前的那场球，明明两次举起右手，绕场庆祝，因为他进了两个球。

手势礼仪是生活中常用的礼节。手势是人们交往时不可缺少的动作，是最有表现力的一种"体态语言"，俗话说："心有所思，手有所指。"手的魅力并不亚于眼睛，甚至可以说手就是人的第二双眼睛。手势表现的含义非常丰富，表达的感情也非常微妙复杂。如招手致意，挥手告别，拍手称赞，拱手致谢，举手赞同，摆手拒绝；手抚是爱，手指是怒，手搂是亲，手捧是敬，手遮是羞等。手势的含义，或是发出信息，或是表示表达感情，能够恰当地运用手势表情达意，会为交往形象增辉。

正确恰当地使用手势，是手势礼仪的基本要求。

1. 手势使用要准确。在人际交往中，人们经常用手势传递各种信息和情感，为避免和克服手势运用的混乱与理解的歧义，使对方能够明晰、准确、完整地理解自己的用意，应尽量准确使用手势。要用大家都明白的手势表达意思，使手势同口语表达的意思一致。

2. 手势使用要规范、合乎惯例。比如介绍的手势、指示方向的手势、请的手势、鼓掌的手势等，都有其约定俗成的动作和要求，不能乱加使用，以免产生误解，引起麻烦。

3. 手势使用要适度。手势语在交际中的作用显而易见，但并非多多益善；相反，在使用时应有所节制，如果使用太多或滥用手势，会让人产生反感。尤其是手势与口语、面部表情等不协调时，会给人一种装腔作势的感觉。

4. 手势姿态要亲和文明。在介绍某人或为他人指路时，应使用手掌，四指并拢，掌心向上，不可用手指指指点点，防止别人不舒服。同时手势幅度适宜为好，表明指向和动感即可，点到为止，切不可手舞足蹈。

## 家规育儿微语

人们在交流过程中，除了使用语言符号外，还使用手势语言符号。手势是一种动态语，要求人们运用恰当。建议家庭建立使用手势的规矩礼仪，家长培养孩子从小学习手势的礼仪规矩，在与人交往中，做出合适礼仪的手势、动作，反映出良好的家庭教养。正如俗话说："礼到人心暖，无礼讨人嫌。"

## 第41条 观赏礼规

六一儿童节，爸爸、妈妈带着八岁的成成去电影院看电影，因为那天是儿童节，整个电影院只播放儿童片，成成别提有多高兴啦。

成成和爸爸、妈妈一起检完票赶往播放区，来到前排观众席，找到座位后坐下等着电影播放。这时只见一个小男孩爬到一个空座位上，然后跳到另一个空座位上，不一会儿，他就蹦到尽头了，可他不愿意下来，奋力一蹦，蹦到了成成旁边的空座位上。成成实在是忍不住了，生气地道："你怎么可以这样，大家都花了钱买的票，好不容易来看一场电影，还要坐被你踩满脚印的脏椅子，你对得起他们吗？"成成本以为这么一说，他会觉得害臊，谁知他并无一点羞耻，反而向成成他们吐舌头，好多口水都喷到成成旁边的椅子上。成成感到十分惭愧，因为，成成的教育并没有让他有所收敛，反而更加助长了他的不文明行为。

不一会儿，入场的人越来越多了，一位观众来到成成的身边座位，看见椅子的"惨样"，不知该怎么办。成成连忙从妈妈的包里抽了一张纸巾，给那位观众擦了擦，观众感激地对成成竖起大拇指，还主动把垃圾扔进垃圾桶里。成成的爸爸、妈妈也表扬了成成，成成的心里比吃了蜜还要甜。

在观赏文艺表演、影视和体育比赛时，讲究文明礼仪，要做到遵守秩序、爱护环境、专心欣赏、礼貌喝彩。

1. 提前入场。应注意衣着整洁雅致，不能穿汗衫和拖鞋入内，即使天气炎热，也不能袒胸露腹。如果自己的座位在中间应当有礼貌的向已就座者示意，让自己通过。通过让座者时要与之正面相对，切勿让自己的臀部正对着人家的脸。不要携带含有酒精的饮料以及危险物品入场。演出结束后观众应有秩序地离开，不可推搡。

2. 保持安静。不要大声交谈，以免影响他人。应尽量避免带容易发出干扰噪音的物品入场。观看演出前，应将随身带的手机关闭或调整为静音，也不要在公共场合大声接听电话。观赏演出时不能蹬踏座椅、脚不时颤动、打节拍、聊天、对表演内容进行大肆评论，也不能把影院当成小吃店大吃大喝。这些都是极不文明的举动。个别人在观看演出时睡觉，这也是很不礼貌的。

3. 不录传资料。观看演出时随意拍照摄像，未经允许随意上传图片到微博、微信等公众平台，甚至发表一些片面的观点、未经证实的言论等都是不文明的举动。这样做会侵犯演出者的形象版权，容易引起不必要的麻烦。在实地参观时，对展出的作品应该用眼睛观赏，用心灵体验，切勿伸手触摸。对于有"严禁拍照"字样的展品千万不要我行我素地拍照。如果有讲解员做介绍，要尊重其劳动，耐心听他（她）讲解。如果在参观过程中对某一问题产生兴趣，想进一步了解，应在讲解结束之后，有礼貌进行请教。

4. 学会鼓掌。观看演出时，鼓掌祝贺或表示赞赏是必不可少的，但要注意时机。学会鼓掌不是想鼓掌就鼓掌，例如，听音乐会时，当每章乐曲结束后才能鼓掌。观看歌舞剧时需等一段歌舞结束后才能鼓掌，看话剧时需等一场结束后再鼓掌。要理智对待自己支持队伍的输赢，不能随自己的喜好而起哄、吹口哨、怪声尖叫、鼓倒掌或喝倒彩。比赛结束时，要向双方运动员鼓掌致意。

5. 相互礼让。前排观众，不能影响后排观众的视线。如果视线被遮挡，可以用平和的口气提示前方，注意控制自己的情绪，降低周围的紧张气氛。

6. 爱护公物。在馆室参观要注意整洁，遵守规则。桌椅、板凳等属于公共财产，也应该注意爱护，不要随意画画、破坏。就座时，不要为别人预占位置。查阅目录卡片时，不可把卡片翻乱或撕坏，或用笔在卡片上涂抹画线。

## 家规育儿微语

随着社会的发展，观赏性的文化活动越来越多，建议家庭建立观赏规矩礼仪，家长注重引导培养孩子的观赏礼仪规矩。在观赏的同时，对他人有礼貌、尊重他人、待人真诚、和谐相处，养成良好的文明观赏礼仪，做一个文明的使者。

## 第42条 一米线礼规

想必有人听到"一米线"这个名称,可能会一头雾水。这里讲的"一米线"可不是我们平时吃的"过桥米线"哦。这两者根本就是两码事。朋友们去银行,会看到距离柜台一米处画了根线,并在一旁挂牌,以提醒顾客在线后排队等候。其实,这个就是"一米线"。

"一米线"的实行,给服务行业带来了一股新风,它既防止了客户的个人信息被盗取,也维护了正常秩序。然而时至今日,人们却在经意或不经意间将"一米线"遗忘了,导致"一米线"形同虚设。现在随便走进一家银行或设有"一米线"的单位,还能看到有几个人在"一米线"后自觉排队呢?更多的是人们对它的漠视和随意"践踏",偶尔有自觉站在"一米线"后排队的却倒成了另类。

心理学家做过这样的研究实验,说是人与人之间的心理安全距离恰好是一米,如果小于这个范围,人们的心底就会无意识地不由自主地紧张起来,感觉到自己的安全和隐私被暴露了而没有安全感。这就是"一米线"概念的由来。

"一米线"的设立,实际上要求的是对别人隐私权的尊重,对公共秩序的遵守,它是基于道德标准而提出来的一项措施,体现着社会文明的进步。"一米线"就像一面镜子,从中折射出人们的公德意识。它同时又是一把尺子,悄然地丈量着人们的文明程度,

考验着人们的道德素质。

现实生活中看不见的"一米线"比比皆是，而人们有时所缺乏的正是"一米线"意识。诸如等车时的不排队、上车时的拥挤、公共场所的高声喧哗、乱闯红灯等，都是公德意识缺失的真实写照。以自我为中心，追求个人利益的最大化，是造成一些人公德意识缺失的主要原因。"一米线"其实也是一条荣辱线，在一定程度上是一个人跨越文明与道德、尊重与谦让的底线，自觉地站在"线"外，看似止步不前，但我们的文明素质、道德观念，却前进了一大步。我们应该树立并尊重"一米线"。无论那"一米线"画着还是没画着，后一个人永远离前一个人一米开外，仿佛那条线早就刻在了他们脑子里。保持适当距离是社交场合、日常交谈和茶余饭后闲聊时应当注意的细节。在银行、飞机售票处和机场、海关出入口等处排队时一定要站在"一米线"以外，否则会被他人认为没有文明修养。一般来说，两个人站着谈话，相互之间要保持适当距离，否则双方都会感到不舒服。在银行、邮局、面包店等地方，都要自觉地排队，不要插队，排在第二位的站在一米线外等候，充分尊重别人的隐私权。让前者买东西交款，尽可以放心拿出自己的钱包，不用担心有双好奇的眼睛在离20厘米的地方虎视眈眈地看着。就连上洗手间，人们排队也是在大门口，而不是在"小单间"门口。

特别是在排队买票、排队参观、排队上下地铁或公共汽车的时候，即使排队的人比较多，也应当保持温和耐性。尤其是在旅游观光的时候，不管游人多少，大家都应当主动排队。看室内展览比较花时间，前面参观的人步履缓慢，后面的人也应当耐心地等前面的人让出位置后，再跟进去参观。

## 家规育儿微语

随着科学技术的进步，"一米线"可以淡出我们的生活，但"一米线"意识却不能淡化，反而应当不断加强和提高。建议家庭建立"一米线"规矩礼仪，家长引导培养孩子的"一米线"意识，遵守"一米线"礼仪规矩，养成遵守秩序和尊重别人隐私的良好习惯。

## 第43条 洗手间礼规

以前，解手后都是用稻草或粗草纸一揩了事。大人们的厕所在房间内，用花布帘围住壁角，里边放着马桶；小孩子们没有限制，水沟、墙角、竹林里以及任何可以蹲下来的地方，统统是厕所。

到了部队，班长天天交代我们："要穿鞋子，要常洗头发，要买卫生纸，不可随地大小便。"这才进入有卫生纸的如厕生活。

之后有了小孩，带上幼儿园大班的孩子回老家，孩子说要上厕所，我带他到后门前竹林边的茅厕，他很惊讶，硬是不肯脱下裤子，说是没有关上门他拉不出来。没有选择，只能将就，出来之后，孩子满头大汗。

他一直问我："为什么厕所里没有水箱子？为什么有很多白白小小的虫？城管为什么不管？我要告诉老师，让老师去抓城管。"弄得我哭笑不得。

再过几年，回老家，政府补贴改建了冲厕，可是自来水没有，还是不能使用。只能用室内旱厕，不过这时有了卫生纸。

后来到北京上学，这才第一次看见了抽水马桶，便一头冲进去，面对抽水马桶，心里有点害怕，琢磨半天，判断应该不是蹲而是坐的，坐了上去，也不知怎么搞的，使不上力量，拉不出来，外头敲门敲得很急，好一阵子，也不见"结果"，只好出来，身上直冒汗。

那天晚上，好不容易熬到厕所空了，我才放心地走进去，蹲在马桶上解决问题。后来班长讲评时说，不知道是哪些人弄坏了三个马桶护圈，我心想护圈是新装上的，怎么坐得断呢？真奇怪！

再后来，厕所有了蹲式和坐式两种，也放了卫生纸，如厕方便多了。

由于公共场所的洗手间也是共用的，又是每个人都要使用的场所之一，每个人都应该了解和讲究洗手间礼仪规矩。以免影响了下一位使用者的使用。

不论男女，在洗手间有人占用的情况下，后来者必须排队等待，一般是在入口的地方，按先来后到依序排成一排，一旦有其中某一间空出来时，排在第一位的自然拥有优先使用权，这是国际通常的惯例，而不是各人排在某一间门外，以赌运气的方式等待。

洗手间最忌讳肮脏，在使用时应尽量小心，便入坑内，如不小心污染也应尽可能清洁。有些人有不良习惯，不愿去善后，那就会殃及下一位使用者。女性卫生用品千万不要顺手扔入马桶以免造成马桶堵塞。其他如踩在马桶上使用，大量浪费卫生纸导致后来者无纸可用等，都是相当欠妥的行为。

有些地方的冲水手把位置和平常所见的有所不同，但一般都是在水箱旁，有的在头顶用拉绳来拉，或在马桶后方用手拉，也有一些设置在地面上用脚踩的。实际上，用脚踩的方式应该是最符合卫生标准的。如果是怕冲水时手被污染，则不妨用卫生纸，用完后，包住冲水把再按冲水。用完洗手间后应该故意留下明显缝隙，让后来者不需猜测就知道里面是空的。

洗手间标志各国迥异，英语国家最通用的洗手间标志是"WC"。另外，常用的标志还有Toilet（盥洗室），Lavatory（厕所），Wash Room（洗手间），Rest Room（休息室），Bath Room（浴室）和Comfort Station（公共厕所）。男洗手间的标志有Men's Room, Gentlemen, Gent's, Men。女洗手间的标志有Ladies'Room, Women, Powder Room（化妆室）等。

洗手间除文字外，还有图画标志。男女洗手间通常以男人和女人的头像分别作标志。此外，女洗手间的标志还有裙子、皮包、丝巾、高跟鞋、女士头像等；男洗手间的标志还有帽子、烟斗、长裤、领带、男士头像等。如以颜色区别的话，红色的为女士洗手间，蓝色的为男士洗手间。

在火车、飞机和轮船上，洗手间是男女共用的。男女一起排队是很正常的，这种情况下不必讲究"女士优先"。使用前应先看清门上显示的是有人还是没人，不要贸然进去。出入洗手间时不要用力过猛，将门拉得大开或者撞得直响。在洗手间里的时间不应太长，一般2~3分钟为宜。使用洗手间时应自觉保持洗手间的清洁卫生，不应在洗手间里涂鸦。使用洗手间后一定要自动放水及时冲洗，并关好水龙头；纸屑应扔进纸篓；不要在洗手间内乱扔其他东西；还要注意保持洗脸池的清洁，不留脏水和污物。不要随手拿走洗手间里备用的手纸或乱拉乱用。

儿童一般是可以和父亲或母亲一起使用洗手间的。但不成文的规定是，母亲可以带着小男孩一起上女厕，没有人会介意，而父亲则不可以带小女孩上男厕。

出洗手间之前，应把衣饰整理好。不要一边系着裤扣或者整理着衣裙一边往外走，会显得很不雅观。

## 家规育儿微语

"人生在世有三急，当属如厕排第一"。急，也应讲文明。洗手间的使用礼仪规矩是最能体现出文明程度高低的，也最能看出人的人品和公德心。建议家庭建立洗手间规矩礼仪，家长注重引导培养孩子从小使用洗手间的礼仪规矩，便后冲一冲水，把手纸扔进垃圾桶里，爱护厕所设施，保持洗手间清洁卫生，养成文明如厕习惯。

## 第44条 骑车礼规

一个阳光明媚的星期天，成成早早地起床了，今天妈妈要陪成成学骑自行车。成成兴高采烈地推着心爱的自行车，来到家门前的一大块空地上。妈妈简单给成成讲了一下骑自行车的要领，便让成成学骑。

成成自信地喊着："我开始啦！"话音还没落下就摔倒了，成成勇敢地爬起来，拍拍屁股继续开始学骑自行车的旅程。不知为什么？车头晃来晃去总是不听使唤。眼睛也不知道为什么总是东看西看，屁股总也坐不稳。成成不甘心一连试了十几次还是摔下来。

这时妈妈走到成成的身旁，一边示范一边告诉成成："学会骑自行车并不难，眼睛要看正远方，车头握正，屁股坐稳，心里不要害怕。"听了妈妈的话，成成鼓起勇气又骑了上去，经过了一次又一次的练习，最后成成终于没有摔下来，成成开心地欢呼起来："我学会骑自行车啦！"

就这样，成成每天做完作业都要学骑自行车，摔倒了一次又一次，爬起来继续骑，从不灰心。渐渐地，成成找到了骑自行车的要领……一次次，一天天，"功夫不负有心人"，成成终于学会了骑自行车。虽然身上青一块紫一块，但是心里还是美滋滋的。

成成现在骑自行车是多么爽啊！

妈妈告诉成成，学会了骑自行车，可要遵守骑车规矩和礼仪，注意行车安全哟。

1. 骑自行车要自觉遵守道路交通安全法规、交通信号和交通标志。在道路上骑车要在非机动车道内行驶，没有划分车道时要靠右边行驶。通过路口时要严守信号，不要绕过信号行驶；不要骑自行车逆行；骑自行车不得两人以上并行，不准骑自行车带人，不准牵手和撒把骑自行车，不扶肩并行，更不得骑自行车追逐打闹、攀扶其他车辆。凡未满十二岁的儿童不准在道路上骑自行车。

2. 骑自行车要礼让行人，红灯不越线，黄灯不抢行，这是最起码的礼仪常识。不要在行人后边大声叫嚷，也不要在行人身边飞快地擦过，以免碰着行人或惊吓着孩子，骑着靠近人时，你可按铃提示行人。

3. 拐弯或停车，应伸手示意，否则由于你的突然猛拐或猛停，可能使后面的车辆在毫无准备的状况下与你发生碰撞，若双方又不够冷静，还可能发生争吵。为避免这类情况的发生，骑自行车时应与其他车辆保持一定距离。万一发生碰撞，双方都要主动道歉，切不可出口伤人，激化矛盾。

4. 骑自行车进出有人值守的大门，应下车推行，以示尊重。不能旁若无人地一直骑自行车穿过。通过窄门，人们有出有入时，一般骑自行车人要礼让步行人，到达门口，要先让里面的人出来，外面的人再进去。

5. 骑自行车在机动车专用道和人行便道行驶时，勾肩搭背、相互追逐、曲折行驶，在市区骑自行车带人和带超长、超宽物品，都是常见危险行为，要坚决杜绝。

6. 千万不能跟机动车抢道。不管那是不是非机动车道，不管是不是违章，见到机动车最好给它让道。否则，石头碰鸡蛋，鸡蛋碰石头，骑自行车的人损失最大。

7. 时刻提防摩托车和电动车。摩托车和电动车，有些会横冲直撞，对交通规则（如红绿灯，右侧通行，行人优先等）全然不顾，骑自行车一定要高度集中注意力，能躲就躲，不能躲就慢，越慢越好。

8. 知晓发生交通事故的处置方法。第一步，应积极组织抢救和自救、同时打电话"122"和"110"报警。第二步，有受伤的应立即通知急救中心（120）或请求叔叔阿姨帮助拦车送伤者到医院抢救。第三步，通知学校老师或监护人；未受伤的同学应懂得保护现场的重要性。第四步，未受伤的或受皮外伤的，在报警、保护现场的同时，应通知学校和家人。第五步，等交警叔叔赶来处置交通事故。

骑车规矩礼仪编成了一首《骑车安全歌》——
检查刹车可安好，上车之前第一桩。
路线车况要熟悉，靠右缓行不能忘。
公交站，看两旁，观六路，听八方。
遇飙车，莫逞强，机动车，要避让。
路口危险需谨记，遇红休整不要慌。
绿灯起，先四顾，总有机车玩命浪。
逆行车，不可取，出现事故才想娘。
遇事故，莫慌张，急救知识记心上。
希望事故不再有，保险意识需推广。
安全才是第一位，生命请君细思量。

## 家规育儿微语

自行车是儿童少年生活中必不可少的组成部分，为我们的生活提供了极大的方便。建议家庭建立骑自行车规矩礼仪，家长教育引导孩子从骑车开始，学习掌握行车安全知识，时刻将行车安全牢记心中，重视骑行安全，学会自我保护，珍爱生命。

## 第45条 网络礼规

自有了网络，成成的生活充满了喜怒哀乐。

网络之喜。在一次老师布置的作业中，有一道题难住了成成，他苦思冥想也解答不了。这时，他灵机一动：上网查一下！没想到网络这个好帮手轻而易举地帮成成搞定了这个难题，还帮成成拓展了许多课外知识，让成成大喜过望。

网络之怒。有一次，成成想上网看动画片。好不容易早早地写完了作业，赶紧打开电脑，但电脑好像很担心成成的视力，就是上不了网。急得他上蹿下跳，恨不得砸了这个破电脑，嘴里还不停唠叨："这是什么破网啊，关键时刻掉链子，难得今天作业少有机会上网玩会儿，网络还跟我作对，真是烦死了！"

网络之哀。每天中午放学回家，成成第一件事就是上网看《爸爸去哪儿》，成成正看着入迷。不知妈妈喊他做什么事，只顾应答着。一会儿，妈妈走过来，把成成劈头盖脸地训了一顿，说成成太不像话了，一回家就上网。结果妈妈规定成成一周内不准上网，真是悲哀啊！

网络之乐。网络可以带来无尽的欢乐甚至荣誉。通过上网，成成学到好多东西，可以学英语，看小品逗乐，心情不好时，还可以打打游戏排解心中苦闷，通过网络写博，成成还评上了"阅读之星"的荣誉称号，网络真是给成成带来了无尽的乐趣。

可是使用网络，也应遵守礼仪规矩哟！

网络规矩礼仪是保障网络世界正常秩序的基本规范。遵守网络规矩礼仪，给人类现代网络生活带来了许多便利。互联网给世界各地的人们提供了一个相互交流的平台，相识的和不相识的人，可以通过网络进行交流。所以，应注意上网礼仪。

1. 记住人的存在。在网络世界漫游的时候，不要忘记网上还有许多朋友，其中有网络管理人员、网络维护者、网友、"黑客"等。因此，要控制上网时间，尊重其他网友。另外，玩网络游戏时不得作弊。此外，要注意做好保密工作等。

2. 网上网下行为一致。在现实生活中，绝大多数人都遵纪守法，注意用法律及道德标准规范自己的行为。现实生活中的道德和法律在互联网上也适用。因此，在网上交流时，也需要用法律和道德标准规范自己的行为。

3. 入乡随俗。不同的网站、不同的论坛有不同的规则。在某个论坛能做的事情，在另一个论坛可能不易做。例如，在聊天室畅所欲言和在一个新闻论坛发表意见是不同的。最好先观察后才发言，以便了解论坛的气氛和可以接受的行为。

4. 尊重他人的时间。别人为你寻找答案需要花费时间和资源。在你提出问题之前，应先花些时间进行搜索和研究。也许同样的问题以前曾提出过多次，现成的答案垂手而得。

5. 注意在网上的形象。网络交流有一定的匿名性，因此文字是网民相互印象的重要判断。交流和沟通时，如果对某一方面不熟悉，可以先阅读相关资料。在发帖前应仔细检查语法和用词，尤其值得注意的是，不要使用脏话和挑衅性语言。

6. 分享你的知识。除了回答别人提出的问题，当你提出的问题得到较多的答复，特别是通过电子邮件得到答复后，最好写份总结与大家分享。

7. 平心静气地争论。争论是正常现象，但要注意以理服人，不要进行人身攻击。

8. 尊重他人的隐私。个人信息是隐私的一部分，如果你熟悉的人用笔名上网，你未经征得本人同意便将他的真实姓名公开，则是一种不正当的行为。再者，当你无意中看到别人打开电脑上的内容或秘密，更不应该"广播"。

9. 不要滥用权力。管理员、版主，比其他用户享有更多权利，应珍惜这些权利，而不要滥用特权。

10. 宽容。当看到别人写错字或者提出一个低级问题时，不必介意。当然，也可用电子邮件的方式提出自己的建议。

11. 遵守网络戒律。（1）不用计算机伤害别人，如伪造电子信息等；（2）不干扰别人的计算机；（3）未经许可不接近或窥探别人的文件；（4）不用计算机进行偷窃资

料或智力成果；（5）不用计算机作伪证；（6）不使用或复制没有付钱的软件，或商业性地或欺骗性地利用计算机资源；（7）未经许可不可使用别人的计算机资源；（8）应考虑所编程序的社会后果，不在公共用户场合做出引起混乱或造成破坏的行为；（9）应以深思熟虑和慎重的方式使用计算机。

### 家规育儿微语

网络上的生活和现实中一样需要规范和秩序，建议家庭建立使用网络的规矩礼仪，家长引导教育孩子遵守《全国青少年网络文明公约》和相关的法律法规，面对的大部分是不认识、不了解的人，也应当遵守网络言行举止礼仪规范，在网络中做一个懂文明、知礼仪的人。

## 第46条 游览礼规

四川峨眉山上，一位游客随手将垃圾扔下悬崖。一位清洁工上前劝阻，却得到一句"我不扔垃圾，你就没工作"的回应。这位清洁工告诉我们"当时他眼泪都快流出来了，如果可以的话，我宁愿丢掉饭碗，甚至付出性命换游客不乱扔垃圾！"这种游客的举止，不仅破坏了自然环境，而且玷污了自身的素养，值得我们每个人反思，莫忘了文明旅游，要做到遵守文明游览规则。

1. 注意保护生态环境，不随意踩踏绿地、攀折花木和果实，不追捉、投打和随意乱喂动物。

2. 保护文物古迹，不随意涂刻、攀爬、触摸文物，拍照摄像遵守规定。

3. 要把果皮纸屑、杂物等废弃物丢进垃圾桶，不要弃置在地上、抛入水池中或扔下悬崖，并注意垃圾分类投放。

4. 在景区拍照时，要主动谦让，不要争抢，也不要妨碍他人拍照，请他人帮助拍照时要道谢。

5. 多为他人提供方便，如行经曲径小路或小桥山洞时，要主动为老弱妇孺让道，不争先抢行。

6. 参观博物馆、教堂、艺术殿堂、寺庙时，要遵守禁烟、禁食、禁饮、禁用闪光灯拍照等规定，不随意触摸展品、文物和其他器物。

## 家规育儿微语

旅游不仅仅是舒心畅意的游玩，同时也是一个展示美好修养的过程。建议家庭建立游览规矩礼仪，家长引导教育孩子善待景观、爱护文物、尊重民俗、恪守公德，让自然美景、和煦春光与文明行为呼应，构成真正的自然美。

## 第47条 特殊礼规

有些特殊的礼规，我们也要自觉遵守。

1. 抚摩礼规。"抚摩"也是一种礼数，父母应该经常对自己的孩子使用抚摩之礼，让孩子感到幸福，增加母子之间或父子之间的亲密感。到朋友家里，见到朋友的孩子，抚摩一下小孩的头，抚摩一下小孩的手，都表示一种亲近之情。

2. 击掌礼规。古代的击掌之礼，经常用在盟誓打赌等场合，比如王宝钏与其父断绝骨肉之情，在相府三击掌，包公与陈世美在朝堂三击掌，都是盟誓。今天的击掌之礼，经常用在运动场上，同伴踢进一个好球，大家与他击掌，表示祝贺与鼓励。击掌双方都要举起右手，超过头顶，互相击打，出声才好。

3. 叩头礼规。叩头也叫磕头，叩头之礼使用的场面主要有两种：一是在拜师、祭祖等场合，要铺红毡，先揖而后退，再揖才下跪。先跪左腿，再跪右腿，双手齐按地，顿首至地，三叩头。起身先起右腿，次起左腿，站稳之后，拱手肃立，礼数完毕。二是在感恩激德或负荆请罪的场合，就地行礼。双膝下跪，双手按地，叩头至地，甚至叩出响声来，这是非常之礼。

4. 作揖礼规。作揖之礼，一般适用于大年正月拜年或给老人拜寿等传统节庆场面。作揖时两足间距与肩宽相等，站立端正，直膝曲身，低其首，抱其拳，眼睛向下，看其鞋头，两手圆拱而下。凡与尊者揖，举手至眼而下；与长者揖，举手至口而下，皆令过膝；与平交者揖，举手当心，下不必过膝；揖后，皆应手随身起。今人作揖，只是不必将手下至膝盖。与拱手也有点近似，只是不能将手举过头顶，而且要加上欠身。作揖比拱手更郑重其事。

5. 拱手礼规。行拱手之礼，要身正腰直，抬头挺胸，面带微笑。两手抬起，在胸前抱拳（左手抱右手），低不过胸，高不过鼻，上下顿挫三下。口中寒暄："幸会，幸会！"或者"恭喜，恭喜！"适用于向朋友贺喜，向老人祝寿，以及会见贵宾、参加团拜等等。现在的团拜会上，也有人举拳过头顶的，为的是向远处的人们致意。

6. 拥抱礼规。拥抱礼来源于西方，流行于我国，大约有百年之久。拥抱之礼一般用在亲密的朋友之间，特别是在久别重逢与洒泪惜别之际。外国不限男女，我国则多数流行于同性朋友之间。男士与男士拥抱，女士与女士拥抱。男女之间仅限于恋人或夫妻之间，兄妹都少见此礼。行拥抱之礼，两人面对面站立，各自先举起右臂，将右手搭在对方左肩后面，左手自然伸向对方右腰的后侧，首先与对方左侧拥抱（对方动作也如此），继而与对方右侧拥抱，第三次又与对方左侧拥抱，正规是三次。礼仪拥抱要潇洒，友好国家的元首互访经常有拥抱的场面，可供借鉴。老朋友久别重逢时，拥抱可以热烈一些。但也不一定都要三次，礼仪场合也有一次的。当然，恋人拥抱就是另外一种情景了，还要加上接吻，甚至还要把女友或爱人抢起来转三圈。

7. 亲吻礼规。亲吻，是源于西方古代的一种常见礼仪。人们通常用此礼来表达爱情、友情、尊敬或爱护。

行亲吻礼时，长辈与晚辈之间，宜吻脸颊或前额；平辈之间，宜面贴面。在公开的商务场合，关系亲密的女子之间可吻脸，男女之间可面贴面，晚辈对尊长可吻额，男性对尊贵的女士可吻其手指或手背。在亲吻女士时，可左右轻轻地碰碰脸颊，同时象征性地用嘴唇在对方耳边发出轻微的"吧嗒"声，并不一定要真吻。

亲吻礼，往往会与一定程度的拥抱相结合。西方现代的亲吻礼，在欧美许多国家甚为流行。开放的美国人尤其爱行此礼，法国人不仅在男女间，而且在男子间也多行此礼。法国男子亲吻时，常常行两次，即左右脸颊各吻一次。比利时人的亲吻相对来说比较热烈，而且往往反复多次。

当今社会，在许多国家的迎宾场合，宾主往往以握手、拥抱、左右吻面或贴面的连续性动作，来表示尊重或敬意。

礼仪技巧：（1）在商务场合，年轻、地位低者，不要急于抢先施亲吻礼，以免因亲吻不当而引起意外的麻烦。（2）行亲吻礼时，应始终保持微笑的神态，即使在一些因亲吻不当而引发误解的时候，无论什么时候微笑都是化解敌意的一种无形力量。

礼仪禁忌：（1）用力过猛、时间过长或发出声音。（2）口腔清洁有异味，把唾沫溅到对方脸上、额上或手背上。（3）吻手指或手背时，男性不稳重、不大方、不轻松，动作粗俗，姿势过分夸张，吻对方手背时发出"吮"的声音，给双方造成难堪。（4）把亲吻礼看成是一个简单的动作，不分场合地点、不讲顺序或不分部位乱吻一通。（5）在接受别人的亲吻礼时畏畏缩缩，使得对方感觉你有一种避人嫌疑的心态。（6）异性间行亲吻时，过分热情，或过分接近"禁忌"部位，如双唇。

8. 脱帽礼规。熟人相见，如果戴的是礼帽，为了向对方表示友好，平时以脱帽为

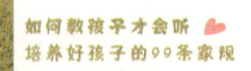

敬。随意礼是一脱就戴上；郑重礼是右手脱下帽子之后，将帽子彬彬有礼地贴于左心与左肩之间，另外还要鞠上一躬。如果右手拿着东西，也可以用左手脱帽。两人相距较近时，不要用离对方最近的那只手脱帽，以免发生误会。戴无檐帽与人相见行礼，不必脱帽。女士一般不脱帽。

9. 欠身礼规。欠身致意的礼节较轻。当你在会场上处于坐姿时，有朋友来入座，你应欠身致意，即将臀部抬起，上身微微耸起，而不必站立起来，俗话说"欠欠屁股"。如果你处于站姿，正在与朋友交谈，这时另有其他朋友参与近来，不能置之不理，也不能中断谈话。就需要欠身致意。即上身微微前倾表示欢迎，不介意。如果中断谈话，对方反倒误会你有什么见不得人的事。如果每次见面都鞠躬握手，也过于烦琐。欠身致意正好适用这种场合。

10. 鞠躬礼规。古今鞠躬，礼数不同。社会实践，必须分清。古代所谓"鞠躬"，是一种恭敬的姿势、体态。例如公卿大夫在国君面前，儿子在父亲面前，仆人在主人面前，学生在老师面前，等等。这种姿势持续时间较长，一般要持续到谈话或办事结束时为止。

今天流行的鞠躬礼，仅仅是一个短暂的动作，不要持续很长时间，折腰而已。不但可以一鞠躬，而且可以二鞠躬、三鞠躬。在婚丧礼仪中，多行三鞠躬礼。鞠躬的正确姿势应该首先立正，一般是两手下垂，中指压住裤缝，上身前倾30°~45°，行大礼时，可以折腰至90°。从中央举行的老一辈无产阶级革命家遗体告别仪式上可以看到，鞠躬时，目光应向下，鞠躬持续时间在1~3秒，这是庄重的鞠躬，适用于婚礼或丧礼。在一般场合鞠躬，双手可以搭在身前，右手搭在左手上。这是比较文雅的鞠躬，折腰可前倾15°~30°。鞠躬时，戴有沿帽的，应当脱帽。

11. 致敬礼规。人们从坐姿起立改为站姿，是对来人的尊敬。比如，当老师进入教室时，学生应当起立致敬；当大会主席走上主席台时，与会人员可以起立致敬；当国家元首视察某单位时，该单位人员应当起立致敬（正在操作不能离开岗位的人员除外）；当贵宾光临时，全家人都应起立致敬；当演员演出成功谢幕时，全场观众理应起立致敬。

12. 鼓掌礼规

在听演说或看文艺演出时，感到精彩之处，可以鼓掌祝贺，观看体育比赛，可以鼓掌加呐喊，大叫"加油"。甚至锣鼓齐鸣，全场轰动。但是，无论是听科学演说还是看文艺演出，如果其中掺杂了伤害中华民族的民族感情或损害我们伟大祖国的国家尊严的内容时，则决不鼓掌，而且要退场，以示抗议。若演说或演出十分成功，当演员谢幕时，可以长时间地起立热烈鼓掌。

### 家规育儿微语

礼多人不怪，有礼貌，才能建立起良好的印象，巩固良好的人际关系。建议家庭建立一些特殊的规矩礼仪，家长引导教育孩子建立良好的礼仪规矩，不断地培养自我，约束自我，成长为一个有礼貌的好孩子。

# 第四章 赏规

# 第48条 互赏

春光明媚，微风轻拂，柳枝袅袅，绿茵茵的草地上几个孩子在放风筝。他们奔跑着，欢叫着，传来阵阵清脆欢快的笑声，像鸟儿一般自由自在地飞翔。

"多么美好的童年啊！"一位母亲坐在公园的长椅上，望着远处玩耍的孩童，脸上满是欣慰的笑容。可是，当她扭过头去，笑容一下子收住了。在她的身边，坐着女儿彤彤。小姑娘表情冷漠，两眼发呆——她看起来就像一尊冰冷的石像。

和朋友谈及女儿，这位母亲总会提起一件事："彤彤是个小说家，写了好多部小说。"正当别人要为这位母亲高兴时，她补充了一句："彤彤写的是恐怖小说，故事情节连成年人看了都会害怕。"

一个十二岁的小女孩，为什么心灵会蒙上浓重的阴影？母亲内心非常痛苦，如同坠入了万丈深渊："女儿啊，我该拿什么换回你的欢乐？"伟大的母爱在她心底燃起一股股热烈的渴望，她一定要做出改变，她一定要帮助女儿走出成长的困境。

一年前，彤彤的母亲早已阅读过赏识教育的书籍，但她不知道如何使用和操作，在家规培训班上，这位焦虑而痛苦的母亲向老师讲述起女儿的成长经历：

我和丈夫都是缺爱的孩子，在成长的路上遇到很多的挫折。我从小就被爸妈打骂，丈夫也一样，我们可谓"同命相怜"。我们夫妻工作很忙，和孩子交流的时间很少。我们都对孩子有很高的期望，逼着她学习，让她上最好的学校和最好的班，做最好的自己。我们替她安排好一切，没有我们的同意她不能参加任何课外活动。现在想来，女儿在我们夫妇的高压政策下，活得非常累，非常辛苦。

女儿每天都要学得很晚，才上小学六年级就要熬夜到一两点。她做作业的速度非常慢，别人半个小时就能做完的题目，她要做两三个小时。到了深夜，作业还没有完成，她也知道交不了差，于是早上五点爬起来继续做，而且从来不吃早饭。她特别苦，我也能感受到，但我帮不上她什么忙，全靠她一个人扛着。不仅我们做父母的严厉要求她，她也严格要求自己，她希望自己非常优秀，但她就是觉得学得很累，生活很苦。

小升初时，她考上了她喜欢的重点中学。可是上初中后，她成绩开始下滑。因为不能做最好的自己，所以她十分痛苦。她由一个充满朝气的孩子，变成了一个特别压抑的孩子，好像身上背着千斤重担，而且永远放不下来。她开始不停地生病，这周病两天，下周病两天，不能持续地上学。对于她害怕上的科目，她就会想出各种理由不到学校去上课。老师很担心她，对我们说："带孩子去看看医生吧，这样下去不行的。"我们痛苦到了极点，可是我们也帮不了她什么，也不知如何帮她。

如果再这样逼着她上学，她会更痛苦，甚至有可能就废了，于是我们主动向学校提出休学。

这时我们买回了赏识教育书籍，一边学习，一边反思，开始尝试和女儿做朋友。可是，我们的智慧还没有上升到一定程度，自身获得的能量还不足够强大。当女儿在学习上遇到困难时，我们想帮助她，但每次她都拒绝。她也不肯对我们敞开心扉。

我白天上班，晚上陪着她学习。她一定要我待在她身边，如果我离开了她的视线，她就感到非常焦虑。时间一久，我的身体也垮了，还得了慢性肾炎。我对女儿说："妈妈要住院了，你能不能早点睡，别再熬夜学习了？"听我这么说，女儿更加焦虑了，有时彻夜不能入睡。我真不明白，女儿怎么活得这么累？

每当我看到那些活泼快乐的孩子，我就想到我的女儿，心情十分难过。我这个妈妈不能给予女儿正确的爱。我和她爸爸很忙，对她关注不够。我们的功利心态也很严重，总在她耳边唠叨："为什么不这样做？怎么可以那样做？"我们两人不停地给她灌输焦虑，导致她产生非常强烈的自责心理，而她的恐惧感也越来越强，根本没办法克制自己。女儿实在忍受不了内心的不安与恐惧，于是她就上网，写她的恐怖小说，或者跟小动物玩，用这些方法来宣泄。

有一次女儿对我说："妈妈，我觉得人活着没有意思。"当她说这些话的时候，我也感到十分害怕和痛苦，女儿万一有个三长两短，我们怎么办？可是我帮不了她，而她又不能自己站起来。

她和同龄朋友玩，回来对我说："我很羡慕她的家庭，她的家庭很温暖，而我的家庭很冷漠。"一切的根源在于我们做父母的，都是我们的过错。我们没有让孩子做真正的自己，扭曲了她的生命。所以，这次我和女儿一起参加了家规赏识教育课程，通过学习我们都在不断调整，不断提高，我希望可以和女儿一起蜕变成长！

这位母亲说完，现场一片沉默。家规老师走上讲台，含着热泪说："听了你们家的经历，我想所有的人都会心酸。你们太苦了，但是一切都会过去的。老师看到的是，一朵花正在绽放！女儿的成长逼着你成为一个教育家。作为母亲你在学习，在保护女儿不受伤害，这些都是动力。家长与孩子共同成长，你们的未来就充满了希望！"

课堂上响起了热烈的掌声。母亲眼中泪光闪烁，老师的话说到她的心坎里去了。是的，她在学习，她在成长，她在保护着孩子。

培训有一个环节，是请孩子上台演讲。彤彤沉默地坐在座位上，热情的家长们包围了过来，鼓励她，拉她的手，向她跷大拇指，可是，彤彤始终抗拒着。这时，母亲站了起来，对大家说："我的孩子非常内秀。她是天才的演说家，只不过现在还没到她想说的时候，希望大家慢慢等待，花苞一定会绽放的。"家长们马上理解了母亲的意思，微笑着离开了孩子。母亲的机智为女儿圆了场，下了台阶，女儿感激地看着母亲，两人没有说话，爱在默默地传递。

而今，这位母亲已经觉醒到自己的教育方式出现了问题，她正在慢慢地改变对待女儿的态度。而彤彤在老师的带领下，和其他孩子们玩得非常投入，孩子们的快乐也在深深地感染着她。老师说，"刚来时，彤彤规规矩矩的，太安静了，安静得可怕！在她的脸上，我们很难看到一丝笑容，她似乎心如死灰，没有任何东西能够打动她。我真希望她可以大喊几声，或者放肆地大闹一场，可她始终是那么冷漠和阴郁。她把自己锁在了黑暗的牢笼里。"然而，人是受环境影响的，彤彤在充满正能量的赏识氛围中学会了感恩。"一天、两天、三天过去了，她的日记里开始出现了'感动''快乐'这些字眼，"家规老师欣慰地说，"在第三天后，彤彤在日记本里记下了每一天活动体验给她带来的感动和成长，她在努力地融入这个欢乐的集体。"

果然，在第七天的亲子交流会上，母亲流着泪向女儿认错，承认自己的教育方式出了问题，并紧抱着女儿的腰，头埋在女儿的怀抱中，伤心着，痛哭着。而女儿则把一只手轻轻地搭在母亲的肩膀上，偏侧着头，不停地安慰妈妈，她的眼中闪着泪花。

"从家规培训回来后，我多看孩子的优点，欣赏表扬她的长处，越是鼓励孩子，孩子就越起劲，孩子状态越来越好，也学会欣赏别人的长处了。她的眼神少了些迷惘，多了些坚强，还学会了跟我开玩笑了。"妈妈无比欣慰地和家规老师分享女儿成长的喜悦，"彤彤和她的朋友在一起的时候，经常给他们讲述赏识的理念，背诵赏识的口诀，践行赏识的方法。在赏识的滋润下，彤彤的心灵逐渐舒展，学习也不像过去那么吃力了。"

## 家规育儿微语

人赏人，越赏越好。家庭成员之间尤其要如此。建议家庭建立互相赏识家规，年轻的父母用赏识鼓励的眼光看待孩子，用赏识方法激励孩子，让孩子欣赏敬佩父母，在与父母互相欣赏的氛围中长大，这样孩子就会向着家长欣赏的方向成长。相信"只要你真心想要做一件事，全世界都会帮助你"。

## 第49条 检赏

在一次家规培训班下课后，名叫秀慧的女士迅速找到家规培训的老师，请求老师给她十分钟时间。老师看着眼前这位年轻的女士，只见她眼神里充满了焦虑和不安，心想她一定遇到什么解不开的难题了。"请你把情况简要地说一下，希望我能够帮到你。"老师毫不犹豫地答应。

话音未落，秀慧立刻泪如泉涌，泣不成声。通过她断断续续的叙述，老师了解了事情的来龙去脉。

原来秀慧的丈夫染上了赌博，每天夜不归宿，输光了家里的钱，还欠了一屁股赌债。正当她愤怒、委屈的时候，家公和家婆又来为小叔子买房找她要钱，一家人闹得不可开交。

秀慧是一个普通的女人，她逃不开普通人的思维方式。家里不算富裕，丈夫交了些狐朋狗友后日日沉溺于赌博，她吵过骂过都无济于事，与丈夫的关系已经冷到冰点，仍在苦苦忍耐；家公和家婆是长辈，为了小叔子在城市安居要哥嫂出点钱，这些亲戚也都得罪不起。但是情绪总要发泄，无处诉说的她就常常对着孩子发脾气，让亲子关系也变得异常紧张。

孩子是无辜的，秀慧也明白这一点。往孩子身上撒一次气，她心里就要愧疚一点。于是，委屈、愤怒、无奈、愧疚等情绪交织在一起，她快支撑不住了，精神随时都有可能崩溃……因此，她十万火急地找到了家规培训中心，前来参加课程学习，希望能够找到解决的办法。

家规老师听了她的叙述后，对她说："首先，是你错了。"

秀慧料想不到老师头一句竟会这样说。她的情绪立刻激动起来："我怎么错了？"她觉得自己才是无辜的受害者，丈夫嗜赌要钱，长辈也要钱，左右为难，没人理解，无处述说。并且还是"我错了"，她无论如何也接受不了。

家家有本难念的经。家庭问题的产生与解决都有各种途径，重要的是要树立正确的解决问题的理念。于是老师看着她满脸的疑惑与愤慨，再一次十分诚恳地告诉她："确实，是你错了。"

霎时间，她直愣在那里，这显然不是她想要的结果。"为什么是我错了？"她再次反问道。"很简单，不只是你，也包括你的丈夫、家公、家婆，任何一个人找到我，我都会对他们说，'你错了'。"

"为什么？"秀慧更是不解地问道。"因为生命是有回音的。""生命是有回音的？"秀慧疑惑地重复着。"现在你说'你错了'，回音肯定也是'你错了'。因为大家都在说'你错了'，结果生发出去，全家都错了，相互指责，为此鸡犬不宁。反过来，如果你说'我错了'，回音肯定也是'我错了'。大家都向内审视自我，改正自己的错误，这个家庭不就和睦了。"听到老师此番话，她似乎若有所思。

接着，老师又说："所以，肯定是'我错了'，只能这样做，必须这样做。当你接受并建立这个理念，你才能解决家庭问题，因为'自省'才是家和的定律。"她点了点头，似乎认可了。

向内审视自我，承认自己错了，还必须找出自己错的原因，错在什么地方。只有这样才能真正从心里接纳自己的错，从而改之。我们很难去改变一个人，甚至不可能改变一个人，但是我们却可以改变自己。也只有改变自己，才有能量去影响感染他人。

"老师，请您告诉我，我到底错在哪儿了？"这位年轻女士的态度一下子变得谦恭而真诚。

老师笑笑点点头说："好，我们来找找你错的原因。你很善良，但在处理某些事情上面，你缺少智慧，这是问题的关键所在。当然，是花苞，早晚会绽放成花朵，你千万不要为此有任何心理负担。"

秀慧听到老师肯定了自己，轻轻吐了一口气，稍微放松了一点。老师顿了顿，接着说："如果现在要你分别给丈夫、家公、家婆和你自己打分，你打多少分？"她脱口而出："自己打50分，给丈夫打0分，给家公和家婆各打60分。"

老师笑咪咪地看着她说："如果我是你，你猜我会给每个人打多少分？"

秀慧笑着摇摇头，表示不知道。

"都是100分！"老师肯定地说出答案。

"为什么？"老师的答案明显又出乎了她的意料。

"很简单，人往高处走，水往低处流，这是规律。如果水往高处流，一定是受到了外界的影响。人也一样，如果人往低处走，同样也是外界原因所致。实际上，很多情况下，不是一个人不努力，而是身处这样那样的环境中，他没有办法改变，他可能已经做到最好了，所以都是100分。"

秀慧点点头，似乎释然了。老师不急不慢地接着说："面对未来，你猜我给你们打多少分？"

"多少分？"她很好奇。

老师说："都是0分。刚才给你们打100分，是为了让你们心安，为自己骄傲。现在给你们打0分，是为了给你们一个巨大的成长空间。就像一粒种子钻出厚实黑暗的土壤，在这个过程中它是100分，但在钻出土壤见到光明的那一刻，一切又从零开始了。"

秀慧恍然大悟，明白了100分和0分的关系。其实生命也是如此，有100分的骄傲，也有0分的成长空间。"老师，那现在我该怎么办？"

方向有了，能量也有了，接下来就是怎样去做了。其实，在家庭生活中，学会了检讨，检讨自己的过错，又学会了赏识家庭成员，感恩家庭成员，每一个家庭成员都严以律己，宽以待人，家庭生活就都顺畅了，人生也就顺畅了。

于是，老师对这位年轻的女士说："从现在开始，你要学会检讨自己，赏识感恩家人。回家之后，你要赏识感恩家公，赏识感恩婆婆，赏识感恩爱人，赏识感恩女儿。"

秀慧是个十分坦率的人，马上说："赏识感恩家公和家婆，我能做到，因为他们确实为我们家庭付出了。但是感恩爱人，我实在做不到。为什么要感恩他呢？"丈夫嗜赌如命对她的伤害很大，她的心里充满了对丈夫的愤怒。然而，感恩是生命的根。夫妻之间只有学会相互感恩，才能创建和谐美满的幸福家庭。她不理解，是因为她不知道感恩的力量有多大，大得能够创造奇迹，大得出乎我们每个人的意料。

因此，老师说："一定要感恩你的爱人。他为什么会嗜赌？一定是有原因的，你也需要反思自己平时的所作所为,是否在平日的生活里冷落与忽略了爱人。"

她想了想,点头承认:"是的,自从有了孩子之后,我的注意力都集中在孩子身上了,没特别过问、关心丈夫。"

"当丈夫从你这里感受不到关爱时,他就会去别的地方寻找,他从赌友那里找到了存在感。这不能怪他,我们每个人都是十分需要爱的。我同样相信,你不是不爱他,而是把对他的关爱转移到了你们爱的结晶孩子身上,你以为这就是对他最好的爱。这是爱得不够智慧,他没有办法,感受不到。再伟大的爱,一旦对方感受不到,就失去了意义。"

家规老师的一席话,直让她眼泪哗哗地往下掉。这一次,她真正从内心意识到自己的错了。

"当你说'我错了'的时候,你的爱人也会说'我错了';当你赏识感恩爱人的时候,你的爱人也同样会对你充满赏识感恩。这是家规的回音,生命的回馈。"

她终于放下了,她终于释怀了,不再绝望,不再抱怨,不再怀疑,取而代之的是一种发自内心的激动与喜悦,一种来自生命的平和。

她说:"老师,我听您的,回去之后我要赏识感恩家人,我要让我们家充满爱的回音,我要让家庭生活敞亮起来!"

## 家规育儿微语

建议家庭建立内检赏识家规。爱是家庭之源,家规是家庭之本,赏识感恩是家庭之根。家庭是没有问题的,有的只是家庭成员的心态问题。依家规调整好了,家庭就会变得有序而为,家庭生活也将会回到爱的轨道上来。当我们每位家庭成员都调整方向,向内思考,意识到"我错了",并学会赏识感恩家人的时候,用向善向上、积极乐观的心态,把善良、礼貌和无私的爱献给家人,那你也会无时无刻不感受到家人的爱,这就是我们家规养家和家的回音。

## 第50条 信赏

小阳是一个桀骜不驯的少年，身上有刺青，头发染得金黄，走在大街上常常成为警察关注的对象。在学校，小阳率领一群大孩子，堵在校门口寻人打架；他沉迷网络，通宵玩游戏；他喝酒抽烟，翻越围墙逃学……

这样一个全身都有毛病的孩子还有救吗？父母寻找过许多教育方法，想要帮助儿子走上正途，然而孩子却摇头说："我已经定型了，谁都帮不了我。"

爸爸也摇头说："儿子完了，我对他彻底绝望了！"而妈妈却说："不，孩子还有救！一定有办法把孩子心中危险的火种换成希望的种子！"

然而，在小阳14岁生日那天，妈妈接到老师的电话，传来一个晴天霹雳的消息——学校要开除小阳。理由是小阳在校打架和逃课的行为已经严重破坏了学校的规章制度，学校也多次接到其他家长投诉小阳欺负他们孩子的电话，小阳的行为已经给学校带来了非常恶劣的影响。

于是，父母不得已给儿子换了一所学校，可是到了新学校的第三天，小阳翻墙逃跑了。经过几番周折，父母找到了儿子。回到家里，小阳对父母说，他不想上学了。父母非常生气，与儿子发生了争吵。儿子一气之下，冲出了家门。这次父母没有追上去——他们已经心力交瘁了。

小阳在外面住了一个多月，回家之后依然不改旧脾气，辍学、打架仍是家常便饭。妈妈为此感到非常苦恼。幸运的是，妈妈通过电视节目接触到了家规教育，于是去书店买了家规教育的书籍，认真阅读，寻找帮助孩子的方法。

在学习的过程中，妈妈回顾儿子十四年的成长经历，深刻地认识到自己的家庭没有建立规矩，更没有进行家规教育。她后悔地想：我把成绩看得太重了，而且不了解青春期孩子的特点，忽略了孩子的内心感受。孩子误入歧途，我有很大的责任。

妈妈觉醒了，春天的脚步就近了。她开始尊重孩子、信任孩子、包容孩子。当孩子犯错的时候，她开始试着轻言细语和孩子一起分析原因，找出解决的办法，一改过去一味地指责的态度，给孩子成长的空间。她坚信，在信任赏识的滋润中，孩子一定会迎来生命的春天。

妈妈的想法是对的。可是，在小阳内心深处，"好孩子"和"坏孩子"一直在打架。

暑假，正值家规教育开办暑假课程，小阳的父母早就想到家规教育的课堂去学习。所以，妈妈便对儿子说："这个暑假，我和你爸爸打算到家规教育培训班学习，你去参加家规教育好孩子快乐营，看看能不能对你有所帮助，好不好？"

儿子一听"家规"头就大了，沮丧地说："我已经定型了，没有办法可以改变了。"

妈妈鼓励孩子："阳阳，怎么能这么说呢？你不要自暴自弃，妈妈相信你会改变的，而且会改好的。每个人都会犯错，你犯了错，从中吸取教训，以免将来犯更大的错，改了就是好孩子。妈妈理解你，相信你。妈妈也希望你给妈妈一个机会，去参加家规培训班，别让妈妈有遗憾。"

儿子说："放长假本来可以玩的，去了家规培训班我就玩不成了。"

妈妈说："好孩子，家规培训班最大的特点是'玩中学，学中玩'，是一举多得呀，你就当给妈妈一个机会吧。"

儿子勉强地答应："那好吧。不过，我去了家规培训班，如果想走谁也拦不住我，没有人能限制我！"

妈妈说："行，咱们去试试，我相信你会喜欢的。"

就这样，抱着试一试的心态，小阳一家三口前往广州参加好孩子家规培训班。抵达广州的当晚，小阳就住进了好孩子快乐营。

在好孩子家规培训班，六天五夜的活动体验，孩子们在欢乐中度过。时间如流水，转眼到了课程的最后一天，孩子们将与小别几天的父母"重逢"，家长和孩子们一起迎来了亲子典礼。

在亲子典礼现场，小阳的爸爸妈妈正好坐到了儿子的后面，看见儿子和老师、

营员亲密相处，如同一家人。这时，小阳的父母脸上荡漾着欣慰的笑容。而儿子在无意间转头，也看见了父母，于是冲父母灿烂一笑。霎时间，儿子那久违的一脸阳光，照得父母心里亮堂堂的。

小阳走到妈妈身边，坐了下来，说："下一期和再下一期我还要来家规培训班，我要申请做家规培训班的少年教官！"看着儿子坚定的眼神，妈妈高兴地说："好啊，太棒了，老妈支持你！"

在感恩分享环节中，小阳一马当先地走上讲台发言，赢得了台下的一阵掌声。妈妈激动地冲到台上拥抱了儿子，并说出了她的心里话："我是一个曾经面临绝望但又不言放弃的妈妈。感谢好孩子家规培训班挽救了我的家庭，更挽救了我的儿子。由于我们不懂教育，让儿子经历了种种挫折，不过我认为儿子的经历是我们一家人生命中的一笔财富。感谢好孩子家规培训的所有老师和教官们，正是你们在这短短的六天五夜的付出，让奇迹出现在我儿子身上！我也一定要学会成长，争取做一个懂孩子的妈妈。我相信，我儿子一定是最棒的！"

目睹台上的感人场面，爸爸在台下也流下了热泪。固执的爸爸也终于真真切切地感受到了家规赏识教育的力量，感受到了爱的力量。

回到家中，小阳感慨良多，对父母说："在好孩子家规培训班里，我经历了一场身心灵之旅！"小阳还保证说，他以后不再做坏学生了，他要好好学习，也要像家规赏识教育的老师那样帮助孩子们找到快乐和自信。当天，小阳修改了QQ的个性签名来表达内心的激动之情：相信自己是最棒的！愿家规赏识教育走进千家万户！

## 家规育儿微语

建议在家中建立信任赏识家规。家长的信任是对孩子最大的赏识。信任是推动人对一系列事件态度转变的最大动力，也是建立人格或者家风的最原始动力。在父母眼里孩子都是"好孩子"，都是可爱的天使，父母无条件为孩子骄傲。家长学会信任孩子，孩子就会发挥强大的自信力，朝着家长信任的方向成长。

## 第51条 陪赏

在家规培训课程最后一天的亲子典礼上,佳佳感慨良多,在台上分享了一段话,也坦白了他多年来的苦恼:

"在外地读书五年,父母不在身边,一切都要靠自己。因为环境的影响,导致我的性格发生了很大变化。原来我是一个文静不爱说话的人,现在脾气却很大。离家时间太长了,我与父母也有了隔阂,有时候一种沉重的压抑感会从我心底莫名地升起来,使我战栗。在妈妈看来,我是学坏了吧,其实我只是觉得自己有点贪玩。有些事情,明知父母不会同意,可我不做又很不舒服,只好'先斩后奏',结果每次我和家人都闹得很不愉快。每次吵架,都把我妈气哭了,我很难解释这种状态。他们一开始唠叨我,我就觉得很烦,想听又不行,不想听也不行,每天都搞得自己心情很暴躁。也许是我不太能够接受他们的观念,以后我会好好反省自己,我虽然不能保证自己一定会怎样怎样,但我会慢慢地改变。"

站在台上的佳佳,是一个身体非常结实,浑身透着运动气息的大男孩。然而,从他分享的言语中,我们读到了一个大男孩在成长中长久压抑着的苦闷:他想做自己,但得不到父母的理解;他不愿意接受"坏孩子"这个标签,他在努力维护着自尊,心情矛盾,处境相当困难。

幸运的是,佳佳的爸妈接触到了家规培训教育,观念也在渐渐地发生改变。通过几天的学习,他们感触颇深,已经觉悟到了问题的根源所在。尤其令这对夫妇惊诧的是,家规培训班的正能量如此强大,竟解决了困扰他们一家人十几年的问题,让他们长期郁郁不乐的心情得以释放。

"不是孩子有问题,而是我们做父母的出了问题。"站在台上的爸爸,一把揽住了佳佳,拍着儿子的肩膀,一脸歉意地说,"儿子,是爸爸错了。"妈妈听完佳佳的一番心声后,早已是泪如决堤的洪水,边流泪边跟孩子说"对不起,佳佳"。她万万没有想到,当初是为了孩子好,才把他送去外地读书。这一去五年,竟让儿子年幼的心灵充满了无助与压抑。

"其实小时候，佳佳是一个好孩子，聪明快乐，善良真诚。可后来在我的眼里，他全身上下都是毛病：淘气、任性、散漫、学习不专心……"妈妈回忆说。

　　五年前，妈妈从事法律工作，或许是受职业影响，她非常关注细节，对孩子苛求严厉，不容许孩子有反对意见。她按照自己心目中的美好蓝图去塑造孩子，然而，孩子的表现没有达到她的预期。于是，她很苦恼，"孩子不听话，没法教了。"她还固执地认为，孩子没教好，是因为自己能力不够，既然如此，那就请优秀的老师来教吧。

　　她从朋友那儿听说某地有一所武术学校，环境好，管理严，很多孩子去了那里都有进步。妈妈仿佛找到了灵丹妙药，于是准备把儿子送到武术学校去。对这个主意，父亲是反对的，但妈妈铁了心，非常执着，父亲没办法，只好答应了。儿子还很小，听说要去外地学武功，觉得很有趣，高兴得像过节一样。

　　妈妈行动起来，联系学校，给孩子准备行李，把孩子送走了。从那以后，她牵肠挂肚，度日如年。以前，孩子上学、放学都要她接送，如今，孩子远在千里之外，她看不到孩子的模样，也听不见孩子的声音，担忧和焦虑折磨着她。

　　她是怎么挺过来的呢？她不停地安慰自己：我的儿子在学校一切都非常好。那里的老师很优秀，很爱孩子，很负责任！这样一想，她心里也就踏实了一些。她和丈夫原本恩恩爱爱，生活和睦幸福。自从把孩子送走后，丈夫就开始变得沉默寡言，脸上也难得看见笑容。他不敢在妻子面前抱怨，就在背后对亲戚朋友说："我老婆太狠心了。"这句话传到妻子耳中，她心里很不是滋味，对丈夫说："我不是狠心，我是太爱孩子了！"

　　然而五年过去了，儿子长大了，进入青春期，开始追求个性和独立，不仅学会了逃学，还爱与父母顶嘴。在妈妈眼中，这五年来孩子是越变越坏了。她感到十分苦恼，在孩子放暑假时，和丈夫带着儿子不远千里来到了广州参加家规培训教育的课程。

　　课堂上，妈妈悔之莫及，说道："当初我不应该把儿子送到外地读书。不管学校多么好，老师多么负责任，如果没有父母的陪伴，孩子感受不到家庭的温暖，他的人生都是不圆满的！"

　　通过这几天的学习，她恍然大悟：在孩子的成长路上，父母的陪伴是多么的重要。金钱花完了可以再挣，工作永远忙不完，而孩子教育不容错失时机。十多年来，做父母的以为凭感觉给予孩子足够的爱，就可以把孩子教育好。然而，父母看到的总是儿子的缺点，把"坏孩子"的标签如此轻易地给儿子贴上，从来没有和儿子好好坐下来聊聊，关心孩子的心理感受，总是一味抱怨和指责，小题大做，结果导致亲子关系恶化。妈妈想起了多年前的一件事，至今她还耿耿于怀。于是，在课堂的分享环节中，她忍不住地向儿子表达了她的愧疚之意。

在孩子上二年级的时候，有一天她胃病发作，躺在床上非常难受。丈夫下部队了，家里只有她和儿子两个人。迷迷糊糊的，她听见卧室门外传来叮叮咚咚的声音，还有搬凳子的声音和厨房里烹调的声音。过了一会儿，儿子进来了，说："妈妈，我煮了面条，你起来吃吧。"她一看，儿子端着两碗热腾腾的西红柿挂面。她心想："孩子这么小，我没教过他煮东西，他居然能做出这么好的面条。"她撑着病体起床，和孩子一起吃面，一人一碗。当时她很感动，很想表扬孩子。可是，前几天孩子做了一件让她很不开心的事，她一直在生孩子的气。当时她碍于面子，便强忍住了，没有一句夸奖，默默地把面条吃完。"为了维护所谓妈妈的尊严，我很少鼓励孩子，表扬孩子。我太爱孩子了，却不懂得如何爱孩子。"她含着眼泪说。

儿子说："妈妈，我不怪你，我知道你是为我好。妈妈，我永远爱着你。"

在家规培训教育的课堂上，一家三口消除了隔阂，增进了理解。他们的生命开花了，家庭的春天也来了。一家人紧密地站在一起，儿子在中间，妈妈拉着他的手，说道："你们看，我儿子长得多帅气挺拔，阳光开朗，又爱唱歌，又会跳舞！儿子，我为你感到骄傲！"一家人含着泪笑了。

我们整日忙于找寻着培养孩子这种能力、那种品质的方法，可对孩子却常常连陪伴的耐心都没有，滋养的过程都想省略，只想用说教、打骂等简单粗暴速效的方式教育好孩子，而无视良好家庭关系的构建。陪伴先于教育，有了稳固的亲子关系，家规的建立和教育会变得轻松、快乐、自然而然。

## 家规育儿微语

"培养"就是"陪着养"。建议家庭建立"陪赏"家规。作为父母，其实我们给不了孩子属于他的未来，孩子有自己的人生。我们能做的只是努力守护孩子能够得到的当下的快乐和幸福，不焦虑，不盲从，不攀比。和孩子一起慢慢体味相伴时际遇的每一道风景，每一种心情。陪伴是相互的，滋养是相互的，给予是相互的。陪孩子长大的过程，也是我们作为父母自我成长的过程。

## 第52条 爱赏

　　11岁的小芳是个十分漂亮的女孩,留着短发,举手投足间透着一种洒脱。她桀骜不羁,对什么都是一股满不在乎的劲儿;她爱爆粗口,看不起同龄人,却又想拥有可以倾诉的朋友。在好孩子好家规好习惯培训班里,小芳经常跑到大营女孩子的宿舍,听她们讲自己的情感经历。小芳之所以对情感问题如此关注,是因为她陷入"早恋"的行列,正为情所困:她同时和两个男孩子交往,不知道应该选择哪一个,放弃哪一个。然而,小小年纪,小芳为何深陷"早恋"呢?

　　在这个独生子女众多的时代,小芳却还有一个姐姐和弟弟。然而,对父母来说,小芳的出生就像是一个多余的包袱。因为在姐姐两岁后,父母迫切地想生一个男孩,而妈妈怀上的却是一个女孩,当时求子心切的父母就产生了将小芳从妈妈肚子里"拿掉"的念头。但在外婆的一再坚持下,小芳幸运地来到了这个世上。

　　小芳出生后五个月,忙于生计的父母无暇照顾两个孩子,便将小芳托付给另一个城市的亲戚照管。这一托管,没想到就是漫长的很多年。在这期间,小芳多了一个小弟弟,更换了一个托管家庭。直到小芳10岁的时候,她才回到父母身边。

　　在小芳近乎十年的托管生活里,妈妈每隔一两个月去看望她一次,只有寒暑假,小芳才能回到爸爸妈妈身边,享受难得的父母之爱。可是每当假期结束,小芳又会被送走。至今,小芳仍清晰地记得,每次她不愿意回去,哭着哀求妈妈让自己留下来时,妈妈总是吼她、骂她,非得要赶她走,让她回到那个没有亲情与关爱的地方。小芳是那样的绝望,她的姨婆(照顾她的亲戚)对她不好,经常打骂她。她一点也不想回去,可是妈妈还是那么绝情地赶她走。小芳小小的脑袋想不明白,为什么妈妈会对她如此狠心。

　　随着年龄的增长,小芳渐渐有了自己的想法。同是姐弟三人,为何姐姐和弟弟就可以一直待在爸爸妈妈身边,而自己就要远离这个家庭?她觉得自己像个没人要的皮球,被父母一脚踢得远远的,恨意渐渐蔓延上小芳的心头。

　　没有自我价值感的小芳开始自暴自弃,这引起了老师的关注。了解到小芳的情况之后,懂得教育规律的老师给小芳的父母写了几封长信,希望他们能把小芳接回身边,这样对小芳的成长才有益处。在老师的一再劝说下，小芳的父母终于把小芳接回到自己身边。就这样，小芳第一次有了真正的家。

当小芳满怀喜悦地回归到这个家庭时，她却发现一切都和自己想象的不一样，她感觉自己在这个家里像个外人。她和妈妈之间仿佛永远隔着一层厚厚的膜，她感受不到来自妈妈的爱。尤其让她不能接受的是，爸爸妈妈对弟弟疼爱有加，对她和姐姐却十分严格。每次姐弟间吵架，明明是弟弟的错，可是最后挨打的那个人却是她或姐姐。

在这样的家庭环境中，小芳和大她两岁的姐姐同病相怜，互诉委屈，相互取暖。在家里感受不到爱，姐妹俩开始在外面结交社会上的朋友，并相继陷入"早恋"。

对于姐妹俩的早恋，她们的父母一直蒙在鼓里。他们只是觉得两个女儿不够懂事，不会体谅父母。直到有一天，小芳的妈妈从小芳同学那里得知：小芳这么小就已经交上了男朋友。小芳的父母着急了，辗转找到了好孩子好家规好习惯培训班。

在初步了解后，父母对家规教育的理念十分认可，就把三个孩子都送到了好孩子家规培训班，希望姐弟三人能在六天五夜的体验式培训中获得成长，甚至产生蜕变。同时，小芳的妈妈也参加了这个班的学习，希望自己通过学习家规教育理念，成长为一个智慧的妈妈，营造和谐美好的亲子关系。

其实，在入班前，老师早就通过小芳的父母对小芳的情况有所了解。在班里，小芳的行为表现引起了老师们的关注。在老师的真挚关怀下，小芳倾诉了她多年来心中的伤痛。在讲述的过程中，小芳多次哽咽得说不下去，可见她内心的伤痛有多深重。

她是那么渴望爸爸妈妈的爱，在她远离亲人的漫长岁月中，父母的爱是她心里的最后一线希望，是她在绝望时鼓励自己的一道温暖的阳光。可是现实是那么残忍。她恨妈妈的狠心和偏心，恨弟弟的自私与霸道，恨他夺走了妈妈的爱，更恨自己为什么还要渴望妈妈的爱。

老师用智慧的语言帮助她看清真相之后，还给出了有效的建议。小芳的心结终于解开了。在班的"感恩之夜"活动中，她流了很多泪，哭得十分伤心。她觉得自己有满肚子的话想要说给妈妈听，于是她向老师多要了一张"爱之信"。晚上回去后，她一个人安静地趴在床上，给妈妈写了一封长长的信。

在即将离开班的时候，小芳不停地问老师："我妈妈真的会改变吗？"每次得到肯定的答案后，小芳都雀跃不已。随着亲子典礼活动的来临，小芳的心情是既期待又害怕，期待的是出现在自己面前的是一个全新的妈妈，害怕的是也许妈妈根本就没有改变，还是原来严厉的模样。

怀着忐忑不安的心情，小芳终于见到了妈妈，还有爸爸。亲子典礼上，妈妈的怀里抱着一个大大的可爱小熊，那是送给小芳的礼物。一见面，妈妈的眼眶就红了，把小芳紧紧地抱在怀里，在她耳边说："妈妈知道自己以前伤害了你，妈妈以后一定会好好爱你。"听了妈妈的话，小芳的眼泪汹涌而至，她将头埋进妈妈温暖的怀里，难以自控地哭出声来，妈妈也哭了，母女俩相拥而泣，重归于好。

以前那个爱挑毛病爱训斥她的妈妈不见了，眼前的妈妈通情达理、善解人意，更重要的是小芳第一次感受到了来自妈妈的爱。妈妈真的改变了！小芳觉得世界一下子变得明亮了，她在亲子典礼现场像条快乐的鱼儿一样游动着，喜悦地告诉每一个她所认识的老师："我妈妈真的变了，我有一个好妈妈！"

培训结束后，老师和小芳的妈妈在电话里做了一个深入的沟通。老师告诉小芳的妈妈，6岁以前孩子是最依赖母亲的，如果在这个时期缺失母爱，以后将导致孩子有很多问题出现。现在需要用爱和时间去慢慢修复，才能把女儿缺失的母爱补回来，现在需要让妈妈和女儿之间的爱有一个对接，否则亲子间的问题不会真正消失，还会出现各种问题。

对于如何修复，老师给出了两点建议：第一，坚持三个月只看小芳的"优点和长处"，忽略她的"缺点和短处"。只要小芳不做伤害自己和伤害他人的事情，不管小芳说什么、做什么，妈妈都采取接纳的态度。第二，让小芳的弟弟向小芳学习，以此提高小芳的自我价值感，让她觉得自己是有自尊的。

电话那头，小芳的妈妈哽咽着保证自己一定做到，她说因为不懂教育，深深伤害了女儿而不自知，以后她会努力做一个智慧的好妈妈，给予三个孩子智慧的爱。

## 家规育儿微语

爱是对孩子最大的赏识，建议家庭建立爱护赏识家规。孩子成长过程中，所有的问题都源自爱，当孩子没有充分感受到爱，就会在成长的过程中出现各种各样的问题：早恋、网瘾、厌学……家长唯有看清真相，用智慧的爱去修复孩子受伤的心灵，这些问题才会随之而解。

## 第53条 及赏

一天午餐前，3岁的睿睿按妈妈的要求洗好手，双手紧握着，妈妈看到了就说："睿睿的两只小手握得真好，没有放在嘴里，真讲卫生。妈妈做了你爱吃的鸡肉。"睿睿听了，伸了伸舌头，高兴地笑了。吃完饭，他也没有习惯性地将手伸入嘴里。睿睿特别喜欢玩小汽车，妈妈就告诉他，如果能在午休前，睿睿不把手放入嘴里，就可以玩一会玩小汽车再午休，果然，在直接及时赏识诱导下，睿睿能自制了。

一天晚上，在超市里，按照惯例，进超市之前，妈妈向睿睿提了要求："进超市只能买一样东西。"在超市里，睿睿在思考挑选东西时，不时还将手放进了嘴里，妈妈就在后面观察他，发现他的手在嘴里已经持续了2分钟，妈妈叫了一声"睿睿"以提醒他，他马上意识到自己的毛病又犯了，便迅速将手拿出。过了一会儿，他又将手伸进了嘴里，这时，妈妈走过去，提醒他说："睿睿，你忘记了，对吗？"孩子马上将手拿出，"睿睿把手及时从嘴里拿出来，马上改正，就是一个好孩子。"睿睿尽管有点不好意思，但是心里还是很高兴。妈妈又及时鼓励说："如果你不再将手放入嘴里吮吸，妈妈答应你，你可以再挑一样东西，好吗？"睿睿高兴地点了点头。

果然，妈妈发现孩子没有将手放入嘴里，偶尔几次将手往嘴里一塞，又缩了回来。回家的路上，睿睿高兴地说："妈妈，我以后不吮手指了，那你以后再买东西给我，好吗？"

孩子兴奋起来，来得快，去得也快，家长要把握孩子的心理脉搏，该表扬、奖励的时候要及时，使他们良好的表现得以强化，得以巩固。如果是马后炮，就会削弱激励作用。平时孩子学写字，遇到写得好的字——哪怕只有一个，家长也要以欣赏的眼光，指出哪个字好，好在哪里。平时孩子说话，一旦发现说得精彩的——哪怕只是准确、生动地运用了一个词语——家长也可立刻肯定地说："开头太新颖了。""语言描写太生动了。"还有一种重复性的赞美叫"赞不绝口"——经常说，反复说。如，"睿睿，下午放学回家还为奶奶拉手风琴吧？""孝顺啊！睿睿为奶奶打洗脚水、倒洗脚水，真让我感动。""睿睿最近画什么了？送我的那幅画，我做了手机屏幕，谁看了都说好！"类似的话，家长应该是挂在嘴边上的。这样的话，既有激励作用，又有鼓动、引领的作用。因此，家长发现孩子的优点和成绩后，应及时表扬，这样才有利于及时肯定和强化好的行为，起到巩固、肯定和勉励的作用，这样才能取得好的教育效果，养成良好的行为习惯。

根据"近因效应"，人对于最近事情的记忆远比中期和远期的事情深刻，如果时间拖得越长，效果就越不明显。所以孩子良好行为过后很久，父母事后再进行奖励或是表扬，孩子自己都有些淡忘了，已经没有了激情，也没有当时的喜悦和幸福感！因此，当孩子少许进步时，当时当地给予表扬。一定要跟孩子说明奖励的具体原因，例如，告诉孩子"今天你帮妈妈收拾房间。这说明你懂得做力所能及的事。妈妈很开心，今晚做了你最喜欢的菜"。在孩子的好行为之后及时给予评价和肯定，家长不失时机地为孩子的点滴好言行喝彩，可以提高孩子对好行为的重视程度，奖励必须紧随好行为出现，这样能提升奖励的作用。低龄孩子适合物质性的奖励，也就是消费性强化物、活动性强化物、操弄性强化物、拥有性强化物。随着孩子年龄的增长，家长应该多使用精神性强化物、社会性强化物，如表扬、红星、拥抱等。家长要了解孩子到底喜欢的是什么，什么东西才是对孩子最适宜的激励物。例如，奖励喜欢画画的孩子一盒好的油画颜料，奖励喜欢看书的孩子一套心仪已久的丛书等。还需要定期变换奖励物，提升奖励激励效用。

孩子行为的好坏、优劣，除了自我评价外，还有赖于家长和社会评价。给孩子制定个性化的奖励制度，孩子从家规的评价中，看到自我的行为的好坏，由此而起到勉励的作用，让孩子在及时赏识奖励的氛围中健康成长，促进孩子的好言语好行为养成，形成一个良好的习惯。

## 家规育儿微语

古人云"赏不逾时"。建议家庭建立及时奖赏家规。家长关注孩子生活中的每一个细节，利用每一个好机会来进行强化刺激，每次孩子有点滴进步，都及时兑现自己的承诺，给予适当的奖励，同时又以微笑、点头等及时奖励予以肯定，这样既能使孩子迅速产生积极的心理反应，又能对自己获奖行为记忆深刻。这种奖励多次重复后能产生积极的动力定型，使这种良好的行为习惯化，并保持下去。对这种良好行为的及时肯定，能使孩子找到自己努力目标和方向，有利于及时调动孩子的积极性，形成追求向好向善向上的动力。

## 第54条 适赏

前段时间，上小学的成成的老师来电话，说成成在班里不爱读书，也不积极举手回答问题。一天晚饭后，妈妈把成成叫到跟前，向他询问原因。成成说，他不好意思当着全班同学的面回答问题和大声朗读，是因为他害怕答错或读错了会被别人笑话，没有面子。

为了鼓励成成克服心理障碍，妈妈给成成特制了一张日历表贴在客厅的墙上：如果他当天在课堂上大声朗读或主动回答老师的提问，就可以得到1颗红星。如果在一个星期内他能得到3颗红星以上，就可以在周末时到商店去买他喜欢的一件文具、书籍或玩具。如果一个星期得了5颗星，他就可以在周末选择自己喜欢的一项活动，如看电影、到餐馆吃饭、去游乐园，而且全家人都得陪同。

第二天回来，成成自豪地对妈妈说："今天我举手发言了，老师还表扬了呢！"于是妈妈很认真地在日历表上画上一颗红星。就这样，一个星期下来，成成得到4颗红星，他选择了买一本图画书。第二个星期，成成得到了5颗红星。兑现奖励时，成成选择了去游乐园玩半天。几个星期后，成成变得自信多了。老师也来电话表扬成成，夸他喜爱读书，爱动脑筋，也积极举手回答问题。

这位母亲的奖励方法就很科学，涵盖多种形式的奖励：精神奖励——颁发进步

小星星；物质奖励——到商店买孩子喜欢的文具书籍或玩具；活动奖励——去游乐园……随着奖励的兑现和升级，孩子也在不断地进步。

确定奖励孩子的标准时，要综合考虑家庭的经济能力、孩子的进步幅度等几个方面，奖品的价值和奖品要与孩子的年龄、取得的成绩等相适应。有些家庭由于形成了奖励和不断加码的习惯，常常给孩子价值过高和不适当的奖励，因此反而害了孩子。据报道，有个有钱的父亲给刚上高中的儿子奖励了手提电脑和汽车。结果，孩子玩游戏"爱不释手"，开汽车"刹不住"，还整天到处炫耀，导致成绩迅速下降，做父亲的后悔莫及。

奖励孩子的最高级别，应是给孩子一些主导权，例如让孩子来决定全家周末的活动、选择到哪家餐馆吃饭、请小朋友到家里做客……让孩子选择一件自己喜欢做的事情，才是最受孩子欢迎的奖励。同时，这种给孩子更多主导权的奖励，还有助于孩子多种能力的培养。

这种适时、适度的奖励，就相当于给发动机加油，可以起到很好的激发作用，让孩子坚持扎扎实实地完成目标，避免了奖励局限于"物质"领域，并"讨价还价"地进行。恰如其分地表扬，针对孩子在不同发展阶段的特点把握好实施奖励的"度"，随机地给予孩子不同次数、不同强度的奖励，可以有效预防孩子的骄傲情绪和虚荣心膨胀，也防止孩子在成长过程中逐渐变得依赖和功利。

## 家规育儿微语

建议家庭建立适当奖赏家规。当孩子尚没有形成自发的行为动机时，家长应从外界给予激励刺激，以推动孩子良好习惯的形成，这种奖励是必要的。但如果孩子已经对某一活动很感兴趣，并有优秀的表现，此时再给孩子奖励不仅显得多此一举，还有可能适得其反。在孩子取得进步之后进行奖励，会使孩子把奖励看成学习的目的，有可能就会转移学习目标，而把注意力全都集中到当前的名次和奖赏物上。作为家长，要特别注意使用正确的适当奖励方法，这样才会取得相应的效果。

## 第55条 心赏

陶行知先生在担任一所小学的校长时，看到学生王友用泥块砸班上的同学，当即制止了他，并要他放学时到校长室去一趟。

放学后，陶行知来到校长室，王友已经等在门口准备挨训了。陶行知没有批评他，却送了一块糖给他，说："这是奖给你的，因为你按时来到这里，而我却迟到了。"王友惊疑地接过了糖果。

接着，陶行知又从口袋里掏出一块糖给王友，说："这块糖也是奖给你的，因为当我不让你再打人时，你立即住手了，这说明你很尊重我，我应该奖你。"王友继续迷惑不解地接过了糖。

陶行知又掏出第三块糖，说："我调查过了，你用泥块砸那些男生，是因为他们不守游戏规则，欺负女生。你砸他们，说明你很正直善良，有跟坏人坏事斗争的勇气，应该奖励你！"听到这里，王友感动极了，他流着眼泪后悔地说："陶校长，你打我两下吧！我错了，我砸的不是坏人，而是自己的同学呀。"陶行知满意地笑了，他随即掏出第四块糖，递给王友："为你正确地认识错误，我再奖给你一块糖。"待王友接过糖，陶行知说："我的糖奖完了，我看我们的谈话也完了吧。"

台湾著名作家三毛在散文《一生的战役》里写道："我一生的悲哀，并不是要赚得全世界，而是要请你欣赏我。"这个"你"，指她的父亲。有一天，父亲读了三毛的一篇文章，给她留条："深为感动，深为有这样一枝小草而骄傲。"做女儿的看到后，眼泪夺眶而出。三毛还写道："等你一句话，等了一生一世，只等你——我的父亲，亲口说出来，肯定了我在这个家庭里一辈子消除不掉的自卑和心虚。"

作为家长，要从心里欣赏孩子，尽可能地寻找孩子的优点长处表扬孩子。对于决心改正缺点和错误的孩子，即使这些孩子已经犯了错误，父母只要发现他们的优点或长处，都要及时进行客观的表扬。尤其是对于那些意志薄弱、自制能力较差的孩子，进行"单独表扬"更见效果。这样做，可以帮助孩子摆脱自卑感，恢复自信心。

请父母不要用成人的标准或者自己都难做到的标准去衡量孩子、要求孩子。每个孩子都是一盏明亮的灯，只是很多父母都没有给他点燃自己的机会。孩子们的燃点其实很低，给孩子一个机会，他们往往会对父母报以一个奇迹。作为父母，作为老师，要多竖起自己的大拇指，告诉孩子"你真棒"！也让孩子自己学会对自己说："我很棒！""我可以的！""我能行！"请时刻记着："孩子，好样的！""孩子，不一般！""希望在前，永不放弃！"

周弘先生说："没有赏识就没有教育。"赏识教育是需要我们不断揣度和把握的家庭教育方式。究竟如何奖励孩子，还需要广大家长在实际的教育过程中不断地总结和提炼。有学者说，肯定别人是我们所能拥有的一个最有价值的技巧。肯定别人是容易的、有趣的，又会得到美好的结果，我们愈肯定别人，愈会从中得到益处。我们肯定孩子的哪怕一点点的进步与长处，都会收获"美好的结果"。

## 家规育儿微语

家规中的赏识教育是一门艺术，是一门心灵的艺术。罗丹说："不是因为美才可爱，而是因为可爱才美。""生活中不是缺少美，而是缺少发现美的眼睛。"其实家庭教育过程中同样不缺少孩子的美，而是缺少家长发现孩子美的教育方法。建议家庭建立心赏家规，要求家长从心底里欣赏自己孩子，学会纯熟而自然地运用赏识的法宝，建立一种融洽、和谐的家庭环境，激励孩子健康成长。

第五章

挫规

## 第56条 遇挫勿慌

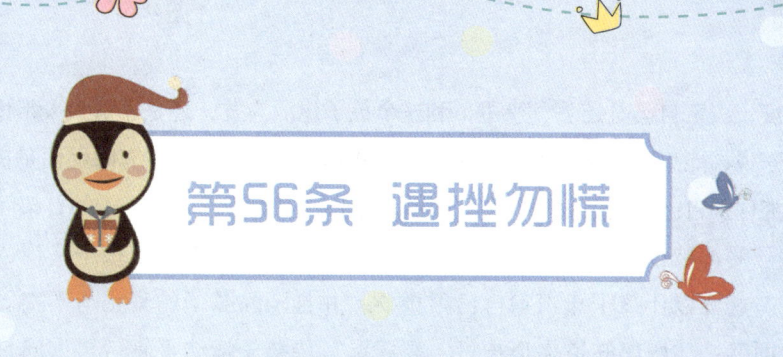

这是前段时间在论坛上很火的一则帖子，"闺女宝宝从幼儿园回来，一脸的委曲哭说有个小朋友（男孩子）用手故意使劲打了一下她脸，脸上还抓出一道红印。我问她还手没有，她说没有还手。我说那你别跟我说，以后在外面受了欺负，记住要还手，打不打和打不赢是两回事儿。打输了回来，我向你检讨，是爸爸我授艺不精，咱以后继续练；打赢了回来我给你庆功，别干那告状打小报告的事儿。闺女也不知道听没听明白，反正特认真地对我说'好'！"

这个帖子，引起了诸多家长的共鸣，纷纷跟帖点赞，这无疑代表了当下一类家长的观点：人善被人欺，马善被人骑，孩子要培养狼性和血性，在受欺负的时候要以暴制暴，秉持"人不犯我，我不犯人；人若犯我，我必犯人"的态度，认为忍让是懦弱、忍气吞声的表现，而这样的孩子是无法在弱肉强食的社会中立足的。

但也有另外一种观点：好斗的孩子赢得了现在，但未必赢得了未来？以暴制暴是用一个错误来回击另一个错误，只能错上加错。当我们一面希望孩子善良宽容，一面又教他们以暴制暴，岂不是互相矛盾吗？今天的自卫回击，谁能保证不变成明天的暴力相向？善良不是无能，宽容不是软弱，我们应该对暴力说"不"。

孩子都是父母的心头肉，有时候犯了错，都舍不得打一下，如今竟然在外被别人欺负，那心里真是十万个不是滋味。面对孩子被打的委曲挫折，家长是该教会他们血性反击以暴制暴，还是提倡宽容，让孩子们以德报怨？今天，我们提倡年轻的爸爸、妈妈们教孩子遇挫勿慌、冷静处理的家规。

在孩子们的世界里，生活中总是会遇到一些小摩擦，不喜欢的话可能就会去争抢、去打闹。作为父母，遇到孩子打架，你必须冷静处理，不能急躁，不能让自己不分青红皂白地把怒火都发泄在孩子的身上。

我们认为，孩子通过小的肢体冲突可以逐渐适应集体活动，并从中学会许多知识，培养诸多能力，比如如何在挨打时降低痛苦、怎样调节情绪、如何避免激怒对方、怎样相互原谅等等。3岁以上的孩子在发生冲突时会根据当时的情境，分析对比双方能力以及老师的态度，决定自己是还手、躲避、和这个孩子化敌为友，还是去请大人帮忙。对幼小的孩子来说，能想出躲避或求助的办法，也并不总意味着怯弱，有时反而是机智的表现，因为能保护自己不受更大的伤害。因此，家长要客观理性看待孩子的打架问题。

当孩子哭诉被打时，你应该立即停下手中的工作，蹲下来与孩子平视，轻轻地抱着孩子。这可以让孩子意识到自己很重要，并且消除孩子的紧张与不安。同时对孩子表示同感："妈妈知道你很难过、委屈。"待孩子情绪平复后再询问是怎么回事，确定是孩子受挫折委屈之后，要给予安慰，让孩子明白被人欺负不是因为自己没用，每个人都可能遇到同样的情况，让孩子尽快摆脱气馁和自我否定的情绪。

在孩子们产生冲突后，家长首先要保持冷静，只要孩子没有发生危险，就只做个冷静的旁观者，不出手干涉，不替孩子强出头，放手让孩子自己去处理问题。因为，我们家长不可能时刻守护在孩子身边。在可控的范围内，要训练孩子学会自己解决冲突的能力，才是制胜之道。

家长还要教会孩子在发生打架冲突的时候，怎样保护自己。当然，想要让孩子学会保护自己的能力，可不在一朝一夕，家长在平时的日常生活中就应该有意识地培养：鼓励孩子从小学点防身武术，练就强健的体魄，让孩子面对劣势不会吃亏。不怒自威的体格，能在关键时刻震慑恶势力。出门在外靠朋友。每个孩子要学会交朋友，有自己的"圈子"。当你拥有一个强大的朋友"圈子"的时候，无论多调皮的同学在跟你动手之前都要三思你"圈子"的威慑力。如果还是无法解决，那就只有最后一步，向老师和家长寻求帮助。

询问清楚事情的原委，既不能纵容，也不能不问清原委直接让孩子道歉，要让孩子养成独立的辨别是非曲直的能力。但是也不能挑拨孩子去打架，要让他们认识到打架的错误。不能当着自己孩子的面，训斥别人的孩子。如果是别人孩子的过错，要给孩子们讲道理，让他们明白，不能打架的原因，打人的害处、给别人造成的伤害，让他们自己认识到自己的错误。如果是自己孩子的错误，也不能直接地训斥，要告诉他（她），他（她）这样处理问题是不对的，他（她）应该怎么去做，怎么样才能够更好地处理问题，怎么样才能更好地与其他的小朋友相处。

每个父母都希望自己的孩子能够健康快乐地成长，不想让孩子受到一丁点的委屈和挫折。但是孩子的成长道路不可能是一帆风顺，小打小闹不可避免。在孩子们打架的问题上，看似小问题，却影响孩子性格成长，家长不愿孩子当"狼"，也不忍心他（她）当"羊"，失去自我保护能力。在孩子们发生冲突的时候，首要学会引导他们，让他们能够更好地处理问题。帮助孩子树立自我保护的意识，引导孩子自己寻找解决的方式，冷静处理，这才是最重要的。

## 家规育儿微语

建议家庭建立遇挫勿慌家规。家长培养孩子从小遇到挫折沉着冷静处理的习惯，只有平心静气、毫无偏见地分析道理，不感情用事，头脑冷静对待挫折，才能冷静理智把事情处理得恰到好处，令人满意。

## 第57条 逢挫析因

成成刚上五年级，这两天放学回家总是闷闷不乐，做事也是无精打采的。妈妈看到了忍不住问成成："最近为何心情不畅，是否有心事。"

原来，成成的四年级同学威威最近对他比较冷淡。

威威和成成是好朋友，两个人有着共同的爱好和追求。上小学四年，两人天天一起上学，一起放学，感情颇为深厚。上五年级后，两人被分在不同的班级，有时不在同一时间放学，渐渐地联系没有以前紧密了。

前几天，成成发现威威和班上的一位同学特别要好，每次成成去找威威的时候，他总是和那位同学在聊天、玩耍。成成的心里觉得超过了他们之间的友谊，而威威疏远自己了，很是难过，觉得威威不应该这样对待他，感觉友谊的小船说翻就翻呢，气不打一处来。

每个孩子都渴望拥有真诚的友谊，但是，真诚的友谊需要双方去呵护。许多时候，由于环境因素的改变，导致一方的生活中出现了新朋友，因而冲淡了与其他人的友谊；或者一方的心理过于自卑，觉得两人不在同一层次等，都会产生友谊挫折。

交友挫折是孩子在与他人交往的过程中，在情感上遇到的阻碍和干扰。它会使孩子的情感需要得不到满足，从而出现情绪低落的现象。友谊挫折是孩子在人际交往中必然会遇到的，如果处理不好，不仅会影响孩子的学习，还会影响孩子的身心健康。

当孩子遇到交友挫折时，必然会情绪低落，甚至会失去希望和信心。这时候，父母首先要对孩子的心情表示理解，然后再帮助孩子稳定情绪，不要着急，先冷静下来，和孩子谈谈心。耐心询问孩子的一些具体情况，帮助孩子分析友谊挫折产生的原因。

一般来说，孩子产生友谊挫折主要有以下几种原因：一是错觉，也就是由于各种主客观原因，如他人的挑拨、误会等，造成孩子对朋友的不满意和怀疑；二是分歧，即孩子与朋友产生了信仰、观点、行为等各方面的分歧，从而产生友谊转移；三是冲突，即孩子与朋友之间产生了利益上的冲突，不认朋友了；四是发展，即孩子的朋友又交了另外一些朋友，发展了新的友谊，使孩子产生了被冷落的感觉。

经过以上耐心分析，父母就可以帮助孩子有针对性地摆脱友谊挫折产生的不良情绪。如果孩子的挫折感是错觉产生的，那就告诉孩子，千万不要性急，也不要轻易相信自己的主观判断，而应该仔细地进行分析，是否出现了误会、误解，指导孩子主动与朋友沟通及早消除与朋友的误解。误会消除，错觉自然烟消云散，孩子与朋友之间的友谊会更加纯洁、深厚。

如果孩子的挫折感是因分歧造成的，父母需要语重心长地劝告孩子，人与人之间的生活方式、思想观点、行为模式等出现分歧是不可避免的，也是很正常的，这些分歧只能求大同而存小异，而没有必要过分忧虑。如果是对方的品格有问题，那就可善意地提醒朋友，若能及时改正，则可以继续保持友谊，否则，就可以中止友谊。

如果孩子的挫折感是由于利害冲突而造成的，父母应该告诉孩子，在现实生活中，人与人之间的利害冲突是在所难免的，利害冲突正好可以检验友谊的真假。让孩子认真思考一下，在利害冲突中，他将得到什么、失去什么，两者相比哪个更为宝贵。同时，父母应该告诫孩子，在许多情况下，孩子需要牺牲自己的某些利益来保持与朋友之间的纯真友谊，这种友谊是深厚而令人敬佩的。

如果孩子的挫折感是发展友谊造成的，父母应该引导孩子，他所认识的每位朋友都不可能只有他一位朋友，由于彼此的生活环境、学习环境的变化，都可能会出现新的朋友。当对方有了新朋友时，不要感到失落，反而应该感到高兴，因为自己的朋友扩大了交友的圈子。当然，父母需要教育孩子，应该及时调和与朋友之间的友谊，增进交流，彼此理解，这样的友谊会更牢固。

如果孩子真的与昔日好友无法再继续维持友谊了，父母要开导孩子："没关系，你不是还有××和××嘛，他们也都是你的好朋友。""每个人都会有许多朋友，你也可以再找新的朋友。"

孩子的成长道路，不可能是鲜花铺就的坦途，可能会遇到荆棘或沼泽，可能要经受挫折和委屈。在孩子的教育成长中有意识地让他们"受点苦"，"经受一些挫折"，让孩子明白挫折是不可避免的，通过自己的努力是可以克服的，教育他们敢于面对挫折，挑战挫折，在实践中不断地提高耐挫能力。耐挫能力增强，孩子的创造性，自觉性，主动性就能得到充分的发挥。

### 家规育儿微语

建议家庭建立逢挫析因家规。家长培养孩子从小遇到挫折先分析原因再处理的习惯，冷静理性地分析，从客观、主观、目标、环境、条件等方面，找出受挫的原因，才能采取有效的补救措施。

## 第58条 受挫护尊

1977年,黄豆豆出生在浙江温州的一个偏远山区。在他读小学二年级的时候,有一次,某解放军军区的文工团到他们小学进行慰问演出。黄豆豆一下子被吸引了,他心里暗暗地发誓,以后要当一名舞蹈家。为了自己的理想,12岁那年,黄豆豆考入上海舞蹈学校学习民族舞。

由于黄豆豆的个子非常矮小,与他同期考入的其他十几名同学,个子都比他高,身体的柔韧度都比他好。同学们取笑他说:"像你这样的身高,想把舞蹈作为一辈子的事业来做,那简直是痴人说梦,你别白费力气了!"

面对着自己的先天不足和同学的取笑,黄豆豆在心里不断地问自己:"都说舞蹈是一种触动灵魂的境界,而不单单是眼睛的直观,难道就因为身高不足,我就注定无法演绎出动人的舞蹈?"

没有人能给出答案,黄豆豆只能自己回答自己,他一次次地告诫自己说:"我要用行动来证明我所坚持的一切!"

有了这个想法之后,黄豆豆在舞蹈的练习上更勤奋了。每次节目编排,他不单单追求舞蹈节奏动作的完美,更追求一种把自己融入作品里面的那种物我两相忘的境界,这就需要舞者不仅有扎实的舞蹈功底,还要有专业的文化素质。在黄豆豆的寝室里,常常可以看到他半夜掌灯,熟读古今名著。渐渐地,黄豆豆的艺术技能越来越好。

1998年,黄豆豆21岁。一天晚上,他像往常一样在练功房练习自己的《秦俑魂》。在编舞的时候,他想到秦始皇兵马俑原本就是些孤独而无辜的殉葬品,想到这里,悲愤的黄豆豆一跺脚,一击掌,仰天长啸了一声,身体随着音乐舞动了起来。而这一幕刚好被导演看到了,导演认为小巧的黄豆豆居然舞出了兵马俑那种高大的英雄气势,却又不失舞蹈的灵气。

第二天,导演请黄豆豆主演《秦俑魂》。比赛开始了,黄豆豆表演的"俑"充满了非凡的灵气和感悟,苍凉悠远、变幻无常。凭借着《秦俑魂》的出色表演,黄豆豆获得了古典舞比赛男子组的第一名。大赛评委之一、当代舞坛最有权威的"洛桑国际芭蕾舞大赛"主席菲力特先生满怀激情地评价说："黄豆豆是在用灵魂演绎舞蹈，在用舞蹈表现灵魂，他将来必定是一名卓越的舞蹈家。"

当晚，菲力特先生破例邀请黄豆豆作为嘉宾，在"洛桑舞赛"上做压台演出。"洛桑舞赛"在国际上素有"舞坛奥斯卡"之称，甚至连很多大牌舞星也难以置身其中。"舞蹈展现给观众的不单单是艺术美，而是能震撼所有人的灵魂。"菲力特先生说。回国后，黄豆豆更加投入到紧张的训练当中，他把一个又一个剧目如古典舞《醉鼓》，现代舞《勇气的握手》《椅子》，舞剧《苏武》《闪闪的红星》等搬上了舞台，并获得国内和国际上的一致好评。在之后的多年里，黄豆豆还先后被美国《时代周刊》和美国《舞蹈》杂志作为封面人物进行大幅报道。2015年，年仅38岁的黄豆豆在中国舞蹈家协会第九次全国代表大会上当选为中国舞蹈家协会副主席。

孩子受挫时，如运动能力不如人、学习成绩不佳、同伴关系不好等，内心一定感到非常难过，而家长此时需要做的就是认真合理地对事情做出分析，做到对事不对人。如果孩子成绩不理想，要帮助孩子寻找导致成绩不佳的原因，如这段时间上课经常走神、没有好好听讲、课下没有及时复习巩固导致知识的遗忘等。通过与孩子共同分析，找到症结所在，再一起努力寻找解决的办法。这样做，可以使孩子学会应对这类挫折的方式，今后面对这种挫折的时候也就不会在情绪上有太大的起伏了。而简单粗暴地打击孩子（如对孩子说"你就是太粗心了""上课不好好听，现在后悔了吧？"）不仅不利于问题的解决，还会对孩子的自尊心造成较大的打击，从而一蹶不振。

## 家规育儿微语

建议家庭建立受挫护尊家规。孩子的缺点、短处被别人揭示数落时，建议家长与孩子进行委婉的交流，给孩子制造成功的机会，让孩子在做事的成就感中收获自尊。自尊心是人最可贵的品质，很多的拼搏和成功都源于自尊心。多一些赞美，多一些鼓励，给予积极的正面引导，孩子就会重获自信，重获自尊。为了孩子的成功，我们家长要维护孩子的自尊心，培养孩子的自尊心。

## 第59条 遇挫不垮

成成从小就品学兼优，一直担任班长一职。进入小学六年级时，成成突然落选了，原因是同学们认为成成的工作能力不够强。

回到家后，委屈的成成向爸爸哭诉了事情的原委。这次打击对成成来说太大了，他对爸爸说，他再也不想上学了！无论爸爸怎样劝说，成成就是把自己关在房间里，既不出来吃饭，也不听爸爸的劝告。

许多孩子生活在优越的环境中，生活总是非常顺利，一旦遇到一点小小的挫折，就无法接受。对于成成来说，本来一直当班长，他理所当然地认为，班长非自己莫属。当落选的消息传来时，他自然无法接受。

对孩子来说，挫折的发生是不可避免的。父母要帮助孩子战胜内心恐惧，让孩子成为解决问题的能手。父母不仅要学会及时疏导孩子遭受挫折后的不良情绪，而且要善于主动设置一些挫折，让孩子从小就能勇敢地面对困难、面对挫折。

比如，在孩子年幼的时候，每当孩子需要某个物品时，父母不要立刻拿给他，而要让他通过动脑筋，自己想办法去拿；当孩子与朋友之间出现矛盾时，鼓励孩子自己与朋友进行协商；当孩子失败时，鼓励孩子找原因，总结经验和教训，避免下次重犯；当生活中出现重大不幸时，引导孩子乐观面对。

很多父母认为，幼小的孩子心理承受能力差，父母应该多保护孩子，因为挫折会让孩子感到痛苦和焦虑，不应该让孩子遭受太多的挫折和痛苦。父母的这种观念会导致孩子难以变得独立自主。

父母有必要对孩子进行挫折锻炼，而且要从小进行。有挫折教育意识的父母可以把自己在事业和家庭生活中遇到的挫折和不如意告诉孩子，让孩子对挫折有一个全面的认识，为孩子正确对待各种挫折树立榜样。在这种情况下，父母对生活的热爱、执着、不怕困难的态度和坚强的意志，是孩子面对挫折时最强有力的精神支柱。

小孩子不能什么事总靠大人，要自己去闯闯，才能得到锻炼。总靠大人帮助，他

（她）倒是舒服、省心，可将来不会独立做事。有一位同事，鼓励才10岁多的小女儿洋洋一个人回老家看奶奶，目的就是想锻炼一下女儿的胆量，让她坚强地走自己的道路。她仔细分析了路线，从哪里上车、到哪个站下车、到哪个车站转车等，她买了车票，自己上车。第二天，奶奶打来电话说，洋洋回到老家了。

对小孩子一是要管，二是要放：吃苦耐劳的事情，经风雨见世面的事情，都要放手让孩子去干。这样可能会跌跤子，受些挫折，不会是一帆风顺的，但只有这样，他们才能得到锻炼。

## 家规育儿微语

建议家庭建立遇挫不垮家规。孩子在小的时候受点挫折，对他（她）今后的成长很有好处。孩子遭受挫折的经历，有利于培养良好品德；有利于发展非智力因素；有利于丰富知识，提高能力。建议父母正确看待挫折的教育价值，将之看成是孩子磨炼意志、提高适应力的好方法，培养孩子遇挫不垮的良好品质。

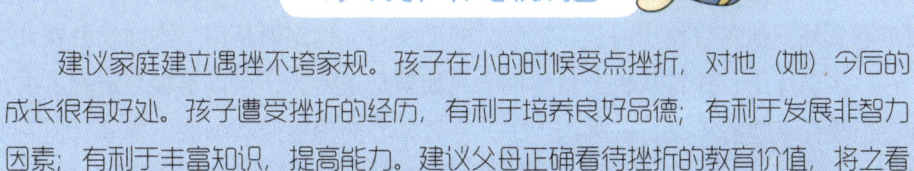

## 第60条 屡挫屡进

黄文涛，1970年出生于上海，生下来就双目失明。他从小上盲校，离开父母的怀抱，养成了自己照顾自己的习惯，懂得了自立、自信、自尊、自强。1985年，黄文涛加入盲童学校田径队，开始了他的体育生涯。

他的主攻方向是短跑和跳远，可想而知，残疾人搞体育会给他带来多少无法想象的困难和意外。他当时使用的是非常落后的助跑器，助跑器是用一支细长的铁钉支着的。在一次训练中，铁钉从板上斜伸出来，如果是正常人，可以很轻易地看出来并且避开，但他什么也看不见，一脚踏上去，一股钻心的疼痛便从脚底下传来，他一下子昏了过去。后来才知道，铁钉穿过了跑鞋鞋底和他的脚掌，又从鞋表面伸了出来。这种在健全人看来是"无畏的代价"。他看不清教练员的示范动作，只能"盲人摸象"似的一步步分解、揣摩，一遍遍练习。原来通往跳远用的沙坑长满了青草，但两年后，在黄文涛的脚下出现了一条寸草不生的跑道。

1992年，黄文涛参加了巴塞罗那奥林匹克残运会。沉着冷静的他超水平发挥，以超过西班牙的胡安3厘米的优势，赢得了冠军。当他站在领奖台上，聆听着庄严的国歌奏响的时候，心中充满了自豪感。

如果黄文涛对自己悲观失望，如果踩到钉子后他向命运认输，放弃追求；如果在挫折、失败面前一旦意志涣散，人就会很快并永远地沉沦下去，命运就会把他踩在脚下。只要摔倒后再爬起，失败后再坚持，不停地努力，困难也会怕你，挫折、厄运也会向你低头。

不肯放弃的林肯的故事更为感人。

生下来就一贫如洗的林肯，终其一生都在面对挫败，八次竞选八次落败，两次经商失败，甚至还精神崩溃过一次。好多次，他本可以放弃，但他并没有如此，也正因为他没有放弃，才成为美国历史上最伟大的总统之一。以下是林肯进驻白宫前的简历：

1816年，家人被赶出了居住的地方，他必须工作以抚养他们；1818年，母亲去世；1831年，经商失败；1832年，竞选州议员但落选了；1832年，工作也丢了，想就读法学院，但进不去；1833年，向朋友借钱经商，但年底就破产了，接下来他花了十七年，才把债还清；1834年，再次竞选州议员，赢了。

1835年，订婚后即将结婚时，未婚妻却死了，因此他的心也碎了；1836年，精神完全崩溃，卧病在床六个月；1838年，争取成为州议员的发言人，没有成功；1840年，争取成为选举人，失败了；1843年，参加国会大选落选了；1846年，再次参加国会大选，当选了。前往华盛顿特区，表现可圈可点；1848年，寻求国会议员连任失败了。

1849年，想在自己的州内担任土地局长的工作，被拒绝；1854年，竞选美国参议员，落选；1856年，在共和党的全国代表大会上争取副总统的提名，得票不到一百张；1858年，再度竞选美国参议员，再度落败；1860年，当选美国总统。

有人曾为林肯做过统计，说他一生只成功过3次，但失败过35次，不过第3次成功使他当上了美国总统。事实也的确如此。而最终使他得到命运的第三次垂青，或者说争取到第三次成功的，完全是他的坚强。在他竞选参议员落选的时候，他就说过："此路艰辛而泥泞，我一只脚滑了一下，另一只脚因而站不稳。但我缓口气，告诉自己，这不过是滑一跤，并不是死去而爬不起来。"

我们有理由相信，只有面对任何困难都永远坚强的林肯才能说出这样的豪言，只有面对任何困难都坚强如林肯的人，才能像林肯那样，在跌倒无数次后，登上金字塔的塔尖。

失败是什么？它是软弱者的千沟万壑、崇山峻岭，但对于坚强的人来说，它不过是大路上的一个土坑儿，青山中的一条小溪，跨过去就是大道通天，山明水秀。其实：失败是一味良药，可以治好你的骄傲；失败是一位仙人，可以为你指引明路；失败是一个训练营，可以磨炼你的意志与毅力；失败是一缕阳光，可以点燃你智慧的明灯；失败是一堂课，可以让你学会坚强，学会勤奋。请相信自己，没有失败，只有暂时尚未成功。

人生在战胜挫折中生存。古人讲"人生不如意事十之八九"。在人生的道路上不如意的事情总是占大多数，尤其是那些成功的人士，他的成就越大，碰到的困难和挫折就越大，困难和挫折总是和成就相伴而行。

## 家规育儿微语

成功的秘密其实很简单，这就是虽然屡遭挫折，却能够坚强地百折不挠地挺住，咬紧牙关，继续前行，彼岸就是成功。林肯屡败屡战，为我们抗击挫折树立历史的榜样。建议家庭建立屡挫屡进家规。家长培养孩子从小遇挫后不气馁、屡挫屡进的良好品质。

## 第61条 挫后系亲

成成上小学时，学习勤奋，刻苦认真，学习成绩一直名列前茅，是亲朋好友夸奖的对象和弟妹们学习的榜样。这样一名"尖子生"，在小学升初中时，自然是各所学校争抢的"香饽饽"，顺利进入了市重点中学。

但上了七年级后，由于没及时适应新生活，成成的学习开始有些力不从心，可父母和老师却依然神化着他完美的形象。在第一次考试失利后，老师和父母就开始找他谈话，希望他下次能考好。结果第二次考试成绩出来时，他的成绩依然是下滑的状态，这时父母看到问题的严重性，同成成一起，分析成绩下滑的原因，寻找解决的办法。

成成说："在那一刻，尽管我从父母眼中看到失望的表情，但更多的是热切的期盼和鼓励。我突然明白了，父母就是我的靠山，他们一定会帮我解决问题。"所以从此成成就开始按照父母的思路调整自己，很快适应了学习环境，成绩也就自然上去了。

说到这里，我们讲一个小故事。一位教授在女儿（当时15岁）放学后去接她，看到女儿低着头闷闷不乐的样子，就问她："发生了什么事情？"

女儿答道："这件事情有点严重，如果我说了，你还会爱我吗？"

李教授说："不管发生什么事情，爸爸都爱你。"

女儿说："我怀孕了。"

这时的教授紧张了，思考了几秒看着女儿的眼睛说："爸爸就是做教育的，看来没有把你教好，爸爸失职了。不过没关系，我会陪你走过你最艰难的时光。不管发生什么事情，爸爸都爱你，永远地爱你。"

女儿扑上去一把搂住了爸爸，说："爸爸，其实我没有怀孕，只是想看看你的反应。我们班的一个女孩子怀孕了，告诉了父母，结果后来被父母赶出了家门，然后自杀了。所以我想看看当这种事情发生在我的身上时，你会有怎样的反应。"

原来这只是虚惊一场，是女儿对爸爸的考验。不过通过这个故事也是告诉父母爱孩子是爱孩子这个人，不是爱孩子的行为，要告诉孩子爱的是孩子本身。

实际上，在孩子成长学习的过程中，不可避免地遇到挫折和失败。孩子遇到挫折失误后，首先想到的就是家庭，特别是父母的接纳，接纳孩子的失败与不足，同时寻找战胜挫折的信心和勇气，否则以后他可能自暴自弃，或者不思进取。这时，父母往往是造成孩子"输不起"心态的主要原因。很多父母认为自己的孩子一贯优秀，也应该理所应当一直优秀下去，从未考虑过孩子会遇到什么挫折失败，也不能接受孩子的挫折失败。正是父母们对孩子挫折失败的畏惧，给孩子增加了许多压力，导致了许多孩子不能接受自己学习成绩下滑等意外挫折的情况。当失败来临时，这些孩子往往就会自暴自弃，甚至可能做出一些伤害自己的行为。

在教育孩子的过程中，父母不要畏惧孩子的失败。毛泽东的老师徐特立说过："想不经受任何挫折而成长起来，那是神话。挫折是成长过程中的必需品。"心理学家桑代克提出的"尝试—错误"学习理论认为，孩子在成长过程中会犯许多错误，但通过环境给予的反馈，他们会放弃错误的尝试而保留正确的尝试，最终获得成长。

孩子受挫时，要维系良好的亲子关系。不管孩子在生活中遇到什么样的困难，父母都要让孩子知道自己是爱孩子的，会永远站在孩子的身边。不管孩子的学习成绩是好是坏，不管孩子是聪明还是木讷，不管孩子是优秀还是普通，甚至犯了大错，父母都会接受他、爱他。只有良好的亲子关系才能成为孩子坚强的后盾，孩子在遇到挫折的时候才会想到自己的父母会帮助自己、爱护自己，逐渐走出挫折、重新振作，树立信心，而不是采取极端的方式去处理。

## 家规育儿微语

建议家庭建立挫后系亲家规。请父母理解孩子成长过程中挫折失败所带给他的特别意义，建议家长允许孩子犯错误，包容孩子的挫折失败，并鼓励和帮助孩子走出难关，孩子只有"输得起"才能赢得更精彩。

## 第62条 永不放弃

1892年夏季，美国密苏里平原经历了一场强度较大的暴风雨，很多农庄和房屋都被肆虐的洪水冲毁了。一个小男孩的家也在这场风雨中被毁了，一家人陷入了绝境，生活变得更加贫苦了。

一天，一位演说者到了瓦伦斯堡的集会上演讲，演说者雄辩的技巧、扣人心弦的故事深深地影响了男孩。男孩忽然产生了一个强烈的愿望，那就是成为一个演说家。然而，笨拙的外表、破烂的衣服和少了一根食指的左手却总是让他在以后相当长一段时间里都感觉非常自卑。

1904年，男孩高中毕业了，就读于密苏里州瓦伦斯堡州立师范学校。他终于有了参加演讲比赛锻炼自己的机会。开始时，他连连失败，男孩心灰意冷，甚至对自己的能力产生了怀疑。又一次的比赛结束后，他拖着疲惫的身子往家走，路过一座桥时，他停了下来，久久地望着下面的河水。

"孩子，为什么不再试一次呢？"父亲温厚的声音在男孩身后传来，眼神中充满了信任与鼓励。

于是，男孩没有放弃，在接下来的两年中，瓦伦斯堡的人们几乎每天都可以看到一个身材颀长、清瘦、衣衫破旧的年轻人，一边在河畔踱步，一边背诵着林肯及戴维斯的名言。他是那样的全神贯注，以至达到了忘我的地步。

1906年，男孩的一次以"童年的忘记"为题的演说，获得了勒伯第青年演说家奖。这是他第一次成功尝试，那份讲稿至今还存在瓦伦斯堡州立师范学院的校志里。

这个男孩就是戴尔·卡耐基先生，美国著名的教育家、心理学家和人际关系学家，他的《成功之路》系列丛书创下了世界图书销售之最。在他去世后的许多年里，在世界的各个角落，人们仍在以不同的方式不断地提起他的名字。现如今，卡耐基所开创的人际关系训练班遍布世界各地。

什么东西比石头还硬，或比水还软？然而软水却穿透了硬石，坚持不懈而已。

曾有个年轻人去某公司应聘，而该公司并没有刊登过招聘广告。见总经理疑惑不解，年轻人用不太娴熟的英语解释说自己是碰巧路过这里，就贸然进来了。总经理感觉很新鲜，破例让他一试。面试的结果出人意料，年轻人表现很糟糕。他对总经理的解释是事先没有准备，总经理以为他不过是找个托词下台阶，就随口应道等你准备好了再来试吧。一周后，年轻人再次走进该公司的大门，这次他依然没有成功。但比起第一次，他的表现要好得多。而总经理给他的回答仍然同上次一样："等你准备好了再来试。"就这样，这个青年先后五次踏进该公司的大门，最终被公司录用，成为公司的重点培养对象。

丘吉尔一生最精彩的演讲，也是他最后的一次演讲。在剑桥大学的一次毕业典礼上，整个会场有上万个学生，他们正在等候丘吉尔的出现。正在这时，丘吉尔在他的随从陪同下走进了会场并慢慢地走向讲台，他脱下他的大衣交给随从，然后又摘下了帽子，默默地注视所有的听众，整整过了一分钟后，丘吉尔说了一句话：永不放弃！

丘吉尔说完后穿上了大衣，戴上了帽子离开了会场。整个会场鸦雀无声，一分钟后，掌声雷动。永不放弃！永不放弃有两个原则，第一个原则是：永不放弃。第二个原则是当你想放弃时回头看第一个原则：永不放弃！

世上没有所谓的失败，除非你不再尝试。也许，我们的人生旅途上沼泽遍布，荆棘丛生；也许我们追求的风景总是山重水复，不见柳暗花明；也许，我们前行的步履总是沉重、蹒跚；也许，我们需要在黑暗中摸索很长时

间，才能找寻到光明；也许，我们虔诚的信念会被世俗的尘雾缠绕，而不能自由翱翔；也许，我们高贵的灵魂暂时在现实中找不到寄放的净土。那么，面对挫折与失败，我们为什么不能以勇敢者的气魄，坚定而自信地对自己说一声"再试一次"！再试一次，你就有可能达到成功的彼岸！

### 家规育儿微语

建议家庭建立永不言弃家规。培养孩子面对失败时，勇敢地对自己说"再试一次"。水滴石穿，坚持不懈地努力的人往往能够获得成功。那些在人生中屡战屡败，但从不放弃的人，最后往往成为最优秀的成功者。懂得失败才会明白成功的意义，人是在失败中不断成长的，失败后坚决再试一次往往能够取得最后的成功。

## 第63条 挫而奋起

有一次火灾中，一个小男孩被烧成重伤，下半身没有任何知觉。出院后，妈妈每天用轮椅推着他到院子里转一转。

有一天，妈妈推着他到院子里呼吸新鲜空气，但因有事而走开了。迷人的景色让他的心从沉睡中醒来：我一定要站起来！他奋力推开轮椅，用双肘在草地上匍匐前进，爬到篱笆墙边，努力抓墙站起来，拉住篱笆墙练习行走。

一天天过去了，他的双腿始终软弱地垂着没有任何知觉。可他不甘心于轮椅上的生活，他握紧拳头告诉自己：未来的日子里，一定要靠自己的双腿来行走。终于，在一个清晨，当他再次拖着无力的双腿紧拉着篱笆行走时，一阵钻心的疼痛从下肢传了过来。他惊呆了，自烧伤后，他的下半身再也没有任何知觉。他怀疑是自己的错觉，又试着走了两步，那种疼痛又一次清晰地传了过来：在他不懈的锻炼下，他的下肢已开始恢复知觉了。

自那以后，他的身体恢复得很快，最后有一天，他竟然在院子里跑了起来。自此，他的生活于一般的男孩子并无两样，到他读大学时，还被选进田径队。

他，就是葛林·康汉宁博士，曾经的世界纪录创造者。

也许，就在那一试之下，我们的梦想变成了现实。

1928年，美国芝加哥大学医学研究院。高士其和每天一样，又是第一个来到了细菌学系实验室。他要给笼子里的豚鼠注射甲型脑炎病毒，然后取出它们的脑子进一步观察。他的左耳道这几天发炎了，疼痛一阵阵加剧，身体也感到很疲劳。"要是能休息几天就好了！"高士其这样想。可是不行，他手中的实验停不下来。

"嘭！"他手中装满甲型脑炎病毒的试管爆裂了，毒液随之四溅，他的身上、手上都沾了毒液。同室的人见状，惊慌地呼叫起来。高士其并不害怕，他要征服这些毒菌。前些天研究一种食物毒菌，他还将一部分经过减毒的毒菌吞食下去，进行自身感染试验，令老师和同学们瞠目结舌。高士其迅速把破裂的试管做了处理，便又专心致志地继续试验。他没有想到，这次却种下了影响他终生的祸根。

半个多月后，他的左耳听不清声音了，脖子转动困难。最糟糕的是，一向挺麻利的双手却经常颤抖，怎么也不听使唤。这是怎么啦？经医生诊断，甲型脑炎。病因，就是那次破裂试管中的病毒顺着他正患炎症的左耳膜侵入小脑，从而破坏了小脑的运动中枢。医生预言，他最多还能活5年！

高士其被判了"死刑"，这个打击实在是太沉重了。他从医院出来，只觉得天旋地转，仿佛正沉落到一个漆黑的深渊，越陷越深。"难道一切就这样完了吗？"高士其痛苦地思索着，徘徊着。医生劝告高士其中止学业，立即回国休养。经过一番剧烈思想斗争的高士其，有自己的打算。尽管每周都要发一次病，发病时脖颈发硬，头往上仰，眼球向上翻，两手抖动不止，他还是坚持研究病毒、细菌，终于完成了医学博士的全部课程。

1930年秋天，高士其，这位海外游子怀着满腔热忱回到了阔别5年的祖国。而等待他的却是饥饿和失业。他先后在南京和上海工作，由于经济困难，营养不良，他的病情加重了。他渐渐明白了一个道理：要消灭害人的病菌"小魔王"，必须先消灭社会上的"大魔王"。从此，他一边与病魔做斗争，一边用颤抖的手拿起了笔，以此为武器，奔向擒拿大小"魔王"的战场。1933年，他的第一篇科普作品《三个小水鬼》

发表了。1935年，又发表了第一篇科学小品《细菌的衣食住行》。

在延安，高士其的生命获得了新的力量，他以更加昂扬的斗志进行科普写作、讲课，孜孜不倦地工作着。在医疗条件更为恶劣的情况下，高士其的病情日益恶化，终于全身瘫痪。组织上全力挽救他的生命，派人护送他经重庆去香港治疗。此后，他辗转流亡于九龙、广州、桂林、上海、台湾等地，在极为困难的环境中一方面同疾病斗争，另一方面坚持创作。后来，不仅腿不能走路，手不能握笔，下肢僵硬脖颈歪斜，而且连说话能力也逐渐丧失，听力也很微弱。每创作一篇作品，他都要把阅读过的重要资料分析、整理，反复思考，在脑子里形成初稿。高士其在用心血著述，在以生命创作。他的作品，每一个字都融进了科学真理、爱国激情和乐观进取的人生态度。即使在那寒凝大地、是非颠倒的日子里，他也不曾向恶势力屈服，继续着自己的事业。在差不多40年的时间里，尽管他"被损害人类健康的魔鬼囚禁在椅子上"，以他独特的写作方式创作了400多篇科普论文和科学小品、200多篇科学诗歌，汇编成20多本书，总计达500多万字。这是多么丰硕的成果！这又是多么艰苦的劳动！

有人问他苦不苦，他笑着说："不苦！因为我每天都在同病魔斗争，奋斗是有无穷乐趣的。"高士其以顽强的精神，打破了医生的预言，活到了1988年才去世。

在现实工作之中，往往有许多人对失败的结论下得太早，遇到一点点挫折就对自己的工作产生了怀疑，甚至半途而废，那前面的努力就白费了。唯有经得起风雨及种种考验的人才是最后的胜利者，因此，如果不到最后关头就决不言放弃，永远相信：成功者永不放弃，放弃者永不会成功！

## 家规育儿微语

面对挫折，要让孩子感到希望和力量。建议家庭建立挫而奋起家规。家长鼓励和培养孩子在失败后重新尝试的心态，不断尝试失败和成功，才能慢慢感到有希望和力量。永远相信：成功者永不放弃，放弃者永不会成功！

# 第六章 健规

## 第64条 健身

"成成,起床了,咱们一起去跑步了。"成成揉揉还未睡醒的眼睛,一看床头的小闹钟,啊,不会吧!才七点刚过,妈妈这么早就叫我了,再说昨天刚下过雪,天气又这么冷,我才不去呢!成成心里暗想。于是成成忙说:"妈妈,我不想去,你自己一个人去吧!周日还想多睡一会儿觉呢!""不行,孩子,昨天我们约定好的,今天开始晨跑的,等你养成了早起的习惯,每天坚持锻炼,个子长高了,身体强壮了,就会精力充沛地做好生活中的每一件事。"妈妈语重心长地说道。

成成听了妈妈的话,思想斗争了半天,觉得很有道理。于是,成成就迅速地穿好衣服和妈妈一起去跑步了。

推开窗子一看,天还有些暗,四处模模糊糊,迷迷茫茫,所有的一切在浓浓的晨雾中弥漫着,隐隐约约看不太清楚。

走到楼下。成成跟着妈妈,边跑边看四周,已有好多晨练的邻居,他们有的在跳绳,有的在跑步,还有的在练太极拳,球场上还有打篮球的,热闹极了。

妈妈跟成成说好,一起绕操场跑四圈,于是成成就跟在妈妈身后,跑呀跑呀,紧跟着慢跑了一圈多,步子越跑越沉,累得有些迈不开步了,气喘吁吁地对妈妈说:"妈妈,我跑不动了,不想跑了。"妈妈说:"成成,跑得慢一点没关系,只要能跑到终点就行,坚持就是胜利嘛!"妈妈边跑边鼓励成成。成成好像又增添了力量,赶紧又迈开脚步往前跑去,真的咬牙坚持跑到了终点。妈妈夸奖成成:"第一次跑步就跑了四圈,我们的成成厉害着呢。"成成听到妈妈的表扬,虽然跑得上气不接下气,但心里还是很高兴。

迎着朝阳,跑在大道上,太阳灿烂地照在身上,一股暖意涌上心头。有时,我们也到小区隔壁的大学操场跑跑步,大学里健身的人就更多了,除了跑步,还有些在做操、用器械健身。一位老师傅说,除了住在校区里的教职工和学生,许多住在附近的人也来这里健身。

有人的地方就会形成场域,经常健身的人慢慢就成了朋友。操场上,一位王大爷指着远处说:你看,前面跑的那位是文学院的李教授;那个个子不高的女生,每天都会跑一小时,据说是个在读博士。

这位王大爷所做的运动看起来有些奇特,只见他身体平趴,四肢着地,慢慢向前爬行,表情有力。王大爷做的运动叫"爬行功",据说起源于少林寺。《蝶阶外史》上说,一个患眼疾的人去少林寻医,高僧将500文钱丢到山下,让他去找。这名居士每天都趴地上找钱,过了一年找到了490枚,然后突然双目明朗。清代医学家王博瑞也认为爬行功能可以治疗眼疾和腰肌劳损。

王大爷每天太阳出来就开始练习,每天爬上2000多米,需要一个半小时。"特别累。但我坚持了两年多。"王大爷说,一般晨练的人分为两种:身体矫健和体弱多病。最初,他是后一种人,"但只要你不断锻炼,你也会成为前一种人。"

说罢,王大爷拍了拍自己的胸脯,"你看我年纪不小了,腿可以一下踢到这里(胸前)。"然后得意又爽朗地笑起来。

光阴似箭,日月如梭。现在成成每天都坚持和妈妈一起跑步已一年多了,身体长高了5厘米,10岁的成成快赶上妈妈个头了,身体也结实了,体态轻盈欢快,体型也更健硕。跑步和任何事情一样,说到底,还是坚持。晨跑生活,磨炼人的意志,锻炼人的品德,感悟了人生,身心均得到健康发展。最重要的是磨炼出一颗坚毅、乐观、豁达的心,面对人世间的风风雨雨,从容、淡定,"海纳百川,有容乃大,壁立千仞,无欲则刚。"无论做什么事情,坚持就是胜利,在学习生活上更是如此,一定克服任何困难,自己的成绩才会更上一层楼。这就是成成晨跑的最大收获!

## 家规育儿微语

生命在于运动,运动有益健康。建议家庭建立健身家规。家长要创造条件,鼓励、支持孩子参加各种体育锻炼和各种童年游戏,培养良好的健身习惯,以增强孩子身体各部位的机能和适应环境的能力,增强孩子的体质。随着社会经济政治的不断发展进步,生活水平的改善,思想观念也跟着转变,人们越来越注重生命的质量,自我健康意识逐步提高,越来越多的人更加注重自我身体的锻炼。把健康放在第一位,健身强体,应该成为人生的健康追求。

## 第65条 防病

扁鹊医术高超，善医疑难杂症，而誉满天下，但为人很谦虚。他的两个哥哥也都是医术高超的大夫，只是声名不如他。扁鹊见魏文王后，一时声名鹊起，其精湛的医术更是红遍列国。

有一次，魏文王问扁鹊："你们家兄弟三人，都精于医术，谁的医术最高呢？"扁鹊答道："我大哥的医术最高，二哥次之，我最差。"

文王很纳闷，又问："那为什么你最出名呢？"扁鹊回答说："我大哥治病，是治病于病情发作之前。他专门教人如何调理饮食，防病于未然，使许多人免于疾病之苦。由于一般人不知道他事先能铲除病因，所以他的名气无法传出去。我二哥治病，是治病于病情初起之时，防止疾病扩大。一般人以为他只能治轻微的小病，所以他的名气只及本乡里。而我是治病于病情严重之时，千方百计对症治疗，使之幸免于死。我只有对病人开刀动手术才能治病。一般人都看到我在经脉上穿针管放血、在皮肤上敷药等大手术，从而博得了名声，所以人们都认为我的医术高明，能起死回生，是个神医，名气因此最大，远涉全国。"

这是人们的普通认知，对于个人和家庭来说，我们更多地需要像扁鹊的大哥那样的大夫，治未病，即预防疾病。后来扁鹊也学到大哥的防治未病的医术，传颂至今。

据《史记》记载，扁鹊医术高明成为御医，经常出入宫廷为君王治病。有一天，他巡诊去见齐桓公。礼毕，侍立于齐桓公身旁细心观察其面容，然后说道："我发现君王的皮肤有病。您应及时治疗，以防病情加重。"齐桓公不以为然地说："我一点病也没有，用不着什么治疗。"

扁鹊走后，齐桓公不高兴地说："医生总爱在没有病的人身上显能，以便把别人健康的身体说成是被医治好的。我才不相信这一套。"

10天以后，扁鹊第二次去见齐桓公，察看了齐桓公的脸色后说："您的病到肌肉里面去了。如果不治疗，病情还会加重。"齐桓公仍不相信。并对扁鹊的说法深感不快。又过了10天，扁鹊第三次去见齐桓公，看过齐桓公后说道："您的病已经发展到肠胃里面去了。如果不赶紧医治，病情将会恶化。"齐桓公还是不相信。他对"病情将会恶化"的说法更加反感。

后来又隔了10天，扁鹊第四次去见齐桓公。两人刚一见面，扁鹊扭头就走。这一下倒把齐桓公搞糊涂了。他心想："怎么这次扁鹊不说我有病呢？"于是派人去找扁鹊问原因。扁鹊说："一开始桓公皮肤患病，用汤药清洗、火热灸敷容易治愈；稍后他的病到了肌肉里面，用针刺术可以攻克；后来桓公的病患至肠胃，服草药汤剂还有疗效。可是目前他的病已入骨髓，人间医术就无能为力了。得这种病的人能否保住性命，生杀大权在阎王爷手中。我若再说自己精通医道，手到病除，必将招来祸害。"

5天过后，齐桓公浑身疼痛难忍。他看到情况不妙，主动要求找扁鹊来治病。派去找扁鹊的人回来后说扁鹊已逃往秦国去了。齐桓公这时后悔莫及，挣扎着在痛苦中死去了。

为扁鹊写传的司马迁为此感叹道："使圣人予知微，能使良医得早从事，则疾可已，身可活也。"这个病案从一个侧面突出反映了扁鹊能够预知疾病的发生、发展和转归，提出疾病要"早发现、早治疗"的观点，见微知著，防微杜渐，体现出扁鹊"治未病"的思想。

未病先防是指人在未生病之前，采取各种有效措施，做好预防工作，以防止疾病的发生，这是人生预防疾病思想最突出的体现。对普通家庭来说，提高家庭成员健康的重点在于"防未病"，从而提高生命质量。以下六点尤为关键：一是认识健康。"度人先度己"，平时要主动学习健康知识，自己懂健康才能帮更多人实现健康人生的愿望。二是锻炼身体。每天应坚持至少30分钟以上锻炼，可根据年龄和体质选择适合自己的运动，也可使用计步软件监测每天能量消耗，制订锻炼计划。三是平衡膳食。每人每天要摄入充足的谷类、果蔬、肉类、奶类、豆类，特别是蔬菜，国人摄入严重不足，每天应吃够一斤。饮食中还要注意少油少盐，低糖低脂。四是远离烟草。吸烟可导致自身多种疾病，还会使身边的家人遭受"二手烟"毒害，戒烟要趁早。五是调节压力。沉重的精神压力可使免疫力下降，很多疾病便会乘虚而入。每个人都要保持良好心态，学会减压和劳逸结合。五是定期体检。建议成人每年体检，还要根据自身特点做些针对性的检查。体检后，要详细阅读体检报告，有病治病，没病防病。

对小孩子来说，家长可以编一些儿歌，预防疾病，促进健康成长。如：

你拍一，我拍一，常洗澡，勤换衣；

你拍二，我拍二，常用常洗小手绢儿；

你拍三，我拍三，锻炼身体去爬山；

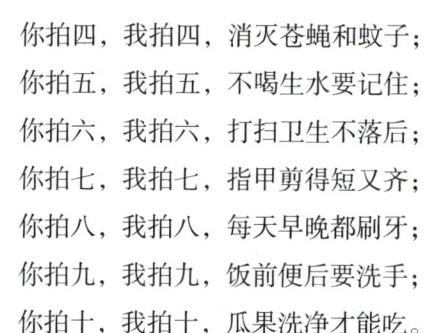

你拍四，我拍四，消灭苍蝇和蚊子；
你拍五，我拍五，不喝生水要记住；
你拍六，我拍六，打扫卫生不落后；
你拍七，我拍七，指甲剪得短又齐；
你拍八，我拍八，每天早晚都刷牙；
你拍九，我拍九，饭前便后要洗手；
你拍十，我拍十，瓜果洗净才能吃。

## 家规育儿微语

健康是一种生活态度。前世界卫生组织总干事中岛宏博士说："许多人不是死于疾病，而是死于无知。"这是告诉人们应储备医学常识，特别是常见病、多发病的防治知识，做到无病会保健，大病能预防，小病能自治，真正把健康的钥匙掌握在自己手中。建议家庭建立防病家规，家长培养孩子防未病的习惯，积极、全面地规划自己的健康，促进健康。

## 第66条 食养

有一次，在公交车上听到两位20多岁穿着得体、气质不错的小伙子聊天。一位说，我发现在吃上花钱是最愚蠢的做法，吃了还要拉，真浪费；另一位说，我最讨厌买菜、做饭，做饭要花那么多时间，省下这些时间我可以做很多事。

这些观念在现在的年轻人当中非常普遍。年轻人用省下的饭钱买衣服、添东西是再普遍不过的事情了。其实不光是年轻人，还有一些"会过日子"的人，很会省吃俭用，用从吃上省下的钱去购置物件。这样带来的直接后果，就是营养不良、抵抗力下降，各脏器的供血不足，最常见的是心脑供血不足。而心脑供血不足引发的心脑血管疾病，是死亡率之首。心脑血管疾病是慢性病，反复发作，致残率高，严重影响生活质量。多少人为治疗这种病花费了大量的金钱和精力，可结果往往是人财两空。

曾经有一位女性朋友去看病，才40岁出头的她已经是头发全白，脸色蜡黄，很瘦弱。她自诉头痛、头昏、贫血已经二十多年，还有严重的胃痛、慢性肠炎和心脏病。到处看病，花光了家中的全部积蓄，可身体状况依然未见好转。

医生摸了她手上的第二掌骨，非常硬朗，说明她年轻时候身体很好。可看她的手相却是严重的营养不良，手掌干枯、暗黄，肠胃反射区纹理紊乱。

医生说原来身体是非常好，而现在有这么多病，病根在胃肠上。你是在吃的方面非常不注意，伤了胃肠，导致现在的血液亏虚。只要将脾胃调理好，多吃性平及温热性质的食物，把食物尽量做得细、软、烂，慢慢补足血液后，你的头痛、头昏、心脏病都能随着血液供应的充足而慢慢消失。

她说年轻的时候身体确实很棒，从未生过病。后来是因为母亲生病，为了给母亲治病而省吃俭用，每天只吃馒头、咸菜。冬天为了省钱也不敢卖柴烧炕，睡了几年的凉炕，慢慢地身体就变差了。这几年经济条件宽裕些了，才开始为自己看病，攒的钱全买药了，每天吃着各种药，可身体就是不见好转。

医生建议她将药全停了，回家重点放在一日三餐上。停掉所有寒、凉性质的食物，只吃性平、性温的食物，并把食物全部打碎。不论是米、肉还是菜，都在烧好之后用食物粉碎机打成糊状再吃。每天早上起床后，用生姜4~5片放入水中烧开，再小火煮5分钟，然后打一个鸡蛋放入碗中，用烧得滚开的姜水冲鸡蛋。坚持每天早上空腹吃，能暖胃肠、祛胃肠寒气，治疗胃痛、慢性肠炎。每天晚上用桶盛温水泡脚，常年

坚持能促进血液循环，帮助胃肠的消化吸收。这些方法都花不了多少钱，只要常年坚持，身体会慢慢强壮起来。

她听了医生的话，停掉了所有药物，按医生的食疗方法去调理饮食。一个月后她告诉医生，胃疼几乎消失。大便也正常了，原来一天4～5次，现在1～2次。头痛、头昏都减轻了，心脏也没有明显的不舒服了。

医生告诉她继续坚持，中午的一顿可以不再打成糊状，但食物仍要细、烂，早晚仍然吃糊状的食物，生姜水冲鸡蛋仍要常年坚持。半年后再见到她，整个人已经变样，以前身体的各种不适基本消失。人也长胖了一些，脸上已有了红润与光泽，也显得年轻了许多。血色素从原来的7克升到了现在的10克，满头的白发有的开始变黄，有的发根已冒出黑发。

"民以食为天"，"食"是人们生存下来的最基本条件，也是身体能否健康的最重要的物质基础。可到底有多重要，如何落实到一日三餐上，又怎样吃出健康，真正懂得的人并不多。

中华民族自古以来就认为食物与药物均来自大自然，并遵循着"医食同源"的原则，代代传诵着"药补不如食补"的名言。前人在这方面积累了非常丰富的经验，根据食物的性、味、功效进行搭配，成为具有"食养"和"食疗"效果的膳食。

### 家规育儿微语

食养就是对人体所需要的营养成分进行补充的一种方法，即通过进食来补益身体。建议家庭建立食养家规。家中买菜、掌勺的家长培养孩子从小学习饮食保健的知识与方法。在买菜、买食物时，要根据季节、根据家人的身体状况，选择能让一家老小都能吃出健康的食物。尽量少去饭店和买熟食品，多亲自动手加工食物，尽量烧出营养丰富又美味可口、并利于消化吸收的一日三餐。要舍得在一日三餐上花时间、花精力，让一家人能吃上新鲜、安全、美味、营养的饮食，才会在带给家人健康的同时也带来幸福与快乐。

## 第67条 忌口

今年寒假，成成的堂哥从湖南乘长途汽车来广州度假，成成全家人都非常欢迎。

到成成家时，他脸色发黄，精神恍惚，萎靡不振。问他怎么啦，他说一路买了路边好多好吃的，现在"闹肚子"了，一进门就直奔厕所，又吐又拉，什么都不想吃。成成一家心急如焚，爸爸、妈妈连忙送他去看医生，吃了药，打了针，输了液，折腾半天，病情不但没有好转，反而恶化了：晕倒了！爸爸急忙告知叔叔、婶婶，并迅速转到医院急诊室抢救……

堂哥的名字叫伟杰，与成成同龄，今年十岁了，现在在长沙读小学四年级。他从小跟随打工的爸爸妈妈到长沙，很少出门。今年冬天，由于湖南气温很低，早已冰雪覆盖了。为了避寒，堂哥刚一放假，就一人坐车来广州。谁料爱吃路边食品的堂哥会出这样的状况。一家为此感到忧心忡忡。

今天早上，堂哥终于出院了，他将同他的爸爸妈妈一起回长沙。大家那颗悬着的心终于放下了。为了庆祝堂哥康复出院，爸爸决定一大家子一起吃一顿团圆饭。大家一大早就开始忙起来：爸爸烧菜煮饭，妈妈打扫卫生，成成整理自己的房间书桌、课本。

大约十一点半，所有客人都来了，家里一下子热闹了起来。不一会儿，桌子上就放满了菜。大家依次坐上了桌，爸爸拿来了一瓶酒、一瓶饮料，大家你一杯我一杯地喝起来，气氛十分热闹。美中不足的是，大病初愈的堂哥只能吃一些易消化的蔬菜，不能吃太多东西。

饭后，大人们拉起了家常，摆起了龙门阵，小孩子们玩起了捉迷藏，家里处处呈现出欢乐的气氛。然而，由于堂哥还没有完全康复，所以不能一道尽情地玩，大家觉得有些遗憾。

晚上，成成躺在床上静静地想：如果跟堂哥一样贪吃，像堂哥那样患上急性肠炎就惨了。

不过，成成也有教训的。成成爱吃洋快餐，尤其是夏天，还特别爱吃冰激凌和雪糕。每次想到饭后能来一根雪糕，那是多么的爽，多么开心啊！可是爸爸妈妈总要成成喝绿豆汤，金银花、菊花茶之类的东西。这些东西跟冷饮和雪糕比起来就太没吸引力了，成成才不喜欢喝这些呢。

"成成，来一碗绿豆汤怎么样？"妈妈在喊。"不喝不喝！""哎哟，我肚子好疼。"刚刚吃完了一根雪糕的成成，不知怎么的觉得胃好难受。觉得肚子里好像有几条小虫子在爬来爬去，疼的满地打滚。妈妈赶紧找来"消食灵"给成成服下，等肚子的疼痛缓解了，爸爸严肃地说："这都是你平时饭后就要来一根雪糕的结果！"成成不好意思地低下了头，心想再也不想这么痛苦了。现实教训让成成真正体会到，什么叫病从口入。

现在的孩子除了一日三餐外，还要吃各种各样的零食，喝各种各样的饮料。家长为了给正处于生长发育阶段的孩子增加营养，可以说是费尽心思，一日三餐想着法变换花样，让孩子吃得既舒心，又有营养，而且注意给孩子买各种补品，补这补那。他们认为只要营养全面，食物搭配合理，就可以让孩子健康成长，有一个好的身体。其实这是很不够的，他们往往忽略了一个方面，那就是孩子的饮食卫生。俗话说"病从口入"，如果不注意饮食卫生，就会影响正常的营养吸收和身体的健康成长，吃的东西再有营养，补品补得再多，也是白搭。

所以，家长们一定要有这个意识，要教育孩子养成良好的饮食卫生习惯。要做到注意饮食卫生，家长可以从以下几个方面给孩子进行教育，把好"进口"这一关。

一是吃前洗手。有的孩子见了好吃的，不洗手就吃。这时，家长要注意培养孩子吃前洗手的良好习惯。此外，要注意勤剪指甲，防止污垢留在指甲内，传播病菌。二是选择新鲜食物。学会辨别和采购新鲜卫生的食物、科学储藏食物，要在卫生和可靠的店铺购买食物，不要向非法小商贩购买，也不要购买售价过低或来源可疑的食物。从源头上注意食品卫生的第一关。三是水果蔬菜要洗净。新鲜的水果和蔬菜也是致病性微生物的重要来源，有些水果和蔬菜表面也可能会有残留的农药。因此，清洗水果和蔬菜是清除其表面上的污物、微生物的基本方法，对去除农药残留也有一定的效果，尤其是当直接生吃水果和蔬菜时，更需要洗净。一般先冲洗后浸泡，浸泡时间不少于10分钟，然后用清水冲洗。四是科学储存食品。常用低温、避光、通风、干燥等方法合理储藏食物，保持新鲜，避免污染，并采取防尘、防蝇、防鼠、防虫及防霉变措施。五是食物生熟分开。生熟食物不仅分开烹饪，更应该在整个食物制备过程的所有环节，包括购买过程应分开摆放、回家后的储存、制备过程都应保持生熟分开。家中应备两把菜刀、两块案板，两套容器，并分开使用、设法标记避免用错。六是食物要完全煮熟。适当的烹调可以杀死大部分的致病性微生物,彻底煮熟食物是保证饮食安全的一个有效手段,尤其对于肉、禽、蛋和水产品等微生物污染风险较高的食品。熟食或者隔顿、隔夜的剩饭在食用前须彻底再加热,这样可以杀灭储存时增殖的微生物。七是均衡搭配膳食,少盐少油。成年人平均每天应摄入12种以上的食物,每周摄入25种以上食物为宜,应包括谷薯类、果蔬类、禽畜鱼蛋奶类、大豆坚果类等食物。多喝凉白开和茶水,少喝含糖饮料。减少油和盐分的摄入,可有效防止高血压、肥胖和心脑血管疾病等慢性病。八是不要随意喝生水。生水中可能含有一些细菌,直接喝下去可能会导致腹胀、难受。建议将水煮熟了再喝,尤其是那些水质不太好的地区。

## 家规育儿微语

美食是世界上最大的诱惑,但是不均衡的饮食和生活习惯将会提高患病的风险。建议家庭建立忌口家规。家长培养孩子从小忌口的规矩习惯,忌吃生、冷、变质和不卫生食物,防止病从口入,防止将病"吃"进身体。

## 第68条 睡足

成成小时候是一个调皮的男孩,精力旺盛,在幼儿园每天午睡时间都要和老师"斗争"一番才肯入睡。如果没有老师盯着,他是绝对不肯自觉午睡的,即便是其他小朋友都已经进入了梦乡。每每这时,老师便软硬兼施,用尽各种方法才使得他安静午休。

这天中午,成成又在午休时间玩席子,老师看见了便握着他的小手说:"老师和你拉拉手，你闭上眼睛睡觉，好吗？"出乎老师的意料，成成竟然乖乖地躺下了。老师扭过头去观察其他孩子的情况，再转过来的时候他已经闭上了眼睛，没多久就睡着了。那一刻，老师觉得寝室里好安静，心情好愉悦。

之后，老师用了不同的办法帮助成成养成午睡的习惯。当幼儿们开始上床午睡时，老师会悄悄地对成成说："成成今天还想和老师拉手手睡觉吗？"起初，成成要拉着老师的手才肯睡觉，偶尔也会说："今天我自己睡。"老师听后就立刻表扬他有进步。有时候老师会对成成说："今天老师不能和你拉手睡觉了，老师要去看看别的小朋友有没有踢被子，帮他们盖好被子。"这时，成成就会探头探脑地看老师走到哪里，但是没有发出声音，看见老师走过来就眯着眼睛假装睡觉，这时老师会用手轻轻地拍拍他的背，让他知道老师在旁边。不一会儿，他伴着平稳的呼吸声睡着了。

后来，成成的妈妈告诉老师，成成回家对她说："今天老师很喜欢我，还和我拉着手睡午觉，老师和我做朋友了。"老师知道成成的心思后，每天午休时间，老师就在成成这儿待一会儿，有时握握成成的手，有时轻轻地拍拍成成的背，他很快安然入睡了。尽管他背对着老师，可老师知道他是笑着入睡的。

后来，成成听话并主动调整自己的行为，自觉遵守午睡规则。老师不在时，成成也能午睡了，已经养成了午睡的习惯。午睡是一个养生的好习惯，午睡一会儿，可在短时间提升"精气神"，从而减轻各种精神压力，降低疾病缠身的概率。

在一家旅馆吃早餐时，两个朋友谈起昨晚的睡眠状况，其中一人大加抱怨，他说他整个晚上都在床上辗转反侧，难以入眠，最后弄得自己筋疲力尽。"我想在上床之前听听新闻，"他说，"但一段时间之后，我听得耳朵都烦了。""听得耳朵都烦了"或许就是他睡眠不好的原因。"也许这与我睡觉前喝咖啡的习惯也有一定的关系。"他沉思了一会儿说。

另一个人大声说："哈哈，我可睡了个好觉。睡觉前，我浏览了一下晚报上的新闻，听收音机的新闻，并对这些新闻做了整理和分类。"他接着说："我是按照尽快入睡的方法去做的，这些方法可以说屡试不爽。"

朋友赶忙问他有什么入睡的好方法可以介绍，他解释说："我的父亲是个农民，当我还是个孩子的时候，他总是在睡觉前召集全家人，在堂屋里为我们朗读《心经》。当时的情景仍历历在目，祈祷过后，我就回到自己的房间里美美地睡上一觉。"他停顿了一会儿，继续说："但这些年来，我只在一次堵车时才祈祷过，这真遗憾。几个月以前，妻子和我的日子过得很不顺心，于是我们决定恢复这个诵经习惯。结果，我们发现这一方法确实非常有益，所以现在每天晚上上床睡觉前，妻子和我都会在一起读《心经》，然后虔诚地做一段祈祷。我不知道这意味着什么，但我确实睡得很好。"

他转过来又说道："我睡觉前虽然听了新闻，但并没有听得耳朵烦了才去睡觉，而是带着一种宁静的心情去睡觉。"

好了，这里给了两种耐人寻味的方式——"听得耳朵都烦了"和"宁静的心情"，你想选择哪一种呢？

酣然入睡的秘诀在于精神状态的变化，内心宁静才是最安逸的生存之道。要获得内心的宁静，必须努力改变你的思想和你的心情，使它们处于放松、自在的状态。只有这样，你才能宁静安然地入睡。

睡前不要进行紧张的脑力劳动，避免剧烈的运动或体力劳动，这些都会影响人的睡眠质量。取而代之的应该是在户外散步，尽量减少主观上的刺激。性格易于兴奋的男人，睡前不宜进行激动人心的讲话，不宜看动人心弦的书刊，不宜观看使人久久不能忘怀的电影或戏剧。晚饭不要过迟，也不应吃得过饱。应该吃些容易消化的清淡食物，注意多食蔬菜和一定比例的杂粮，保持大便通畅。晚上不宜吸烟、不宜饮用浓茶或咖啡等刺激性饮料，也不要喝过多的饮料或流食。烟、茶和咖啡等会刺激大脑，使大脑不易进入抑制状态。而饮服过多流质会导致小便次数增加，不利于再次入睡。睡前刷牙、洗脸是必要的，但还要养成用温水洗脚的习惯，这能促进下肢血液循环，有利于很快入眠。有条件时，可以用温水擦身或热水洗浴。睡前要脱去外衣，内衣要适时换洗，穿用宽松的外衣，被褥要保持干净，要经常晾晒，以保持干燥和杀灭细菌。

规律的睡眠会让身体记住睡觉的时间，到点就会产生睡意，有助于入眠。无论是每晚的睡眠还是白天午间的小睡都要尽量保持在同一个时间上床和起床，节假日也不例外。养成按时入睡和起床的良好习惯，遵循睡眠与觉醒相交替的客观规律。这样，就能稳定睡眠，避免引起大脑皮层细胞的过度疲劳。严格的作息制度对于像睡眠和觉醒这类生理过程来说意义也是很大的。严格遵守作息时间能使我们的睡眠和觉醒过程——甚至有可能像条件反射那样——来得更自然。

## 家规育儿微语

人生当中，大约有1/3的时间是在睡眠中度过的。人们在紧张的一天工作和学习之后，不论是脑力或是体力，都处于高度疲劳状态之中，只有合理和科学的睡眠，才能使全身的细胞处于放松和休息状态，尤其是大脑神经细胞。因此睡眠便成为一种使人体的精力和体力疲劳恢复正常的最佳休息方式。建议家庭建立睡足家规。家长培养孩子睡眠的良好习惯，青少年每天9.5小时，成人每天8小时左右，老年人5~7小时，充分睡眠保持身体健康。

## 第69条 健脑

某人开车外出，一路上汽车只能跑到30码，怎么加油门速度就是上不去。第一反应，他觉得汽车出问题了，于是，停下来查找问题所在，然而，找来找去，几乎所有能想到的可能因素都找遍了，就是没找到。这时候，没啥法子了，只能继续往前开。

如此反复几次，最后，他突然发现，汽车定制了巡航速度，再大的动力也提不了速度。巡航解除之后，汽车立即开得正常了。

对于汽车来说，巡航速度，相当于设置限速30码，那再好的汽车，油门加得再大，速度也上不去，没法开快的。说到汽车的这个特设，大家都能够一下子就明白了。对于人来说，是大脑指挥学习生活工作的，如果只设定了"30码"速度，大脑需要的动力是加不进去的。

说到人的大脑需要动力，大家觉得"肯定需要的"，但在现实生活中，却很少有家长关注孩子大脑需要动力的问题。相反，更多的家长，最经常说的是：要努力呀，努力再努力——却不想想，孩子大脑本身的限制，像上述限速的汽车，开车的人再怎么努力,也顶多不过跑30码罢了。如果孩子因大脑本身限制和脑力不足,孩子再怎么努力,也难达到理想的境界。

一个孩子的大脑,要想生活学习工作得轻松,主要取决于两个因素:大脑本身的品质和大脑的能量供应。大脑本身的品质问题,中国人传统上称为脑力,也就是我们通常说的天赋聪明。只不过,许多人潜意识里以为,这聪明的天赋,是天生的,是后天没法改善的。而大脑的能量供应,脑力主要由大脑产生的记忆、思维、情绪、精神等一切能力与能量,与体力相对。在实践应用中,脑力更多是指"脑力元素",包含智力、心理、经验、知识、技能等多方面,这些则可以在后天锻炼培养。人跟汽车相比,终究是智能的,汽车一旦成型,其品质很难再改变。而人呢,这脑力,却是在不断的进化中。脑力像巡航一样,可以外界给予适当调整的。人的脑力增加起来,就会变得更聪明。如果平时不断地损耗而没有补充,那脑力也会减少,也就是常说的感觉自己越来越笨。大脑的能量供应,就是我们常说的脑力,该如何补充呢?

一是食物健脑。科学合理的膳食是养脑健脑的重要因素,如饮食的食品中增加核桃、芝麻、深海鱼、绿叶蔬菜、山药、大蒜、薏米、桂圆、黄花菜、金针菇、小米粥、洋葱、硬果类食品等。卵磷脂对于大脑的保护十分重要,多吃含有卵磷脂多的食物如鸡蛋、海鱼、鱼子、大豆等。"鱼头豆腐汤"是健脑的名菜。谷氨酸,又称为"智慧酸",是大脑思维功能所必需的物质,主要存在于鲜奶、鲜蘑等其他鲜味食材之中。

二是游戏健脑。纵横填数字游戏、纵横填字游戏、电子游戏都能使大脑更敏捷,记忆力更强。这些游戏都是运用逻辑分析能力、语言能力、数学能力及其他更多方面的能力。玩这些游戏能也给人带来了乐趣并且也会使人获得更多的好处,每天玩大约15分钟即可。

三是开发双脑。人脑分左脑和右脑,右脑在3岁前发育成熟,而左脑则要在4~5岁时才变得发达。掌管语言、理解、阅读、计算等的"左大脑半球"与影响创造力、空间感及艺术、音乐能力的"右大脑半球"相互合作。左脑通过语言收集信息,把看到、听到、摸到、闻到、尝到即视觉、听觉、触觉、嗅觉、味觉五感官接收到的信息转换成语言,再传到右脑加以形象化,接着传回给左脑逻辑处理,再由右脑激发创意或灵感,最后交给左脑,进行语言处理。所以左右脑都要均衡开发。

四是运动健脑。通过有氧运动等有效运动的身体锻炼,增加全身的血液供应,给予大脑足够的养分。合理的运动、户外新鲜的氧气有利于健脑。

五是科学用脑。不开夜车是一种保护脑子的有效方法。人体内的肾上腺皮质激素和生长激素只有在夜间睡眠时才分泌，前者在黎明前分泌，后者入睡后即产生。肾上腺皮质激素具有促进体内糖的代谢与肌肉发育的功能。生长激素既可促进青少年的生长发育。夜晚用脑过度，会使人的机体节律紊乱，导致脑细胞衰减。

六是防脑伤害。避免头部过热，改善睡眠，不熬夜，减少药物、环境对大脑的伤害，防止便秘、不吸烟、酗酒，不吃或少吃皮蛋、爆米花、油炸食品等。

七是科学炼脑。行为疗法中的读书疗法、头部按摩、梳头、头部保健操、手指精细运动的练习、左手的开发、学习外语、书法练习、棋类活动、弹钢琴等活动有益健脑。

八是习惯健脑，吃好早餐，足够的睡眠，饮水充分，合理膳食是健脑的关键。

九是静坐健脑。应用佛教的禅功理论，净化心灵，净化大脑，改善大脑的功能，是延缓大脑衰老的良方。精神是健脑的营养剂，紧张、烦恼、惊吓、抑郁都不利于大脑的生长发育。

### 家规育儿微语

大脑是人体的中枢器官，对人体的生命活动具有重要的调控作用。建议家庭建立健脑家规，家长培养孩子健脑的习惯，保证大脑的合理营养，保持乐观的情绪，平时生活有规律，适当参加体育锻炼和文娱活动等，防止各种有害的因素对大脑的损害，以及勤用脑，多思考，保持旺盛的求知欲，对保护和加强大脑功能具有重要作用。

## 第70条 护眼

　　从前，在一座美丽的大森林里，有一只非常爱学习的小猴。它的书架上大约有一百多本书，它每天写完作业后就躺在床上看书，直到妈妈让它睡觉，它才恋恋不舍地把书放下。

　　每天放学，小猴都是急急忙忙地跑回家。一进家门，对妈妈说："妈妈，我回来了。"话音刚落，它就钻进书房，急匆匆拿出作业，认认真真地摆出了正确的写字姿势。妈妈看见了，还以为小猴把不正确的写字姿势改掉了，嘴角上露出了欣喜的笑容。可当妈妈一走开，小猴又趴在桌子上写作业。

　　一段时间后，小猴开始看不清黑板了，经常把6看成9，把5看成2，还闹出了许多笑话哩！有一次，在数学课上，老师把"6+5=？"写在黑板上，问小猴："这道题等于几？"小猴回答："9+2=11。"全班同学听了哄堂大笑，都喊小猴"近视虫"。

　　老师把小猴经常出错闹笑话的情况告诉了小猴妈妈，还建议小猴妈妈带小猴去医院检查眼睛。小猴妈妈听了后忧心忡忡。

　　第二天，小猴妈妈带小猴去医院看了眼科医生。医生认真检查后对小猴说："你得了假性近视！"啊！小猴一听，顿时傻了，冷汗也冒了出来。过了一会儿，小猴担忧地问："医生，我的眼睛还能好吗？"医生意味深长地对它说："你想让眼睛好起来也不难，关键要看你有没有毅力。"小猴一听立刻高兴地跳起来："医生医生，你快告诉我，我怎么做眼睛就会好？"医生看到小猴可爱的样子，笑着说："一是少看电视，二是少玩游戏机，三是少玩手机，四是注意正确的写字姿势。这些你能做到吗？"小猴胸有成竹地说："我能做到！"

　　从此以后，小猴按照医生说的去做，眼睛渐渐好了，它的外号也就没有了。

　　再来看一位年轻爸爸讲的故事。

　　爸爸今年36岁，儿子今年10岁，儿子特别活泼，而且成绩优秀，所以老师都非常喜欢他，但自从上了三年级，爸爸就发现这孩子不爱说话了，学习成绩也开始下降。爸爸问儿子，儿子也不说，老师打电话和家长反映，问成成是不是近视了。原来，他上课不记笔记，注意力也不集中。老师建议成成爸爸，最好带孩子去医院检查一下视力！爸爸一听就着急了，原来这孩子眼睛好好的，我们管得也比较严，平时不看电视，也不让玩手机电脑的，怎么就近视了呢？

爸爸赶紧请假带孩子去了儿童医院的眼科，又是验光又是散瞳。医生告诉爸爸，成成的确已经近视了，现在左眼200度，右眼175度。

爸爸着急地问医生怎么办，医生说只能采取戴眼镜的办法。而爸爸不想让孩子戴眼镜，看着身边许多孩子眼镜度数越来越深，视力一步步下降，爸爸不想孩子也变成这样，戴一辈子眼镜。

爸爸为了能够让儿子恢复视力，从网上的问答平台到线下的中医诊所，遍寻良方。听很多人说戴角膜塑形镜挺好，但是他觉得孩子太小，晚上戴时间长了就怕伤了眼角膜；又想到了近视手术，但是医生说孩子眼球还在发育，不能手术，而且也容易反弹，视力还会下降，因此也放弃了。就在要放弃无助的时候，来听另一位家长的介绍，给孩子找到了一种恢复视力的方法。

一是舒适的光线用眼。可以得到良好的视觉信息，光线过强或过暗都会给眼睛带来不良的影响。因此青少年平常看书的书桌应有边灯装置，其目的在于减少反光，以降低对眼睛的伤害。

二是读写姿势要正确。无论读书还是写字都要在书桌前进行，后背挺直，眼睛距离书本或电脑屏幕30厘米以上，不能歪头写作业，不能躺着看书，不能在车上看书，不能在阳光下或光线不好的地方看书。

三是适当让眼睛休息。读书、写字、看电视、玩电脑手机时间不能超过1小时，就像课间一样，要休息一会儿，往远处看看。

四是减少辐射影响。电视、电脑、游戏机等电器设备的屏幕辐射出的X射线可大量消耗视网膜中的视紫质，可以使视力明显减退。用眼时间过长，会使眼睛负担过重，容易引起调节性（或称功能性）近视。尤其是玩游戏，时间长了，对眼睛的伤害会很大，甚至致盲。

五是作息时间要有规律，睡眠要充足。睡眠不足会导致眼睛结膜充血、分泌物增多、畏光流泪、眼睛酸痛等结膜、角膜炎症。应尽量避免风沙、烟尘、紫外线、红外线、化学物品、医药用品等对眼睛的伤害。个人卫生要保持清洁，毛巾、脸盆、手帕等个人物品要专人专用，尽量不用他人物品，以免造成交叉感染，引起眼部疾病，导致视力下降。

六是营养摄取要均衡。偏食或过多摄入糖和蛋白质，从而缺乏如锌、钙、铬等微量元素，都不利于视力健康。预防方法是多吃一些蔬菜、水果、肝脏、鱼等食品。

七是做眼保健操。通过按摩眼部周围各穴位和肌肉，刺激神经末梢，增加眼部周围组织血液循环，调节眼的新陈代谢，从而达到消除疲劳、增强视力、预防近视的目的。此外，多接触青山绿水等大自然景物，也有利于眼睛的健康。

八是定期检查视力和眼睛。视力反映着眼睛的主要功能，通过检查能够及时了解眼睛的健康状况。特别是脑力劳动者、从事费眼力的工种以及青少年学生，这些人更应该提倡定期检查视力和眼睛。

九是眼镜合适应该常戴。戴与环境相适应的眼镜可以保护眼睛，例如，强光下戴墨镜；远用眼为主时戴远用眼镜；近用眼为主时戴近用眼镜；看电脑为主时戴电脑眼镜；电、气焊时戴电气焊专用眼镜；但不同人的屈光情况不同，用眼情况不同，应戴什么眼镜、何时摘戴因人而异。矫正远视、治疗弱视的眼镜应该常戴不摘。其他情况比较复杂，何时摘戴因人而异，不能一概而论，一定要听视光学专家的建议。

## 家规育儿微语

眼睛是人的灵魂之窗，一旦失去了眼睛，人的世界都会变得一片黑暗，人生也会变成黑白的。建议家庭建立护眼（保护身体所有器官）家规，家长培养孩子从小爱护眼睛及身体所有器官的良好习惯，让各个器官健康发育，健康成长，发挥功能，伴随终生。

## 第71条 乐观

她出生于1911年的木县，父母做大米生意，童年的生活无忧无虑。20岁以后，她认识了一个男人，结婚半年发现对方是个无赖，因此选择离婚。她33岁时遇到一个厨师，重新迸发出爱情的火花，再次结婚后开始一段温馨的俗世生活。后来丈夫死了，她再次独居。

年轻时，她就喜欢文学，爱好阅读。五六十岁时，又爱上了舞蹈。阅读满足了她精神的需求，独居也成了享受。舞蹈让她有了健康的身体，年龄仅是数字。她爱美，一个人的生活，也要过得有声有色。镜子和口红时刻放在身边，即使不出门，早晨也要化个淡淡的妆。

92岁时，她跳舞扭伤了腰。儿子看她心情特别郁闷，就让她写诗。因为她年轻时就梦想着写诗，儿子的建议给了她很大的鼓励。当她看到自己的诗歌在报刊上发表时，格外高兴，同时也给了她继续写诗的动力。她不停地写，也不停地发表。

2009年秋天，98岁的她出版了处女诗集《别灰心》，当年销量就超过150万册，并进入日本2010年度畅销书籍前十名。要知道日本的诗歌书籍印量很小，一般只印几百本，她创造了日本诗歌书籍出版的"神话"。

她的诗歌以情爱、梦想和希望为题材，像阳光一样温暖。她快乐地写诗，连诗歌都充满了激情。《产经新闻》"朝之诗"专栏编辑在《不灰心》序言中说："只要看到柴田婆婆的诗，我就仿佛感受到一丝清爽的风吹拂脸庞。"她的诗歌达到一个高度——生活和生命的高度。

2011年年初，她出版了第二本诗集《百岁》，已经售出了几十万册。当记者问她，你没有意识到自己一百岁了吗？她开玩笑说："写诗时没有在意自己的年龄。看到写好的书，才知道自己已经100岁了。"

她就是这样乐观。一个人寂寞地生活二十多年，耳闻目睹了人间的许多悲喜剧，并眼睁睁看着自己接近死亡，但100岁的她依旧充满希望，对自己说：喂/说什么不幸/有什么好叹气的呢/阳光和微风从不曾偏心/每个人/都可以平等地做梦/我也有过/伤心的事情/但活着真开心/你也别灰心。

她就是柴内丰，一位日本的平常老婆婆。因为有写诗的梦想，90岁之前，她默默无闻，90岁之后，一举成名，取得了辉煌的成就。

古希腊的大哲学家苏格拉底还是单身的时候，和几个朋友一起住在一间只有七八平方米的小屋里。尽管生活非常不便，但是他一天到晚总是乐呵呵的。

有人问他："那么多人挤在一起，连转个身都困难，有什么可乐的？"苏格拉底说："朋友们在一块儿，随时都可以交换思想，交流感情，这难道不是很值得高兴的事儿吗？"过了一段时间，朋友们一个个相继成家了，先后搬了出去。屋里只剩下了苏格拉底一个人，但是他每天仍然很快活。

"我有很多书啊！一本书就是一个老师。和这么多老师在一起，时时刻刻都可以向它们请教，这怎能不令人高兴呢？"

几年后，苏格拉底也成了家，搬进一栋大楼里。这栋大楼有七层，他的家在最底层。底层在这座楼里环境是最差的，上面老是往下面泼污水，丢死老鼠、破鞋子和杂七杂八的脏东西，那人见他还是一副自得其乐的样子，好奇地问："你住这样的房子，也感到高兴吗？"

"是啊！你不知道住一楼有多少妙处啊！比如，进门就是家，不用爬很高的楼梯；搬东西方便，不必花很大的力气；朋友来访容易，用不着一层楼一层楼地去叩门询问。特别让我满意的是，可以在空地上养一丛一丛的花儿，种一畦一畦的菜，这些乐趣啊，数之不尽啊！"苏格拉底情不自禁地说。

过了一年，苏格拉底把一层的房间给了一位朋友，因为这位朋友家有一个偏瘫的老人，上下楼很不方便。他搬到了楼房的最高层第七层，可是他每天仍是快快乐乐的。

那人又故意问他："先生，住七楼是不是也有许多好处啊？"苏格拉底说："是啊，好处可真不少呢！每天上下几次，就是很好的锻炼机会，有利于身体健康；光线好，看书写文章不伤眼睛；没有人在楼顶干扰，白天黑夜都非常安静。"

后来，那人遇到苏格拉底的学生柏拉图，问道："你的老师总是那么快快乐乐，可我却感到，他每次所处的环境并不那么好啊！"

柏拉图说："决定一个人心情的，不在乎环境，而在于心境。"

相信大家都听过半杯水的故事。讲述的是两个人穿越沙漠去另一边的绿洲。天气炎热，喝水量很大。走到一半的时候，一个人发现自己的水壶只剩半壶水，心里有些紧张烦躁。他一边走一边抱怨、诅咒、谩骂。而另一个人则想到自己水壶还剩半壶水，只要他很节省点喝，就一定能熬到头。后来，惋惜自己只有半壶水的人没有走出沙漠，而心态好的另一个人则走出了沙漠。

心理学家认为，乐观是一种"迷人"的性格特征。乐观对一个人的成长起着积极的作用，能使人对生活中的许多困难产生免疫力，能使人的身体更加健康。乐观的人更容易与周围的人保持融洽的关系，也更容易获得家庭的幸福和事业的成功。

### 家规育儿微语

建议家庭建立乐观家规。家长营造和谐融洽家庭氛围，让家庭充满情趣，培养孩子乐观积极的良好心态习惯，保持孩子天真烂漫的童心，让孩子爱好广泛，鼓励孩子多交朋友，教会孩子与人融洽相处，引导孩子学会摆脱困境。

## 第72条 积极

他是一个严重晕车的农民，一上车，就会吐得一塌糊涂。连骑自行车，他也会恶心难受。他很少出门，连十多里外的小镇也很少去。如果把这个社会比作一辆车，那么"交通"和"信息"就是这个社会的两个轮子，而他的人生因为远离了"交通"，就像缺了一个轮子，他跑不起来了。

同龄人纷纷外出打工，很快赚回了真金白银，建新房，娶妻生子，其乐融融。而他在家承包一些田地，种水稻、种小麦、种西瓜、种花生……勉强维持生计。年轻的姑娘很现实，看他盖不起新房，连乘车出趟远门都可能吐得要了他的命，没有人愿意嫁给他。

后来农闲的时候，村里人经常看到他跑到车站，尝试着乘车，乘一小段就会要求司机停车，然后蹲在地上吐一会儿。吐完了，再等下一班车来，然后又是乘一小段，下车吐一会儿，如此循环。

为了治自己的病，他徒步走到县医院、省医院，但没有一点效果。他又买了许多医药书，自己琢磨。阅读大量医书后，他终于明白，晕车是由于人的前庭系统太敏感引起的，如果要减轻晕车，唯一的办法就是抑制前庭系统的兴奋水平。

三十岁那年，他对年迈的父母说，自己准备去学车。大家都反对，这样一个一上车就会呕吐的人，怎么可能学开车呢？但他坚持。

家人帮他找了一位教练，事先告诉教练他的情况。教练答应了老人，但他"一上车就吐"的症状还是让教练接受不了。于是，他每天上车前基本不吃东西，只喝一些盐水，这样肠胃里就没什么可吐的了。神奇的是，症状竟然慢慢在减轻。他觉得自己的坚持是对的，慢慢地，他可以连续驾驶汽车半个小时，身体也没有什么症状了。

他拿到驾照后，借了不少钱，买了一辆二手的旧卡车，跑起了运输，赚下了人生第一桶金，他也盖起了房子娶了妻子。后来妻子因为他经常跑长途很担心，他索性卖掉了货车，举债到城里买了一辆出租车。现在他每天有8个小时在出租车上，从来不会晕车了。

有一天，这位司机与我一起吃饭，说起他的故事，他说自己是一个"神医"，自己医好了自己的病。我不明白，当年他怎么知道开车可以医好晕车症呢？

他说，有一次看二战片，片中有个场景：一艘太平洋上的战舰上，士兵们因为风浪太大晕船，此时，战舰雷达上捕获到前面有敌舰，敌舰武器装备精良。舰长知道士兵们因为晕船几无战斗力了，大家的命运凶多吉少。警报发出后，士兵们全部进入战斗位，集中火力射向敌舰，鏖战一个小时后，敌舰仓皇而逃。而让人惊奇的是，所有士兵都没有了晕船症状。

如果当年他没有去"啃"那些难懂的医药书，如果他没有看到这部片子，如果他没有不肯低头的勇气、积极向上的态度，他现在又将身处哪种情境？

上苍向来不会垂青一个弱者。幸运的是，他没有听从命运的安排，面对缺陷，不是逃避，而是积极面对，并且迎着缺陷奔跑，把可能毁掉他人生的"缺陷"狠狠地倒在地，终于逆势起飞了。

一位国画大家要选一个年轻人做他的关门徒弟，前来考试的人很多，但经过几轮淘汰赛后，只剩下两个年轻的画家：一个是从美院刚刚毕业的，他的作品已多次参加各种画展，获得了不少奖项；另一个年轻人则是刚从乡村来的，他酷爱绘画，画出了不少上乘之作，自学成才，备受画坛称道。

　　大画家说："你们两位的作品我都看了，难分伯仲，现在我只有看你们各自的天赋了。"大画家让他们各自为对方画一张像，两个年轻人立刻支好画板，迅速观察对方画起来。乡村来的这个年轻画家想，画人，一定要抓住一个人美的形态，把一个人外在的美和心神的美完美地结合起来。于是他就仔细观察对方所具有的美的特质，一笔一画地谨慎地给对方画像。对方的额头较窄，他就画饱满些，对方的眼睛较小，他尽可能把它画大些，使它更具熠熠神采。

　　而从美院刚毕业的这位年轻画家就不同了，他暗暗思索：对方现在是我唯一的竞争对手，把他画得太美，无疑对自己不利，不如略微把他画得丑一些，这样对于向来喜欢洁净、纯美的大师来说，自己就不知不觉中多了一分胜算。于是，他就着意渲染对方脸盘的粗糙，着意渲染对方脸上那个不太明显的痣子。

　　两个年轻人很快画好了，应该说，这两幅作品都是他们难得的得意之作。他们把各自的作品交给大画家，等待大画家的评判。大画家拿起两幅画，又再三瞧了瞧这两个实力都不俗的年轻人，最后大画家对从美院刚刚毕业的那个年轻人说："很遗憾我们两个没有师生缘。"这个年轻的画家很不解。

　　大画家叹了一口气说："从事美术创作需要一种天赋，那就是从平凡中发现美，渲染美，不管他是你的敌人还是你的竞争对手，你都要观察和着意表达他的美，不能因为其他的因素而掩盖对方的美。画出你的对手美，画出你的敌人美，这才是一个人作为杰出画家所必需的天赋和胸怀，这样的画家才会有前途，才具有成为画坛大师的天赋。"这个年轻人明白了，惭愧地背起自己的画板走了。

　　是的，不管他是你的对手或朋友，也不管他对你有什么潜在的敌意，用你积极宽容的心去客观地看待他，用你的善良去仔细发觉和渲染他那一点点的美，那么你就拥有了一种生命博大的气度，你就拥有了一种成为伟人的天赋。

## 家规育儿微语

人生的方向是由"态度"来决定的：积极的人生态度是成功的催化剂，即使遭遇困难，也可以获得帮助，事事顺心；相反，消极的、冷漠的人生态度则会最终使自己遭遇失败。好在人生态度不是先天就有，建议家庭建立积极家规，家长注重培养孩子积极向上的人生态度，成就孩子积极成功的人生。

## 第73条 进取

齐白石是我国著名的书画大师，1952年的一天，著名诗人艾青得到一幅齐白石的画，不能判断是不是真的。于是他把这幅画拿到齐白石家，请他鉴定。齐白石用放大镜仔仔细细地看了又看，说："我可以用两幅画跟你换这一幅画，行吗？"艾青一听齐白石的话，马上从中悟到了两层意思：一是这幅画是真的；二是这幅画比较经典，顶得上齐白石的两幅画。他当然不肯交换了。齐白石叹了口气说："哎，我年轻时画画多认真啊。"原来，艾青拿的这幅，是齐白石几十年前的作品。

艾青走后，齐白石将自己关在了书房里，坐在椅子上，沉思了好久好久。沉思以后，齐白石开始拿起毛笔，一笔一笔地练起描红来，一直练到了深夜。

儿子发现了父亲的异常，他进来问："爸，你怎么又练起这种初级的东西了？"齐白石叹了口气，说："今天白天，你艾青叔叔来过了，他拿来了一幅我几十年前的画。我看了那幅画，很受触动。那时我还没有太大的名气，每画一笔都非常认真，不构思好、不想好，就不动笔。"

"现在我名气大了，很多人说我画得好，随便涂几笔就是什么大师级的了。我自己听得多了，也就觉得自己画得不错，有些飘飘然了，有意无意地放松了对自己的要求。直到看了这幅画，我才突然警醒，再也不能被名气这种东西蒙蔽了，我要重新认真练习，要自己管住自己。"

从这以后，齐白石再画画，就非常认真。他不顾年事已高，天天练笔练画，从不间断。有时候，为了创作一幅画，他甚至要花上几个月的时间。他晚年的画，始终保持着较高的质量。

再来看一个年轻人的故事。他不知道自己应该干什么，觉得自己一生没有多大希望了。在迷茫中，他去找一位算命先生，想看看自己到底还有没有什么转机。

算命先生说："你现在处境不好，是不是？""是啊！"年轻人有些吃惊，也有些丧气，吃惊的是算命先生算得这么准，丧气的是自己命运不好得到了证实。"我没有好好念书，没有什么本事，工作也不好找。好不容易找了个工作，可是我连续一个星期睡过了头，又被开除了。您给我算算我的中年吧，我会不会苦尽甘来呢？"

算命先生掐指一算，摇头说："你到30岁还成不了什么大事业！"年轻人大失所望，问道："看样子我命该如此！40岁呢？40岁应该有些转机吧？"算命先生笑了笑，轻蔑地看了看年轻人，说："到了40岁，你就习惯了！"

"到了40岁，你就习惯了！"这难道不是一句足以像警钟一样响彻耳膜的话吗？当一个人习惯平庸、甘于落后的时候，也就是他丧失进取心的时候，那将是多么可怕的事啊！

没有进取心的人往往得过且过，难以集中精力，更不会挖掘隐藏在体内的潜力。进取心对一个人实在太重要了。没有它你就不会坚持学习，遇到挫折就会立即放弃，获得一次成功就会自我满足。对于一个人来说，年轻时没有它就会整天游手好闲，不学无术；到了中年还没有它，就会一事无成，苟且偷安；步入晚年，生活就会没有着落，惨淡无光，更不用说什么大器晚成了。

不论做什么，即使是最细小的事，哪怕是游戏，都需要有动力。但是当一个人对百无聊赖的生活和枯燥乏味的工作习以为常后，他就会麻木地听从现实和命运的摆布，任凭进取心在岁月中消磨殆尽。丧失了进取心的人就如同一部陈旧的机器，锈迹斑斑，而且会以最快的速度蔓延。

进取心的力量是不可估量的。年轻的日本商人齐藤竹之助一心希望能在商业中有所作为，可是到了57岁的时候，他拥有的全部"财富"就是320万日元的债务。你能想象他最后的结局吗？四处躲债？消极遁世？宣告破产，一走了之？甚至自杀身亡？然而，让人难以置信的是，15年过去了，72岁的他成了世界顶级推销员。他对于成功经验的概括只有两点：一要有坚定的信念，二要有不断进取的精神。

　　这三个事例无疑是震撼人心的。希望每一个人都保持进取心，并用于你的学习和生活，这样成功就离你不远了。

## 家规育儿微语

　　建议家庭建立进取家规，父母注重培养孩子的进取心，帮助孩子培养敢于进取的能力。它既包含了实际应付挑战的能力，例如智力、体力、技巧，也包含了处理挫折、面对失败的心智和情绪能力。还有很多人在没有成绩的时候非常的努力，像老黄牛一样踏踏实实地劳作，而一旦取得了一点成绩后，就会不知不觉地骄傲起来。因此，需要我们父母和长辈有计划地来帮助孩子获得进取心，并保持这样的能力。

## 第74条 勇敢

　　有一只胆小的小刺猬，他整天跟在妈妈旁边，不肯离开妈妈一步。一天，刺猬妈妈生病睡在床上，小刺猬也和妈妈睡在一起。刺猬妈妈对小刺猬说："孩子，我肚子饿了，你去给我找些野果来吃吧。"小刺猬摇摇脑袋，说："不，我怕，我怕出门！"

　　刺猬妈妈说："孩子，你已经长大了，不能老是跟着妈妈，要勇敢地迈出去。"

　　小刺猬走出了家门，独自向森林走去。突然，小刺猬被树枝上挂着的一个毛茸茸的东西吓了一跳，他没敢细看，回头就跑："老虎来了，我怕，妈妈快来呀！"

　　金丝猴"嚯"地一下跳下树枝，笑着说："别怕，我是金丝猴，我不会欺负你的。"小刺猬指着金丝猴背后一动一动的尾巴，说："你背后藏着一条棍子，你会打我的。"金丝猴"滴溜儿"翻了个筋斗，说："你看，这是我的尾巴，不是棍子。"小刺猬这才放心地向前走去。

走不多远，树丛中"腾"地跳出一只大老虎。老虎张着大嘴巴，要吃小刺猬。小刺猬吓得缩成一团，像一个带刺的大皮球。老虎用爪子摸摸刺球，这些刺呀，又尖又硬。老虎想，这可不好吃啊，尖刺会把嘴巴、舌头都扎穿的。老虎叹了口气，一屁股坐在地上，眯起眼睛打起瞌睡来了。

小刺猬偷偷一看，心里急了，妈妈还等着吃果子呢。小刺猬想了想，壮了壮胆，用脚"啪"一蹬，滴溜溜向老虎屁股上滚过去。老虎屁股是碰不得的，被小刺猬"咔嚓"刺出了血，老虎可火啦。但是，他想不出对付小刺猬的办法，只好到别处去了。

金丝猴又"嗖"地一下从树上跳下来，跷着大拇指，说："你的胆子不小啊，老虎都被你吓跑了。"小刺猬擦了擦头上的汗，说："刚见到老虎，我怕得很，后来见他对我没有什么办法，我的胆子就渐渐大了。"

小刺猬把野果采下来，堆在地上。他用身子"呼啦"一滚，一个个果子都被钉在长刺上。小刺猬就这样背着很多果子回到了家，一边给妈妈吃果子，一边把刚才的事告诉了妈妈。妈妈高兴地说："你变得很勇敢，把老虎都吓跑了。"

以后，小刺猬的胆子越来越大了，小刺猬敢出门和动物们一起玩了。

可小熊最瞧不起的就是小刺猬了。瞧他那丑样儿：满身抵着大针，又尖又小的脑袋，老是缩在肚子下面，一副胆小怕事的样子。

有一天，小伙伴们在玩捉迷藏，小刺猬也想参加，小熊不高兴了："去去去，你凑什么热闹？"小鹿和小松鼠都为小刺猬求情道："让小刺猬来吧，小熊！""哼，让他来，他能干什么？既胆小又呆头笨脑的。"小熊叽咕道。

"这话太不公平了！"小白兔跳出来打抱不平。小刺猬并不胆小，前天还吓跑老虎呢；也并不笨，每天夜里他都能捉几只老鼠。"捉老鼠有什么了不起？"小熊提高了嗓门道。"他能像我跑得那样快吗？能像我一样爬上这棵树吗？"大伙儿不吭声了。小刺猬那圆乎乎的身子动了动，悄悄地退到一边去了。

捉迷藏开始了。小白兔撒腿往草丛里跑，雪白的身子被长长的草遮住了。忽然，小白兔惊惶地尖叫起来："蛇！蛇！"小伙伴们都从藏身的地方跑出来，问蛇在哪儿？不等小白兔回答，只听得"嗖嗖"一阵响，那条蛇已经爬到他们跟前了，身体又细又长，三角形脑袋，嘴里的毒芯一伸一伸，还发出"嗯嗯"的声音，怪吓人的。

小熊大喊一声"快跑！"他第一个转身就跑，小白兔、小松鼠和小鹿跟在后边。

蛇拉直了身体，拼命朝前追。经过小刺猬跟前，小刺猬一口咬住了蛇的小尾巴，然后把头缩进肚子底下。蛇把头抬得高高的，凶狠地摇了摇，想咬死小刺猬。小刺猬一点儿也不害怕，还是紧紧地咬住蛇尾巴不放，蛇盘就成一团，想绞死小刺猬。小刺猬鼓足劲，弓起背，全身的尖刺都竖得直直的挺挺的。蛇使劲一盘刺猬，身上被刺了无数个小洞，蛇流血了，蛇再一使劲，没想到刺穿了蛇的七寸，挣扎了几下，最后一动也不动了。

小伙伴们都回来了，看到小刺猬把凶恶的大毒蛇给刺死了，七嘴八舌地夸奖起来："多亏你救了我们！""小刺猬不但能捉老鼠，还能斗毒蛇，真了不起！"小熊红着脸，低着头说："小刺猬，你真勇敢，我以前小看你了，请原谅我吧！"

体格强壮却胆小的小山羊丁丁，在以前的比赛中，连一个狭窄的小山谷都不敢跳。妈妈很为丁丁的胆小而担心，于是讲了小刺猬勇敢斗大老虎和毒蛇的故事，感染了丁丁，丁丁发誓要勇敢起来。恰巧这时一只老虎向他们扑了过来，丁丁选择了引开老虎，保护妈妈的策略，便一路快跑，跳过了一个又一个山谷。丁丁跑到最难跳的山谷时，他一下就跳了过去，连老虎都望而生畏。丁丁妈妈惊呆了，激动地望着丁丁。妈妈很为丁丁感到骄傲。从那以后，丁丁再也不害怕跳山谷了。

## 家规育儿微语

成长的过程往往是艰难的。小孩子迈开人生的第一个每一步，都需要莫大的勇气，更不用说还有与同龄人在一起的压力——怕输、有可能被排挤、想表现出色等等。建议家庭建立勇敢家规，父母注重培养孩子的勇敢精神，在生活中尽可能让孩子独立做一些事情，勇敢地去尝试，如让孩子自己穿衣、收拾玩具、吃饭等，独立尝试运用自己的智慧克服更大的困难，慢慢帮助孩子建立信心，不怕危险，不怕困难，临危不惧，大义凛然，有勇气，有胆量，无所畏惧，勇担责任，果敢行动，敢作敢为，做一个勇敢的人。

# 第七章 诚规

## 第75条 守规

这是一个触目惊心的故事：在2014年的一天，一辆接送孩子的小车停在某学校门口的公路旁，车上有一个小学生的奶奶在路边等他。那个小男孩看见了奶奶，非常兴奋，站起来招手呼唤，忘记了向左右看有没有车辆通过，一下车就横冲马路直奔奶奶。奶奶还来不及提醒孙子注意快速飞驰过来的货车，不幸的事情就发生了，"砰"，那个小孩被飞驶过来的货车撞倒在地，当场死亡。

行人该如何过马路？《道路交通安全法》规定，行人通过路口或者横过道路，应当走人行横道或者过街设施；通过有交通信号灯的人行横道，应当按照交通信号灯指示通行；通过没有交通信号灯、人行横道的路口，或者在没有过街设施的路段横过道路，应当在确认安全后通过。显然，这个小学生下车时，缺乏基本的交通安全意识，过马路时没有看看左边右边，确认安全后再通过，而是一下子就冲出去。这样看起来非常不起眼的一个动作，造成了无法挽回的遗憾，留给了家人一辈子的痛苦。

现在城市交通日益繁忙，像这种悲惨的交通事故在国内每年上十万起，我国交通事故死伤率高居世界第一。交通事故已经成为危及人民群众生命财产安全的"第一杀手"，也是我们未成年人的"第一杀手"。

而我们的邻国日本，是一个岛国，人多车多，高速公路上车水马龙。在进入东京的高速公路上，朋友遇到了长达几公里的大堵车。看着前不到头后不到尾的汽车长龙，友人不免焦躁，可负责开车的燕子和其他司机一样，气定神闲地听着歌，连喇叭都不按一下，蜿蜒几公里的塞车长龙安静得像个停车场。很难相信这里发生了这么严重的堵车，友人身在其中，就像在演出一部无声电影。想起年前春运在京珠高速上遇到堵车，喇叭声、吵架声、小贩哄抬物价的叫卖声交织在一起，闹得人心慌意乱。让友人想不通的是，日本这条道堵得一动不动，对向车道却畅行无阻，而且过来的车不多，但大家还是老老实实有序排着队等候。

"没警察，咱们不如借对向车道往前开吧？在国内遇到这种情况我就这么干，不这么干的才是傻瓜呢。"友人自以为是的给燕子出馊主意。"你看有谁这么开车？"燕子像看怪物一样看着友人。"你真的这么开车？你没学过交通法规吗？"这句话戳中友人的痛处："我的确没认真学过交通法规，因为我的驾照是托关系买的。"没有学过交通法规，遵守就无从谈起。不过，一些基本的规则还是知道的，更重要的是：知法违法。当大家都把破坏规矩当时尚当生存智慧的时候，守规矩就变得不合时宜的古板和可笑。燕子告诉友人，日本人绝不会这么做。

2011年3月，日本发生9级地震时，燕子恰巧在东京出差。当时整个城市的交通几乎瘫痪，路上堵着长长的汽车长龙，即便那种时刻也听不到喇叭声，更没人胡乱加塞变道。为了减轻交通压力，几百万东京人自觉放弃开车，每天冒着严寒自动列队步行几小时上下班。燕子当时就是步行者中的一员，她说，为了按时上班，她每天5点钟起床，迎着风雪走两个半小时赶到公司，下班后再走两个半小时。友人说："真艰苦！路上一定很难熬。"燕子说："因为有数不清的人是我的同路人，大家相互安慰相互鼓劲儿，所以并不觉得每天的跋涉有多苦。"

再看看美国旧金山的同学怎么做的。他利用出差间隙，驱车带我们参观渔人码头。到了目的地，他示意我们先下，说自己需要找地方停车。我们很纳闷：街道两边，明明稀稀拉拉停了几辆车。

"那几辆车是残障人士开的。按规定，他们可以停，我们不可以。"同学解释。我们上前一看，果不其然。人家车上的后视镜上，挂着个纸牌，上面写着"残障人士"的字样。

我们半真半假地跟同学说笑："早知道你也带个'残障人士'的牌挂上，鱼目混珠，多方便。"

"不可以。一旦警察发现，我会被罚款的。如果大家都这样想、这样做，真正有需要的人享受不了便利。这对他们不公平。"同学正色道。"死板教条。"我们笑他。

无独有偶。在澳大利亚墨尔本，遇到一个比同学还要"教条"的餐馆老板娘。

那是一个周末，我们一早去了墨尔本金矿游览，出来时已近下午3点。两人正饥肠辘辘，惦记起路上的一家中餐馆。到了那儿，老板娘正准备打烊，说是已过了午餐营业时间，若真的对她家情有独钟，欢迎晚上光临。

听她这么说，我们有些上火。为了吃上中餐（哪怕一碗面条），我们已饿得前胸贴后背。再说，大家都是中国人，不该"大水冲了龙王庙，一家人不认一家人"。于是，建议她本着"顾客是上帝"的经营理念，本着"老乡见老乡，两眼泪汪汪"的情怀，给我们来碗面。也就20分钟，多大件事儿？不承想，老板娘软硬不吃，执拗地表示，她不能坏了规矩。如果她延时营业，沿街的其他餐馆发现了，会投诉她扰乱行业的公平竞争。

话说到这份儿上，我们没有理由再跟她胡搅蛮缠下去。只好听从她的建议，就近买些干粮充饥。

无论日本的燕子，旧金山的同学，还是墨尔本的餐馆老板娘，面对规则所表现出来的"死板教条"，都让我们印象深刻。每跟朋友说起，虽有些调侃，但是，内心里我们还是充满敬意的。他们是守规则的，正因如此，他们不但维护了社会的有序，也捍卫了每个人都需要的"公平"，更维护了自身的安全。

所以，我们的家庭应该从小培养孩子的守规意识，比如自觉的遵守交通法规：过马路要看清信号灯，红灯停、绿灯行，要走人行横道，不得翻越交通护栏；未满12岁的儿童不得在马路上骑自行车；不能在马路上三五成群地玩耍和嬉戏，虽然这些看起来都是鸡毛蒜皮的小事，但往往就是这些鸡毛蒜皮的小事引起了一些重大交通事故，给家庭、社会造成了很大损失。我们不仅自己要遵守交通法规，而且发现有人违反了，应及时地批评、劝阻。

古语云："没有规矩不成方圆。"这是千百年的老道理。何为规矩？何为纪律？作为一名家庭成员，家规就是具体的规矩和纪律，都必须不打折扣，严格遵守。我一直在思考"克己复礼"的内涵，按照孔老夫子的意思，"克己"就是一个人能够克制自己，战胜自己，不为外物所诱，而不可以任性，为所欲为。朱熹认为，"礼"字即是"理"字，"复礼"就是应该遵循天理制度，认为规范行为是克己复礼的精髓所在。我心中认为的"克己复礼"，应有两层含义，一是克己，即通过法律法规，要求每个人克制自己的私欲，规范自己的行为；二是复礼，通过每个人的习惯使得内心转变，真正崇尚仁义、善良、质朴、诚实守信。克己复礼为仁，最终达到人与人之间和谐相处，这便是我们的家规了吧。

### ❖ 家规育儿微语 ❖

社会需要规则，规则既维持秩序，更保护自己。建议家庭建立守规家规，家庭从小培养孩子的信规守规意识。从身边那些鸡毛蒜皮的小事做起，诚实守规，包括法律、法规、纪律、家规等等规范，克制自己的私欲，规范自己的行为，让规矩成为我们孩子心中的信仰，让法规成为我们的守护神，法规将永远保护着你，和谐人与人之间的关系，带给你幸福。

## 第76条 守诺

宋庆龄小时候有这样一个小故事。

一个星期天,宋庆龄一家用过早餐后,就准备到父亲的一位朋友家做客,小庆龄听了,高兴得一蹦三尺高,心想:"终于要去叔叔家了,他家养的鸽子可漂亮了,叔叔还说要送我一只呢!"

小庆龄正准备和爸爸出门时,她突然想起与好朋友小珍约定学做花篮的事,便停下脚步,对爸爸说:"爸爸,我已经和小珍约好要教她做花篮,所以不能去叔叔家了,你代我向叔叔问好吧!"爸爸说:"我已经和叔叔约好了,要带你们姐妹都去,叔叔特别想见你!和小珍说一声,改天再教吧。"小庆龄坚决地说:"不行!我已经答应小珍了,我不能让她失望!"父亲很欣赏女儿的守信行为,于是将她留在家中等候小珍了。

父亲到了朋友家,叔叔一边和小庆龄的父亲热情地握手寒暄,一边用目光寻找小庆龄,问道:"老宋,小庆龄怎么没来?"爸爸把事情的原委告诉了他,叔叔赞许地点点头:"这么小的孩子就知道讲诚信,真是难能可贵呀!"父亲要走的时候,叔叔叫住了小庆龄的父亲说:"哎,等一下!把这两只鸽子给小庆龄带回去,我答应过她,我也不能失信哪!呵呵,这多出来的一只就算是奖励吧!"

很多人都听过这样一个故事:曾子是古代的一位大贤人,他是孔子的学生,有一天,他和妻子两人带着几岁的儿子去外面办事情。可是孩子走路嫌累,就一直不开心,走得很慢,曾子的妻子为了让儿子快些走,就骗他说,你开开心心地和爸爸妈妈一起快些走,等回家了,我让你爸爸杀猪做红烧肉给你吃。

小孩子一听,果然精神兴奋起来,于是就很卖力地愿意和大人一起走,顺利高兴地走回了家。回家之后,曾子就把家里养的猪抓起来准备杀掉,妻子一看赶忙阻拦,她说:我只是哄哄孩子,让他快些走路的,你怎么当真了呢?曾子严肃地说:"小孩子正是学习诚实守信懂道理的时候,你怎么可以用欺骗的办法让孩子听大人的话呢,这样下次孩子还会相信大人说的话吗?我们做父母的一定要给孩子做表率,诚实守诺才对啊!"说完就把猪杀了。

今天，我们重提这个古老的故事，透过历史的尘埃，我们看到诚信守诺是一条健康而高尚的道德准绳，它将我们的品德、修养引入了纯洁美好的精神圣地，维系了我们灿烂的中华文明。

有一天，齐白石的家人看到齐老待在画室里一直没出来，心里很是担心，毕竟齐老已是85岁高龄了。按照以往的习惯，齐老应该出来活动活动了，今天怎么在画室里闷了那么久呢？家人推门进去，齐老一个劲地喊："去去去，别来打扰我。我今天任务还没完成呐。"家人看到画桌上已摆了4张新画，而齐老每天只画一幅画的啊。今天画了4幅，怎么说"还没完成任务"？

过了好一会儿，家人再推门进去，看到齐老趴在桌子上，使劲地想起身，想伸伸懒腰，因为过度劳累，差点摔倒了。家人连忙去扶，看到旁边摆了第5张画，画上还题了一款："昨日风雨大作，心绪不宁，不曾作画，今朝制上一张补充之，不叫一日闲过也。"

原来，齐老曾经给自己规定：不论刮风下雨，不论访者多少事情多忙，每天必须画一幅画，不叫一日闲过。

可毕竟齐老不是小伙子啊，年事已高，却如此辛劳，万一累出个三长两短，如何是好？所以，其家人就说：不就是一天不画嘛，干吗这样苦自己？齐老说道：你这是什么话呀！自己定的规定，自己违反，对自己都不讲信用，自己的诺都不守，那还能干什么事情？

人生啊，守别人的诺难，宋庆龄和曾子的故事就告诉了我们一个道理：许人一物，千金不移；一言既出，驷马难追。让我们从身边的小事做起，从点滴做起，让诚实守诺滋润在我们生活的环境中，无处不在。让我们都做诚实守诺的人，去呼唤诚信的春风，来吹绿每个人的心田，去开创更加美好的人生！而守自己的诺难上加难，谁能像齐白石一样，85岁了，对自己还是一诺千金，成就了更完美的人生！

❖ **家规育儿微语** ❖

墨子说："言不信者，行不果。"守诺是做人的基本原则，"言而有信，一诺千金"是我们祖先代代相传的美德。建议家庭建立守诺家规，家庭培育孩子从小遵守承诺的规矩习惯，以诚信立身，做到公正无私、不偏不倚，讲究信用，取信于人，就能妥善处理好人与人、个人与社会的关系，和谐相处，生存共依，共同协作，共同发展。

# 第77条 守时

德国哲学家康德是一个十分守时的人。他认为无论是对老朋友还是对陌生人，守时都是一种美德，代表着礼貌和信誉。

1779年，他想要去一个名叫珀芬的小镇拜访他的一位老朋友威廉先生。于是，他写了信给威廉（当时通讯工具主要是书信），说自己将会在3月5日上午11点钟之前到达那里。威廉回信表示热烈的欢迎。

康德3月4日就到达了珀芬小镇，为了能够在约定的时间到达威廉先生那里，他第二天一早就租了一辆马车赶往威廉先生的家。威廉先生住在一个离小镇十几英里远的农场里。而小镇和农场之间，隔着一条河。康德需要从桥上穿过去。但马车来到河边时，车夫停了下来，对车上的康德说："先生，对不起，我们过不了河了，桥坏了，过桥很危险。"

康德只好从马车上下来，看看从中间断裂的桥，他知道确实不能走了。此时正是初春时节，河虽然不宽，但河水很深。康德看了看时间，已经10点多了，他焦急地问："附近还有没有别的桥？"车夫回答："有，先生。在上游的地方还有一座桥，离这里大概有6英里（9.7公里）。"康德问："如果我们从那座桥上过去，以平常的速度多长时间能够到达农场？""最快也得40分钟。"车夫回答。这样康德先生就赶不上约定的时间了。

于是，他跑到附近的一座破旧的农舍旁边，对主人说："请问你这间房子肯不肯出卖？"农妇听了他的话，很吃惊地说："我的房子又破又旧，而且地段也不好，你买这座房子干什么？""你不用管我有什么用，你只要告诉我你愿不愿意卖？""当然愿意，200法郎就可以。"康德先生毫不犹豫地付了钱，对农妇说："如果你能够从房子上拆一些木头，在20分钟内修好这座桥，我就把房子还给你。"农妇再次感到吃惊，但还是把自己的儿子叫来，及时修好了那座桥。

马车终于平安地过了桥。10点50分的时候，康德提前10分钟来到了老朋友威廉的房门前。一直等候在门口的老朋友看到康德，大笑着说："亲爱的朋友，你还像原来一样准时啊！"

　　康德和老朋友度过了一段快乐的时光，但是他对于为了准时过桥而买下房子、拆下木头修桥的过程却丝毫没有提及。后来，威廉先生还是从那位农妇那里知道了这件事，他专门写信给康德说：老朋友之间的约会大可不必如此煞费苦心，即使晚一些也是可以原谅的，更何况是遇到了意外呢。但是康德却坚持认为守时是必须的，不管是对老朋友还是陌生人。

　　人们常说："时间就是金钱，时间就是生命。""守时"——看似简简单单的两个字又有多少人真正做到了呢？在社会上，上班迟到、开会迟到、约会迟到……的现象比比皆是；在学校里，上课迟到、开会迟到、搞活动迟到……守时不仅仅是一种为人处世的态度，更是一种责任！我们有什么理由去浪费别人的时间呢？我们有什么权利去浪费别人的时间呢？是的，上天从来没有给予我们任何不守时的理由，更没有赋予我们任何权利去浪费别人的时间！鲁迅曾经说过："时间就是生命，无端的空耗别人的时间，其实无异于谋财害命。"是的，时间固然宝贵，但守时更显得重要。因此，我们的家庭从小就要培养小孩子守时观念。

### ❖ 家规育儿微语 ❖

　　西方有句谚语："守时就是帝王的礼貌。"守时就是遵守承诺，按时到达约定的地方，排除例外，没有借口，任何时候都得做到。守时不是一件小事，它代表了你的素质和做人的态度。建议家庭建立守时家规，家庭培育孩子从小遵守时间的规矩习惯，管理好自己的时间。人生匆匆，每一分钟，每一秒钟都是极其宝贵的。对时间的精准把控是一个人的原始纪律，也是信用的最基本礼节，还是公共关系中的重要环节。守时，是现代人所必备素质之一，能够守时的人，就是一个惜时如命的人，也必定是一个成功的人。

## 第78条 守信

从前，大爷开了家酿酒坊。虽然酒坊开在很深很偏的巷子里，但大爷家酿的谷酒好，浓浓的酒香飘出巷子老远老远，许多路过附近的人，老远都能闻到酒香，不知不觉放慢脚步停下来，品尝这美酒，临走还带上一两壶。由于谷酒的物美价廉，一传十，十传百，人人夸好，生意兴隆。

有一天，大爷外出了，因此让小伙计看坊。小伙计偷偷地在酒里掺了两瓢水，多卖了五块钱。大爷回家后，小伙计得意地把"小秘诀"告诉了大爷，以为老板会高兴并赞扬他。谁知，大爷一听，急得蹦了起来，气得脖子都红了，说："你把我们酒坊最珍贵的东西砸了啊！"小伙计不明白。大爷几乎是哭着说："你把酒坊古法纯酿谷酒、'诚实守信'的信誉牌子给砸了啊！"果然，从此酒坊的生意一天不如一天，再也不如以前红火，买酒的人越来越少。

后来，有位大叔来买酒喝，多给了小伙计酒钱，小伙计由于受到大爷的教育，认识到诚信的可贵，小伙计便把多给的钱退给了大叔。大叔很是感动，逢人就说这个小酒坊把多余的钱退给客人，讲诚信。后来大爷的这个酒坊生意又好了起来。

"诚信"两个字不能丢！一个人也好，一个家庭也好，一个店铺也罢，知识能力可以学习培养，人才、资金可以引进，唯独诚信不能外来引进，诚信只能靠自己。诚信就是支撑大爷酒坊发展的根本。

大爷酒坊的故事深深地影响着我，记得上小学时的一次考试中，有一道题目不会做。正想偷偷地看一眼书，但很快我就打消了这个念头，因为这样考出来的成绩就不是自己的真实成绩，并为这个念头感到羞耻。后来试卷发下来，虽然分数不是第一名，但这是我真实的成绩。回家告诉妈妈以后，妈妈表扬了我，说我做得对，我心里面也很高兴，促使我在平时的学习更加努力。培养和拥有诚实守信的道德品质，对人对己都是有裨益的，是一个人一生中取之不尽的宝贵财富。愿意做一个"诚实守信"的人，并伴随一生。

现实生活中，诚实守信的人比比皆是。一个顾客走进一家汽车维修店，自称是某运输公司的汽车司机。"在我的账单上多写点零件，我回公司报销后，有你一份好

第七章 诚规

处。"他对店主说。但店主拒绝了这样的要求。顾客纠缠说:"我的生意不算小,会常来的,你肯定能赚很多钱!"店主告诉他,这事无论如何也不会做。顾客气急败坏地嚷道:"谁都会这么干的,我看你是太傻了。"店主火了:"请你马上离开,到别的地方谈这种生意去吧!"

这时顾客露出微笑并满怀敬佩地握住店主的手:"我就是那家运输公司的老板,我一直在寻找一个固定的、信得过的维修店,你还让我到哪里去谈这笔生意呢?"

面对诱惑,不怦然心动,不为其所惑,虽平淡如行云,质朴如流水,却让人领略到一种山高海深。这是一种闪光的品格——守信。

春秋战国时期,秦国的商鞅在秦孝公的支持下主持变法。当时处于战争频繁、人心惶惶之际,为了树立威信,推进改革,商鞅下令在都城南门外立一根三丈长的木头,并当众许下诺言:谁能把这根木头搬到北门,赏金十两。围观的人不相信如此轻而易举的事能得到如此高的赏赐,结果没人肯出手一试。于是,商鞅将赏金提高到50金。重赏之下必有勇夫,终于有人站起将木头扛到了北门。商鞅立即赏了他50金。商鞅这一举动,在百姓心中树立起了威信,而商鞅接下来的变法就很快在秦国推广开了。新法使秦国渐渐强盛,最终统一了中国。

早在两千多年前,孔子说:"人而无信,不知其可也!"他用毕生的精力著书立说,阐述诚信是人生立身之本,是国家立业之本,是人类发展之本……至今,延绵数千年,其伟大的精神早已深入人心,诚信的火炬一直被人们高高举起,代代相传,燃遍中华大地的每个角落,成为中华民族的传统美德,并作为东方文明的精髓传遍全世界。

### ❖ 家规育儿微语 ❖

"无信用,难立足"。守信是做人之本,不仅仅在于建立家庭成员之间和人与人之间信任的良好关系,还有利于净化社会的道德氛围,更是个人走向成功的重要条件和保证。建议家庭建立守信家规,家庭培育孩子从小诚实守信的规矩习惯,拥有了诚实守信的道德品质,一个人就能胸怀坦荡,不必为一些小事而去钩心斗角、尔虞我诈、劳心费神。守信,是用钱都买不到的人格魅力!堂堂正正做人,明明白白做事!永远不要丢掉别人对你的信任,因为别人信任你,是你在别人心目中存在的价值!失信是人生最大的破产,守信方得人心。

## 第79条 守真

早年，听长辈说过一则故事。古时候，一个偏远山区的村落里，住着一位小有名气的木雕师傅。因为这师傅的雕刻技巧远近闻名，所以附近一山上的寺庙住持，就邀请他去雕刻一尊"菩萨像"。

可是，要到达那村庄，必须越过那个山头和那阴森森的森林。偏偏这座山传说"闹鬼"，若一个人或者夜晚过这座山，就会被一个极为恐怖的女鬼杀死。因此，许多朋友就力劝木雕师傅，等隔日天亮时再启程，免得遇到不测。

不过，师傅怕太晚动身会误了和别人约定的时辰，便感谢大家的好意劝阻，而即刻只身赴约。天色逐渐暗淡，月明星稀，这时，师傅突然隐约发现前面怎么有一女子坐在路旁，原来该女子的脚摔伤走不动了，十分狼狈无助地等待帮助。师傅于是上前探询，问她是否需要帮助。当师傅得知她也要翻越山头到邻村去，就征求她意见背她送过去。

月夜中，师傅背着她，走得汗流浃背，停下歇息时，女子问师傅："难道你不怕传说中的女鬼吗？为什么不自己快点赶路，还要为了我而耽搁时辰呢？"

"我是想赶路呀！"师傅回答，"可是，你的脚摔伤走不动了，我不能把你一个人留在山里不管，万一碰到了危险怎么办？我心里怎么过得去呢！我背着你走，虽然累点，总不能袖手旁观吧。"

在明亮的月色中，这师傅看到身旁有根枯木，就拿出随身携带的凿刀工具，看着这女子，一斧一刀地雕刻出"一尊人像"来。

"师傅啊，你在雕什么啊？"那女子问。"我在雕刻菩萨的像啊。"师傅心情愉悦地说："我觉得你的容貌很慈祥，很像尊菩萨，所以就按照你的容貌来雕刻一尊菩萨！"

坐在一旁的女子听到这话，突然大声哭了起来，因为她就是传说中的那"恐怖女鬼"。多年前，她只身带着女儿翻越山头时，遇上一群强盗，但她无力抵抗，女儿也被杀害；悲痛的她，纵身跳下山谷，化为"女鬼"，专在夜间取人性命。

可是，这"满心仇恨"的女子，万万也没想到，竟会有人说她"容貌很慈祥，像菩萨！"刹那间，这女子突然化为一道光芒，消失在月夜的山谷里。

午夜，师傅越过山到达寺庙，大家都很惊讶他竟能在深夜中活着过山。而从那天之后，再也没有夜行人在这山中，遇见传说中的"女鬼"了。

可见，只要真诚善良，"鬼"都会被感化。

历史上还有三国时期刘备"三顾茅庐"的故事。刘备为了请诸葛亮出山辅佐，不惜纡尊降贵，与下人驾车前往诸葛亮住的茅庐三次。清高的诸葛亮正是被刘备的锲而不舍、求贤若渴的真诚所感动，终于走出茅庐，以其超人的智慧和毕生精力辅佐刘备，真正做到了为知己者死，做到了鞠躬尽瘁，死而后已。刘备求才若渴，诚心纳贤之举，被后世传为佳话。

"真诚"自古有之，现代社会也大有人在，著名的华人首富李嘉诚在年轻时开始创业。有一次他与外商商议转让股份时，狡诈的外商百般刁难他，最后甚至被拒绝了。失望的李嘉诚尽管很难过，但他并没有因此而迁怒于外商，而是微笑着，礼貌地握着外商的手，说："尽管我们不能合作，但我真诚地希望与你交个朋友，以后还有合作的机会，谢谢！"外商惊讶地看着这位彬彬有礼的中国小伙子，回心转意答应了他。正是"真诚"成就了李嘉诚，成就了他的首富之位。

### ❖ 家规育儿微语 ❖

常言道："精诚所至，金石为开。"真诚是一股力量，只要怀有一颗真诚的心，就是坚铁与顽石也会为之感化开启。在与人交往的过程中，真诚，是良好人际关系中关键的要素。建议家庭建立守真家规，家庭培育孩子从小真心诚实的规矩习惯，真诚待人，真诚对事。我们坚信人与人之间真诚相待，永远是最动人的旋律。

## 第80条 守实

有一个调皮而又爱撒谎的孩子，每天都在离村子不远的一片草地上放羊。一天，他为了寻开心，对着村子的方向大喊大叫起来："狼来了，狼来了！"全村人听到喊声都跑来打狼。

他却非常得意地大笑道："你们真蠢，我是逗你们玩的，那有什么狼呀，你们上当了！"几天的时间里，放羊的孩子又搞了几次这样的恶作剧。人们感到这孩子很讨厌，不理他了。

一天，狼真的来了。放羊的孩子拼命认真地喊了起来。村里的人们听到喊声，都以为又在玩着老把戏。谁也没理他。于是大饿狼把他的两只羊都吃掉了。

我们再来看一个案例。班上有个学生，他聪明、爱学习，也是个调皮的孩子。有一次，他拿着小铅笔往同桌的背上画小图案，画完后他脸上露出满足的笑容。当小朋友告他的状时，他立刻就说："老师，不是我，我没画。"说："那是谁画的？"他指着旁边的小朋友说："是他。"还有一次课间活动，小朋友在玩"找朋友"的游戏，别的同学不小心碰着了他，他抬手就打了人家，其他小朋友说是他打的，他却怎么也不承认，一个劲地说："不是我。"

我们思考，这个学生为什么不愿承认自己的错误，甚至为了遮掩自己的错误到了撒谎的地步呢？国内的学者曾对孩子说谎进行调查研究，从全国七省市5600名3~9岁儿童的调查发现，3岁儿童中有50%以上开始在家里说谎了，而且这种趋势随着年龄增长而增长，3~9岁在家里不说谎的儿童的比例为34%，较多说谎和经常说谎的比例在各年龄段都在5.5%以上，其中7岁最高，达到8.7%。

就这个案例中的学生，我们找他妈妈交谈了解。一问才知道他由年迈的奶奶带大，出去玩到处乱跑，奶奶怕他摔倒，就经常吓唬他，从那以后他就特别的胆小。他经常缠着大人陪他玩，在家里又非常调皮，经常犯小错误，犯了错爸爸就批评他。为了逃避批评，他经常会找一些理由为自己辩解开脱。久而久之，犯了错误害怕家长老师的批评、指责、挨打，以及图利益、显能力、得表扬等，因此常常说谎。

林肯说："你能欺骗少数的人,你不能欺骗大多数的人;你能欺骗人于一时,你不能欺骗人于永恒。"说谎,会使人丧失自尊心,丧失信用,最终人格破产。当你说第一个谎后,会说更多的谎来圆第一个谎,久而久之,谎说多了,必定会养成一种说谎的习惯,而这种说谎的习惯大多数又是从小养成的。孩子说谎是有个形成过程的,假如孩子初次说谎成功,就会为形成说谎习惯打开一扇门,而坏习惯一旦形成,就难于纠正。对初次说谎的孩子,由于年龄小,缺少经验,说谎话时一定破绽很多,牛头不对马嘴,不合乎情理,容易被察觉,父母要了解清楚造成他说谎的原因,采取正确的方法,进行细微耐心的教育,才会收到较好的效果。父母可以在日常生活中和孩子一起讨论哪些行为是正确的,需要坚持;哪些行为是错误的,需要避免或反对的事,并让孩子列出单子。比如坚持之事:不偷东西,信守自己诺言,维护朋友的利益,不花言巧语,说话不夸张,借了别人的东西一定归还,不说谎不欺骗。反对之事:贪小便宜,随意拿别人的东西,抄袭作业,善于迎合别人、讨好别人。从小培养一颗诚实的心。

❖ 家规育儿微语 ❖

诚实守信,既是一种道德品质和道德信念,也是每个公民的道德责任,更是一种崇高的"人格力量"。对于一个家庭来说,既是一种良好家规的表现,也是一种家庭美德,更是一种令人敬佩的良好家风。建议家庭建立守实家规,家长教育引导孩子永远守住一颗诚实的心,从小培养孩子"不说谎""诚实做人"的规矩习惯,做一个诚实、正直的好孩子。

## 第81条 改错

一天，孔子带领着子路、子贡、颜渊等几个门生外出讲学。师生们来到海州，天空忽然电闪雷鸣，狂风暴雨大作。当地的一个老渔翁把他们领进一个山洞避雨。

这个山洞面对着大海，是老渔翁平常歇脚的地方。孔子觉得洞里有点闷热，便走到洞口，观看雨中的海景，看着看着，不觉诗兴大发，吟成一联："风吹海水千层浪，雨打沙滩万点坑。"

老渔翁听了忙道："先生，你说得不对呀！难道海浪整头整脑只有千层，沙坑不多不少正好万点？先生你数过吗？"

孔子觉得老渔翁的话有几分道理，便问道："既然不妥，怎样才合适呢？"

老渔翁不慌不忙地说，"咱生在水边，长在海上，时常唱些渔歌。歌也罢，诗也罢，虽说不必真鱼真虾，字字实在，可也得合情合理，句句传神。依我看，你那两句应当改成这样：'风吹海水层层浪，雨打沙滩点点坑。'浪层层，坑点点，数也数不清，这才合乎情理。"

子路在一旁火了，冲着老渔翁说："哎哎，孔圣人作诗，你怎能乱改！"

孔子喝道："子路！休得无礼！"

老渔翁拍着子路的肩膀说："圣人有圣人的见识，但也不见得样样都比别人高明。比方说，这鱼怎么打法，你们会吗？"一句话，把子路问了个哑口无言。

老渔翁瞧着子路的窘态，也不答话，飞身奔向海去，跳上渔船，撒开渔网，打起鱼来。

孔子看着老渔翁熟练的打鱼动作，想着他谈海水、改诗句、议"圣人"、责子路的情形，猛然间发觉自己犯了个大错误，于是把门生招拢在一起，严肃地说："为师以前对你们讲过'生而知之'，这句话错啦！大家要记住：知之为知之，不知为不知，是知也。"

说罢，顺口吟出小诗一首：登山望沧海，茅塞豁然开；圣贤若有错，即改莫徘徊。

沈从文是我国现代著名作家，他出生在湖南省凤凰县的一农户家庭。小时候，沈从文特别喜欢看木偶戏，常常因为看戏入迷而耽误了读书。

有一天上午，沈从文从课堂里溜出来，一个人跑到村子里去看戏，那天木偶戏演的是"孙悟空过火焰山"。沈从文看得眉飞色舞，捧腹大笑。一直看到太阳落山，他才恋恋不舍地回到学校。这时，同学们都已放学回家了。

第二天，沈从文刚进校门，老师就严厉地责问他为什么旷课。他羞红着脸，支支吾吾地答不上来。老师气得罚他跪在树下，并大声训斥道："你看，这楠木树天天往上长，而你却偏偏不思上进，甘愿做一个没出息的矮子。"

第三天，老师又把他叫去，对他说："大家都在用功读书，你却偷偷溜去看戏。昨天我虽然羞辱了你，可这也是为了你好。一个人只有尊重自己，才能得到别人的尊重。"老师的一番话，使沈从文幡然悔悟，感动得流下了眼泪。他暗暗发誓，一定要记住这次教训，做一个受人尊重的人。此后，沈从文知错即改，一直严格要求自己，长大后成了著名的作家。

每个人认识一事物都需要经历一个过程，由于在社会生活经验阅历不同，知识面也不一样，难免有认识肤浅，甚至错误的时候。在正确与错误的比较中，他们的心才逐渐明白起来，认识才逐渐趋于正确。只有认识错误，才能改正错误。

### ❖ 家规育儿微语 ❖

孔子说："知错能改，善莫大焉。"孩子的成长过程中，不可避免地犯错，不怕犯错，怕的是犯错不改。建议家庭建立改错家规，家长培养引导孩子改正错误的规矩习惯，认识错误，并认真改错。孩子成长过程中，发现自己对于生活知识理解的偏差，通过改错加深对知识道理的理解，培养自己知错即改的好习惯，会提高思维和学习能力，受益无穷。

## 第82条 守心

有一位收藏家开了一个私人会所。这个会所和大家平常看到或了解的会所有些不一样，不是吃喝玩乐的地方，更不是藏污纳垢的场所。这个会所经常举行各种讲座和活动，平均每周至少有一场，内容涉及面很广，如文化、艺术、收藏、信仰、健康、金融、创业等等，来的人大多是各行各业的精英人士，经常会座无虚席。这位收藏家身边的一位助理，总是默默无闻地做着各种事情，不管大事小事，她都能随时上手处理。每次总是微笑着面对大家，随时满足所有来宾的需求。

她每次都是很友好的主动问客人，"有什么能帮到您！"在有活动的时候，都是默默地坐在最后面的角落，观察着各位来宾或者场地的需要，都会及时妥善安排。久而久之，很多来参会的人士都会很关心的问候她。虽然她几乎都不怎么说话（并非内向，私底下还是能说会道），但大家都很喜欢她。她身上有一种安静的美。

因为她深知，什么场合适合她说话，什么场合不适合她说话。什么时候需要出现，什么时候需要隐藏。分寸把握得恰到好处，事情也处理得妥帖到位。当她到了谈婚论嫁的年龄，一些精英人士也愿意帮忙介绍男生给她。

任何时候懂得守住心守住嘴，既能把握现场又能在背后默默做实事的人，在哪都受到欢迎，时光和伯乐一定不会亏待他。

有一位香港人，管理着几家公司，平时喜欢与大家分享他的故事，在大家听他的故事之前，他总会淡淡地说一句："感谢上帝，让我有机会荣耀，我本身不配。"

他分享道，自己一个人的时候，经常自言自语："天啊，我很惧怕自己继续这样成功下去，会变得骄傲自大，自以为有多大能耐，而不是靠着您的恩典，请您指教我，在一切的成就中学会做一个谦卑的人。"

有信仰的人在做事情之前，往往都会先安静地默想、默祷或灵修，来对付心中的"故我"，才能更有序、有清晰的思路和轻松的心态来面对各项复杂的事务。

独处的时候，守住心很重要。因为很多人闲下来，就会无所事事。甚至一些人，无事生非，会放荡不羁。所以保守心更为重要。正如古人所言："你要保守你心，胜过保守一切。因为一生的果效，是由心发出。"

　　古人云，君子之心，昭之天下，不可使人不知，即君子要坦坦荡荡。喧嚣尘世，势利纷争，我们生活在这个世界上，难免要遇到好多不顺心、不顺意的事情。如何处理好这些事情恰恰是对一个人进德修行情况的严峻考验。所以，每当夜深人静的时候，独自内观其心，告诉你自己，你究竟是一个怎样的人。这时候你就会发现自己的真面目就在你眼前浮现，这样经常反思，你就会觉得真我的显现让平时欺瞒你的假我原形毕露，无处可逃，于此中你会羞愧难当，会真正善待灵魂深处的真我。这样形成一种习惯，你的境界就会不断提高。所以，论语中说"吾日三省吾身"。

　　一个人独处的时候，常常想着别人对自己的好处，你就会真诚善待对你好的每一个人。那么你就愿意为他付出，你就愿意与他进一步结良续好，你就会使这种友谊不断巩固和发展。一个人独处的时候，常常想着自己对别人的好处，你就会让自己的自我优越感不断膨胀，从而失去真我的本性。当他因为一时一事做得对你不利的时候，你就会感到很委屈，感到心里很不舒服，就会找一个理由有力地惩治一下他，这不利于你的自我人格的完善，也不利于你的人际关系的和谐处理。

　　所以，当你遇到快乐的时候，你要记得克制，因为得意忘形，忘形伤本，忘本失性。当你遇到困惑的时候，你不要忘记退一步思考，因为退一步海阔天空。一念善，皆是善；一念恶，皆为恶。所以要养成真诚守心的良好习惯。

### ❖ 家规育儿微语 ❖

守心是指坚守节操之心。守心，实际上是教人如何立身处世，是一种品质，更是一种心理修养，既需要对自己苛刻约束，更需要坚持和修炼。这个"守"字，显示的是高雅的形象，体现的是高尚的品质。建议家庭建立守心家规，家长教育孩子从小守心的规矩习惯，引导孩子从小在缺乏监督的情况下，遵得住家规，驱得散恶念，守得住善心，做一个诚实守信的好孩子、好公民。

# 第八章 戒规

## 第83条 戒怨

公交车上,一位大娘带着个四五岁的小女孩,大娘手里拿着盒装牛奶一边给孩子喂奶,一边嘴里不停地唠叨:"你看你,就跟你妈一个样子""一说你,就是那个死样子""你跟你妈一样,喊你起来你动都不动,现在又快迟到了……"不停地抱怨孩子这不好,那也不好,更抱怨孩子妈妈这不好,那更不好。

旁边有人跟大娘说,在小孩子面前这样说话不太好。大娘说:"没关系,她还听不懂。"

换一个家庭场景:小可妈给四岁的儿子买了辆遥控玩具车,小家伙很喜欢,不过,有些心急,对遥控的掌握也不太好。玩着玩着,小家伙有些泄气了,发怨气地说:"这辆车不好玩!"后来在车子不听遥控的情况下,一怒之下把玩具车举过头顶,使劲往地下一摔,"啪"的一声遥控玩具车四分五裂全碎了。妈妈刚想说话,爸爸抢先发言了,讨好儿子说,妈妈买的东西就是这样的,不好玩,她一点都不会买……

爸爸把孩子玩不好遥控玩具车的原因,归咎到妈妈买的车上,这给孩子留下一个印象,凡是出了问题,都怨别人,久而久之形成一有问题就怨别人的坏习惯。而且会纵容孩子养成我行我素的性格,等他长大后他要做什么事你干预不了,不管对与错只要他想做他就会去做,这样孩子就很容易偏离正常的成长方向。

妈妈选择反击,在孩子面前与爸爸吵架,夫妻双方互相抱怨……

"你怎么当妈的?孩子喜欢玩什么玩具,你这都不知道?""就知道说我,难道你当爸的,就不知道买个好玩的玩具给他,你怎么不教他玩,你做爸的一点儿都不负责任!"

小可虽然听见了父母的争吵,但没有理会,只是直勾勾地盯着电视节目。妈妈见到小可这副模样就来气,冲他吼道:"不争气的东西!就是因为你!一辆车都玩不好!"母亲一气之下关掉了电视,在一声高过一声的"你不负责任!""都是你的错!"的相互指责声中摔门而出……

小可渐渐长大，从这学期开始，就每个星期都不愿意回去看外公外婆了。他内心积压了太多的怨气，他甚至说他讨厌家里每个人，从来没有人关注过他，无论在家里还是学校，他得不到任何关注，老师关心的就是分数成绩，每天太多的作业，让他感觉很烦。加上他小学数学基础本来就不好，遇到很多题都无从下手，考试成绩也是一塌糊涂，他认为自己很失败。

这些天，小可抱怨的还有很多，比如，父亲、母亲很不合格、不称职，在他很小的时候就很少关注他的需要。他想要玩具，但是那个时候父母觉得孩子不需要这些，他羡慕那些有玩具的孩子；而现在他喜欢遥控飞机，但是价格昂贵，他知道父母不可能买给他；自己个子不见长，家里又舍不得多花钱给他买衣服，看见别的同学穿漂亮名牌衣服，他感到自卑。他从来没有非常快乐过！他内心很压抑，难过的时候一个人悄悄哭，然后就使劲啃指甲，被父母发现后他不啃指甲，但是背地里悄悄啃指头，手指头都啃破皮了还忍不住要啃，他都不知道自己怎么了？

夫妻双方有争论时，很容易对着孩子说另一方的不是，对孩子造成的影响则是：以后对双方都不会尊重甚至会把这种方法移植到他跟别人的相处中去。因为对孩子来说，他对父母的爱是一样的，一方攻击另一方，想借此让孩子对另一方不满，最后带给孩子的只是伤害。因此，家庭里无论父母谁对谁错，都不应该在孩子面前讲，对于小孩子来说，分辨对错似乎还很难。家长当面互相指责，或是背地里在孩子面前说对方的不是，容易导致孩子与父母产生隔阂，对父母产生误解。即便爸爸妈妈离婚了，也不宜在孩子面前讲对方的不是和坏话，否则孩子会形成"长大后要为妈妈（爸爸）报仇""妈妈（爸爸）是坏妈妈（爸爸）"等想法，以后很难对孩子进行教育。

孩子的心理比较脆弱和敏感，他们看到父母因自己而吵架，就容易产生"这都是因为我"的想法，而一味自责下去，就在不自觉中放大了自己的缺点，认为自己一无是处，羞耻感和无助感也油然而生。长此以往，孩子会变得压抑而自卑，认为"反正自己会给人惹麻烦，那就干脆把它变成现实"。自卑催生自暴自弃的情绪，从而"破罐子破摔"。

像这样在抱怨声中长大的孩子，可能会产生三种后果：如果隔代抚养，孩子一直跟爷爷奶奶住在一起，跟爷爷奶奶很亲的话，爷爷奶奶对妈妈的怨言，就容易形成孩子对妈妈的成见，妈妈以后不太好教他了；如果孩子跟爸爸妈妈比较亲，就容易怨恨爷爷奶奶，这样也会影响到孩子的健康发展。最坏的情况是孩子在抱怨声中长大，学会了抱怨，怨恨别人，成为一个会抱怨的孩子。

的确，抱怨是很多人生活的常态——家庭、工作、人际、天气、交通……这些都是抱怨的对象。很多人经常怨气冲天：或怨作业太多，同学关系难处，老师只关注成绩好的同学；或怨风气不正，流弊盛行，抱怨"好人难寻"；或怨社会不公、贫富不均，抱怨"投错了胎"；或怨际遇不顺、前途迷茫，抱怨没有奔头；或怨提拔太慢、待遇不高，抱怨人生乏味；或怨"无爹可拼"、孩子无为，抱怨独木难支。抱怨不仅针对人，也针对不同的工作情境，表示不满，如果找不到人倾听抱怨对象，自己脑海里就抱怨给自己听。

久而久之，抱怨成了习惯，就像搬起石头砸自己的脚，于人无益，于己无利，生活就成了牢笼一般，处处不顺，处处不满。抱怨就像一种毒药，摧毁你的意志，降低你的身价，摧残你的身心，削减你的热情。抱怨改变不了什么？不如停止抱怨，改变自己。抱怨命运不如改变命运，抱怨生活不如改善生活，毕竟抱怨并不能解决问题，只会使自己烦恼、忧伤，觉得生活枯燥无味，劳累身心。抱怨的人是不快乐的，他永远只会在不快乐的出发点原地打转，意识不到自己在思维和行为上需要的改变。抱怨是容易的，而停止抱怨，却需要意志力。

家规不妨制定家庭"戒怨"，来一场戒怨运动。我们可以这样看：天下只有两种事：自己的事，他人的事。抱怨自己的人，应该试着改变自己；抱怨他人的人，应该试着把抱怨转成请求。这样一来，你的学习、生活、工作会有想象不到的大转变，你的人生也会更加美好、圆满。

## 家规育儿微语

抱怨是丧志之始，是结仇之源，是败德之行。抱怨危害无穷，受害最大的还是自己。建议家庭建立戒怨家规，培养孩子无怨的规矩习惯。孩子在成长道路上不可避免会不如意、痛苦，与其抱怨，不如改变。少一些抱怨他人、环境，就会多一些对自己、对他人、对环境的清醒认知，就会认清现实中的问题，冷静找到解决问题的办法。以豁达的风度直面人生，化抱怨为回心反省，以更加谦虚的态度对待生活，拥抱生活，享受生活。

## 第84条 戒骄

一转眼，六一运动会还有三天就要拉开序幕，班级运动员正在做最后的紧张训练。

丁丁坐在地上嘲笑其他同学跑得慢，成成见丁丁坐在草地上不去训练，想把他拉起来。"别拉我，我肯定能得第一名。"丁丁傲慢地说，"我一定行，别拉我，再拉我，我可不客气了啊！"丁丁有点恼羞成怒。成成诚恳地说："丁丁，你太骄……"成成话未说完，丁丁的拳头就挥舞过来。"啊！"成成大叫。"自作自受！"丁丁满脸不在乎。

这时，体育委员跑了过来，"你俩打架了？""他打了我一拳！""他快要把我手拉断了！"丁丁气呼呼地说。体育委员见丁丁十分气愤，于是批评成成不该出手伤人。成成一听，"哇"的一声哭了，委屈地跑回了教室。丁丁幸灾乐祸，还是没有去训练。

第二天的训练的时候，丁丁见成成没来，就坐在地上喝酸奶。体育委员看见了，就对丁丁说："丁丁呀，丁丁，你可好，我们都在训练，你还在喝酸奶，这有点说不过去吧！""我的速度比你们都快！"丁丁回答。"哪里！我的速度比你快！如果你的速度比我快，那你为啥没当上体育委员呢？"体育委员生气地说。"还不是那个臭成成投你最后一票。而且，成成也没来呢！"丁丁说。体育委员对丁丁说："成成已经和我请了假，他说他肚子疼，但明天还会参加比赛！丁丁，你虽然跑得很快，但你现在的处境就像被狐狸与老虎服侍的狮子，不去运动身体就会很差！"这时，丁丁脸很硬，生气地大声叫："不用你管！你这个臭东西！明天在200米比赛中一定会打败你，获得第一名！"体育委员长叹一声，便走了。

到了比赛日，丁丁在400米和200米的赛跑中由于体力不支，速度减慢，只拿到第27名和第32名。体育委员却在200米跑步赛中，得到了第2名的佳绩，成成也拿到第5名。

这似乎是《龟兔赛跑》的故事的新版。下面是一个三年级小孩子的学习体会。

记得读三年级的时候，写了一篇作文，题目"我的梦想"，写完后交给老师批改。老师高兴地对我说："你的这篇作文写得还不错！我忍不住要多看两遍，喜欢你深刻的见解，喜欢你爱思考！有进步，祝贺你一百分！以后要继续努力！"还把我写的作文粘贴在墙上,老师再三叮嘱我,"得了好成绩不要骄傲自满,要保留着一份谦虚的心态"。然而,我对这句话却没有真正的理解。

回家把这件事告诉了妈妈,妈妈表扬了我,并跟我讲"要虚心,不要骄傲"。我心里美滋滋的,把妈妈刚才的话当作耳边风。于是骄傲起来,心想:作文这"家伙"其实也没什么可怕的,一下子就可以应付了。从此,我的心被骄傲的情绪充溢着,书也不爱读了,上课也不专心听讲了,字也不好好地写了……

后来一次作文课上,老师让我们写了一篇作文。我心想:"我前面的那篇作文写得那么好,得了满分,这次算得了什么?一定能再拿满分!"于是漫不经心地写了一篇作文交上去。结果,我被老师叫到办公室,老师严肃地对我说:"你看看自己写的作文?我看不懂,你看得懂吗?说给我听听。"我低下头,看了看自己写的作文,我傻了眼,心想:这是我自己写的作文吗?没想到连自己也看不懂……老师又说:"你的这篇作文真是糟糕透了,中心思想不明确,错别字连篇,语句不通顺,哎……你呀,我表扬了你,就这样骄傲自满。希望你努力学习,提高写作能力,现在老师赠你一句名言——'虚心使人进步,骄傲使人落后'……"

历史上这样的故事,屡见不鲜。三国时期,关羽镇守荆州,而他在大兵出征之时,掉以轻心,失掉荆州,结果被吴军所抓,兵败麦城,惨遭杀身之祸。楚霸王项羽以为自己贵族出身,英雄盖世,力拔山河,拥有雄兵百万,不把亭长出身的刘邦放在眼内。但刘邦善用张良、韩信、萧何等人,由弱转强。刘、项相争,结果是项羽惨败,自刎乌江。明末农民起义领袖闯王李自成,率领大军攻陷北京,建立大顺王朝。但李自成及其手下大将骄傲自满,腐化堕落,争权夺利,很快就被吴三桂打败。

家庭教育中,很多家长看到自己孩子的接受能力较强,成绩也挺不错的,不由自

主地进行表扬夸奖。可是孩子经不起这种赞誉的时候，很容易骄傲自满"翘尾巴"。因此，家长应保持一种平静的心态，实事求是地分析孩子的优缺点，让他多见见"高人"，去接触更优秀的孩子，使他认识到山外有山、天外有天。适时、适度地把孩子从胜利的喜悦中"拽"出来，帮助孩子恢复常态，胜不骄败不馁，保持一颗平常心。

## 家规育儿微语

毛泽东说过："骄傲使人落后。"骄傲使人不思进取，处于一种极大的自我满足境地，所以往往骄傲的人会高估自己，最终使人失败。建议家庭建立戒骄家规，让成长中的孩子认识到现在的小成就不等于将来的成功。家长可以适时让孩子品尝一下失败的滋味，适当挫挫其骄傲的性格，让他意识到自己并非最为完美。让孩子在成功时保持冷静，明白谦虚使人进步、骄傲使人失败。戒骄，让沉着的孩子取得更大的成功。

## 第85条 戒躁

一个小男孩，家门前有几棵大树。秋天起风的时候，树上的叶子就随风飞到院子里。于是，父亲就交给他一项任务，要他每天上学前将树叶打扫干净。

对他来说，天刚亮就起床打扫树叶实在是一件苦差事。秋冬之际，树叶好像互相约好了似的，总是不停地落下来。头一天扫完了，第二天照常落满庭院；刚刚清扫完，一会儿又落下几片，似乎总是扫不完。

后来，男孩从别人那里得到一个好主意：扫地之前，先将树使劲儿摇晃，这样就可以将第二天的树叶也摇落下来。这个主意令男孩兴奋不已，于是他起了个大早，扫地之前使劲儿将院外的树一棵棵摇了又摇。男孩累得满头大汗，这才发现摇树比扫地还累。但他毕竟做了一件让自己满意的事，那一天他非常开心。

第二天，他高高兴兴地起床。谁知开门一看，院子里依然是落叶满地。男孩傻了眼，可还是不死心，又去抱着树摇了又摇。但无论今天怎样用力，到明天清晨，还是会看到满地的黄叶。

父亲知道男孩的烦恼，他没有责怪儿子。他告诉他，每天都会有落叶，今天只落今天的树叶，明天的树叶只能在明天落下。男孩站在满地落叶中，看着慈祥的父亲，恍然大悟。

有一个小女孩，很喜欢研究生物，很想知道蛹是如何破茧成蝶的。有一次，她在草丛中看见一只蛹，便拿了回家，天天观察。几天以后，蛹出现了一条裂痕，里面的蝴蝶开始挣扎，想抓破蛹壳飞出，艰辛的过程达数小时之久。蝴蝶在蛹里辛苦地挣扎，小女孩看着有些不忍，想要帮帮它，便拿起剪刀将蛹剪开，蝴蝶破蛹而出。但她没想到，蝴蝶挣脱蛹以后，因为翅膀不够有力，根本飞不起来，不久痛苦地死去。

破茧成蝶的过程原本就非常痛苦、艰辛，但只有通过这一经历才能换来日后的翩翩起舞。外力的帮助违背了自然的过程，最终让蝴蝶悲惨地死去。

还有这样一则寓言：一位一心想早日成名的少年拜一位剑术高人为师，他迫不及待地问师傅多久才能学成？师傅答道："十年。"少年一想，十年时间太长，练习起来太辛苦，简直看不到尽头。又问如果全力以赴，夜以继日练习，要多久？师傅回答："那就要三十年。"少年不解，不死心地问，如果拼死修炼，那要多久？师傅回答："七十年。"

浮躁俨然已经成为一种风气，在整个社会蔓延，一味追求速度，一味追求业绩，人们往往注重结果，而忽略了过程。在经济发展的指挥棒下，人们慌忙地追赶着时代的脚步，却同时在失去一些赋予生命重量的东西。不停地在一个不确定的世界里寻找一个永恒的、确定的方案，痴迷于一个不存在的状态，这就是很多人的现状。尤其是年幼成长时期的孩子，看着身边的人有很多比自己强，会心有不甘，而且非常苦恼，总想追上别人，甚至想超过别人，却又无能为力。越是无能为力就越是会浮躁，越是会浮躁越会发现无能为力，浮躁会干扰我们的心理，影响我们的情绪，陷入浮躁的情绪中我们会停滞不前，恶性循环。

自然界万物的生长，都是有自己的客观规律和过程的，人无力强行改变这些规律，只有遵循规律、经历这个过程，才能取得成功。急功近利，急于求成，结果只会

适得其反。将这些故事的现象放至人生当中来看，做人做事也是同样的道理。欲速则不达，急于求成会导致最终的失败。

## 家规育儿微语

欲速，则不达。建议家庭建立戒躁家规，家长指导成长中的孩子对抗浮躁、拒绝浮躁。急于求成，往往事与愿违。做人做事都需要放远眼光，注重知识的积累，厚积薄发，自然会水到渠成，达成自己的目标。许多事业都必须有一个痛苦挣扎、奋斗的过程，而这也是将你锻炼得坚强，使你成长、使你有力的过程。以一种脚踏实地的态度，一颗恬淡平静的心面对梦想，追求梦想。

## 第86条 戒奢

范仲淹是北宋著名的政治家和文学家。他少时家贫，当秀才时就常以天下为己任，一向生活俭朴，为人正直，"先天下之忧而忧，后天下之乐而乐"，是他人品的写照。他出生在苏州吴县（在今吴中区和相城区一带）一个贫苦农民家庭，童年时代清贫的生活使他养成了勤俭节约的习惯，入朝为官后，他依然如此。

范仲淹有四个儿子，受父亲影响，个个喜文善画，富有才气，为一些豪门大户所羡慕，都想把女儿嫁到他家。庆历三年（1043），范仲淹做了参知政事（副宰相）之后，上门为孩子提亲的更是接连不断。

一天，有人到他家为他的大儿子提亲，想把女儿嫁到范家。那人原以为宰相家里一定十分豪华，吃的、穿的也一定比一般人家好上几倍。可是进门一看，家里陈设十分简陋，既没有富丽堂皇的家具，也没有绫罗绸缎的服饰，吃的是粗茶淡饭，穿的是土布衣衫。但那人心想：范家吃穿这样俭朴，一定有不少积蓄，来日方长，和这样的人家成亲定有后福。再说范家孩子个个身体健壮，为人正派，以后肯定都是大有出息的。想到这里，那提亲的人当即答应将女儿许给范家。

范家的儿子纯佑准备成亲了。女方心想：范家兄弟们多，家底厚实，结婚时应要点像样的衣物家具。如果结婚时不要，等过了门就不好张口了。而范仲淹再三向儿子交代："现在国家困难，老百姓也很穷，你结婚时不能添置昂贵的家具和华丽的衣服，一定要和普通人家一样，勤俭办婚事。勤俭节约是我们家的家规家风，也是做人的美德，我家是不兴讲排场的。"儿媳妇听说身为副宰相的范仲淹处事这样吝啬，担心过门后过窝囊日子，心里不免有些踌躇起来。

不久，有一件事却深深地感动了她。一次，范仲淹派遣他的儿子纯佑去苏州买麦子。纯佑将买的麦子装到船上，往家里运，走到丹阳，遇到范仲淹的好友石曼卿正处在贫困之中，连饭也吃不饱。范纯佑随即就把全部麦子救助了石曼卿，空着手回到家里。然后，他把事情的经过一一告诉了父亲范仲淹，父亲对儿子慷慨解囊济贫，感到十分满意，连声赞扬："做得对！做得对！"儿媳妇听了，深深地敬佩这父子二人。

不久，儿媳妇简衣简从，愉快地来到了范家。范仲淹的儿子范纯仁深知父亲的习惯和制定的家规。因此，结婚前夕，范纯仁对婚礼大操大办自然不敢妄想，他想来想去，最后还是想只买两件稍微好些的婚服，这样于父亲、妻子两边都能说得过去。于是，范纯仁将计划购置的衣服列出清单，壮着胆子交给父亲审定。谁知范仲淹看过单子，立即板起了面孔，说道："婚姻自然是人生大事，但这与节俭有什么矛盾？怎么可以借口'人生大事'而奢侈浪费呢？"父亲的一番话说得范纯仁满面羞愧，他鼓足勇气对父亲说："范家节俭的家风，孩儿自幼熟知，购置奢华贵重用品不敢奢望。可是有件事孩儿苦恼多时，今天想如实禀报父亲大人。新人想以罗绮做幔帐，孩儿知道这不合范家家风，故不敢答应，可她的父母又出面提出，孩儿碍于他们的情面就没敢再坚持下去。"

范仲淹听后勃然大怒："你知错犯错，我不再追究。但是范家几十年来，以节俭自守，以奢侈为耻。用罗绮做幔帐，岂不坏了家风？情面事小，家风事大。你可以告诉他们，如若坚持以罗绮做幔帐，那我范仲淹就敢把它拿到院子里烧掉！"由于范仲淹的坚持，范纯仁的婚礼办得十分俭朴，既没有购置贵重奢侈的物品，也没有举行隆重奢侈的婚礼。不仅范仲淹的家风得以维持，同僚们也从中受到很大教育。

今天重述范仲淹治家的故事，并不是说奢侈只是富豪阶层、上流社会的专利，而是想说奢侈对于我们每个家庭来说，都密切相关。中国农业大学调查显示，保守推算，我国2007年至2008年仅餐饮浪费的食物蛋白质达800万吨，相当于2.6亿人一年的所需；浪费脂肪300万吨，相当于1.3亿人一年所需。（央视《新闻1+1》节目《奢侈的垃圾》2012年4月19日）一方面是有的老百姓粮食温饱才基本解决，另一方面，宾馆、餐厅、食堂生意火红，特别在高档餐馆，有的一桌花费就上万元甚至几万元乃至更多。至于餐桌上的浪费也同样令人触目惊心。根据对北京多所大学餐后剩菜剩饭情况的调查表明，倒掉的饭菜总量约为学生购买饭菜总量的三分之一。如果按照全国大专以上在校生总数量2860万人（2009年年底数据）计算，每年大学生们倒掉了可养活大约1000万人一年的食物。如果再加上高职中、初中、小学，全国有几十万所学校，大部分学校都有浪费的现象，那么全国一年中学校学生要浪费多少粮食，真的不敢推算下去。

"锄禾日当午，汗滴禾下土。谁知盘中餐，粒粒皆辛苦。"这首妇孺皆知的古诗写出了粮食生产的艰难与辛苦，道出了一粥一饭来之不易的道理。餐桌浪费的触目惊心，不仅糟蹋的是宝贵的粮食，更是践踏了祖祖辈辈留下的勤俭节约的优良传统。

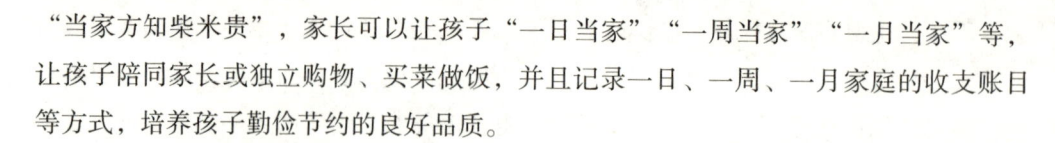

"当家方知柴米贵"，家长可以让孩子"一日当家""一周当家""一月当家"等，让孩子陪同家长或独立购物、买菜做饭，并且记录一日、一周、一月家庭的收支账目等方式，培养孩子勤俭节约的良好品质。

### 家规育儿微语

古人云"身披一缕，当思织女之劳；日食这餐，每念农夫之苦""成由勤俭，败由奢"。"奢侈"翻译成穷人的文字就是"穷烧包"，翻译成富人的文字就是"败家子"。如今虽然生活水平不断提高，但勤俭节约的优良传统不能丢。建议家庭建立戒奢家规，让我们每个家庭行动起来，爱惜每一粒米、每一滴水、每一分钱、每一张纸、每一度电……以节约为荣，以浪费为耻，成为我们每一位家庭成员坚守的道德准则和社会责任。

## 第87条 戒恶

十几年前，有一个小伙子高中刚毕业就去了德国上大学，开始了半工半读的留学生活。渐渐地，他发现当地的公共交通系统的售票处都是开放的，不设检票口，也没有检票员，甚至连随机性的抽查都非常少。这位中国留学生发现了德国公交系统管理上的漏洞，或者说以他的思维方式看来是漏洞。他很乐意不用买票而坐车到处参观溜达，在留学的几年期间，他一共因逃票被查到了三次。

毕业时，名牌大学的金字招牌和优秀的学业成绩让他充满自信，准备在当地寻找工作。

他向许多跨国大公司投了自己的资料，因为他知道这些公司都在积极地开发亚太市场，可都被拒绝了，一次次的失败，使他愤怒不已。

他认为一定是这些公司有种族歧视的倾向，排斥中国人。最后一次，他冲进了人力资源部经理的办公室，要求经理对于不予录用他给出一个合理的理由。

经理："先生，我们并不是歧视你，相反，我们很重视你。因为我们公司一直在开发中国市场，我们需要一些优秀的本土人才来协助我们完成这项工作，所以你一来求职的时候，我们对你的教育背景和学术水平很感兴趣，老实说，从工作能力上，你就是我们所要找的人。"

中国留学生："那为什么不收天下英才为贵公司所用？"

经理："因为我们查了你的信用记录，发现你有三次乘公车逃票被处罚的记录。"

中国留学生："我不否认这个。但为了这点小事，你们就放弃了一个多次在学报上发表过论文的人才？"

经理："小事？我们并不认为这是小事。我们注意到，第一次逃票是在你来我们国家后的第一个星期，检查人员相信了你的解释，因为你说自己还不熟悉自助售票系统，只是给你补了票。但在这之后，你又两次逃票。"

中国留学生："那时刚好我口袋中没有零钱。"

经理："不、不，先生。我不同意你这种解释，你在怀疑我的智商。我相信在被查获前，你可能有数百次逃票的经历。"

中国留学生："那也罪不至死吧？干吗那么认真？以后改不就是了！"

经理："不、不，先生。此事证明了两点：第一，你不尊重规则，不仅如此，你擅于发现规则中的漏洞并恶意使用；第二，你不值得信任，而我们公司的许多工作的进行是必须依靠信任进行的，因为如果你负责了某个地区的市场开发，公司将赋予你许多职权。为了节约成本，我们没有办法设置复杂的监督机构，正如我们的公共交通系统一样。所以我们没有办法雇佣你。可以确切地说，在这个国家甚至整个欧盟，你可能找不到雇佣你的公司。"

小学校经常能发生这样的故事。

"老师，我的学具盒不见了。"W同学向老师寻求帮助。"上体育课前还在抽屉里，下课后我就发现不见了，是红色的小鱼形状的。"

老师看着学生着急的样子，安慰她说："现在快上课了，等放学后我再帮你找好吗？"W学生点点头，疑虑重重地去上课了。

在这之前也有学生反映丢失了铅笔、橡皮等东西。班里出了偷拿别人东西的学生，而且不好确定是谁。前几次，老师号召学生们给"拿错东西"的同学一个改过的机会，让他悄悄地把东西送还给失主。结果丢失的东西没找到，班上还是有人丢东西。学生们的学习和生活状态因此大受影响，长期这样肯定会助长偷东西学生的侥幸心理。老师认识到了事态的严重性，决定立即采取行动。

快放学时，老师到教室门口等着，放学铃声一响，就走进教室开始查找W学生的学具盒。

老师先清了清嗓子，极力表现出镇静，声调平和地对学生们说："是不是谁不经意间把W学生的学具盒装错了，快找找自己的书包，兴许就出来了。"听了这话，学生们纷纷打开书包检查，"没有！""没有！"的回答声不断传来。

老师的思维飞速运转，想着对策。软的不行就来硬的，再次清清喉咙，把声音提高了："这事儿老师会一查到底，请同学们打开书包来一个一个检查！"刚查了几个学生，就听见S学生喊："老师，我在地上捡到了一个学具盒！"学生们的目光都转移到S学生手中学具盒上，W学生惊喜地说："这就是我的学具盒！"

东西找到了，老师悬着的心一下子落了下来。出此下策，只是想给偷拿别人东西的学生一个警告。老师从心里不希望是哪个学生"犯的"，事情也就到此为止。

一个多星期后的中午，L学生的奶奶气冲冲地冲到老师办公室，气呼呼地说："S学生偷了她孙女的橡皮泥。"老师请她先坐下来休息一会儿，然后找来L学生问话："你亲眼看到S学生偷你的橡皮泥了吗？"L学生说："没有，可是S学生书包里有一盒和我一模一样的橡皮泥。""光凭这一点不能断定S学生偷了你的橡皮泥，外面买的橡皮泥都是差不多的，等老师调查清楚了再说。"见我这样说，L学生奶奶的态度缓和了下来。老师已经心里有数，但为了给S学生留点面子，老师让L学生的奶奶先回去，并保证一定会给她一个交代。送走了L学生的奶奶，老师又立刻找S学生到办公室谈话。

"你有没有拿L学生的橡皮泥？"老师十分严肃地问她。"没有。"她低着头小声说。"难道还要到你的书包里搜吗？"老师气愤地说。"老师，是我拿的。"泪水顺着她的脸颊流淌了下来。"你的爸爸妈妈给你买了橡皮泥没有？""买了。"默不作声，低着头。

"我给你讲个故事吧！"老师顿了顿，接着说：有个小孩在学校里偷了同学一块写字石板，拿回家交给母亲。母亲不但没批评，反而还夸他能干。第二次他偷回家一件大衣，交给母亲，母亲很满意，更加夸奖他。随着岁月的流逝，小孩长大成小伙子了，便开始去偷更大的东西。有一次，他被当场捉住，反绑着双手，被押送到刑场那里。他母亲跟在后面，捶胸痛哭。这时，小偷说，他想再吃母亲一口乳汁。母亲马上走了上去，解开胸脯，儿子一下猛地用力咬住了母亲的乳头，并用力撕了下来。母亲骂他不孝，犯杀头之罪还不够，还要使母亲致残。儿子说道，我初次偷石板交给你时，如果你能打我一顿，今天我何至于落到这种可悲的结局，被押去处死呢？

"看到别人的东西好，就偷偷拿走占为己有。慢慢地养成了坏习惯，发展下去就会走上犯罪的道路！"经过教育S学生认识到了自己犯的错误，哭着说："老师，我错了，我再也不会做这样的事情了。""我想把橡皮泥还给同学L，并向她道歉。"S学生得到了L学生的原谅，老师也表示会为她在班上保密。

经过再三考虑，老师把这件事告诉了S学生的妈妈。她的妈妈很重视对S学生的教育，也很配合学校的工作，还主动与老师联系了解S学生在学校的表现。

在学校和家庭的共同教育与督促下，S学生从此改掉了这个坏毛病。

"勿以恶小而为之，勿以善小而不为。"这句话讲的是做人的道理，只要是"恶"，即使是小恶也不做；只要是善，即使是小善也要做。小孩子往往缺乏抵抗外界诱惑的能力，只有找出原因，因势利导，对症下药，针对首次出现问题，采用有效办法，比如及时表扬、鼓励、赞赏，就能有效地矫正孩子的夜不归宿、早恋网恋、性格叛逆、抽烟酗酒、逃学厌学、沉迷网络、打架斗殴、暴力倾向、离家出走等不良行为习惯。青少年走出心理困境、纠正行为偏差，从而形成独立与诱因做斗争的意志力，增强孩子抵抗诱惑的能力。

## 家规育儿微语

"勿以恶小而为之"。建议家庭建立戒恶家规。父母家长要特别重视孩子的第一次"小恶"行为，因势利导，对症下药，即时改正。防止久而久之，孩子存在侥幸心理，酿成不良习惯，这样会害人不浅，失之小节，也许是酿成大错的开始。自律、自爱、自尊、自强，时时处处从"小"做起，也许正是长大成才的良好开端，正所谓："勿以善小而不为。"

## 第88条 戒贪

有一个寓言故事。说有这么一个国王，他最宠爱的一个贵妃为他生了一位漂亮的公主。国王视如掌上明珠，捧在掌心怕摔了，含在嘴里怕化了。凡是公主想要的，国王一定竭尽全力满足她。

春雨初霁的一个早晨，公主带着几个婢女在宫中的花园里玩耍。突然，公主被荷花池冒出的一颗颗状如珍珠的水泡吸引住了。公主看得出神，突发奇想："如果把这些漂亮的水泡编织成串的花环，那一定是世界上最美丽的花环。"

于是，她下令婢女把水泡捞上来。但事与愿违，那些婢女刚碰到晶莹如珠的水泡，水泡霎时就破了。公主气得浑身颤抖，无奈之下，她想起了自己无所不能的父亲。

"父王！您一向是最疼我的，您曾答应过我的，不管我要什么东西，您都会满足我！""我的傻女儿，水泡根本是做不成花环的。"国王微笑着对女儿说，但语气中，却没有丝毫的责备。

"不嘛！我就要水泡花环，如果您不给我，我也就不想活了。"公主哭着嚷着。国王无奈之下就把所有的大臣召集到宫殿里来商量此事。大臣们面面相觑，谁都想不出解决的办法。

"陛下请息怒，我有办法替公主用水泡编成花环。可是您知道我两眼昏花，实在是分不清荷花池里的水珠哪些看起来比较均匀，比较适合做花环？所以我能否请公主亲自挑选，然后交给我来编织？"一位跟随国王出生入死，而且人生经验非常丰富的老臣告诉国王。

公主听了，兴高采烈地拿起瓢，弯下腰，认真地挑选自己中意的水泡。本来光灿灿的水泡，经公主轻轻地一碰，就化为乌有不见了。结果公主花费气力不小，却没有捞到一颗水泡。

现实生活中，有很多孩子都有公主一样的贪婪，过分的奢求，只能让自己陷入痛苦的深渊。贪婪到了极致，结果到了最后是一无所有，因为贪婪到了极致就是虚无，就是水泡。

再来看《一百个冰激凌》的故事。

阿宝放学时，在路上遇见了一个刚毕业的仙女。仙女姐姐笑着对他说："你想要什么，尽管说。这是我的第一份工作，我要好好表现。"

阿宝兴奋地大叫："我要一百个冰激凌！"

仙女姐姐双手一挥，马上变出了一百个冰激凌，可惜阿宝只有两只手，其余的九十八个全都掉到了地上。

阿宝赶紧说："仙女姐姐，我错了，请你先帮我变一百只手。"

仙女姐姐点点头："没问题。"

果然，阿宝真的有了一百只手，每只手上都有一个冰激凌。但是阿宝只有一张嘴，他吃完第一个，其余的九十九个已经全部融化了。

阿宝嘟着嘴说："仙女姐姐，我又错了，请帮我先变出一百张嘴。"

仙女姐姐努力地念完咒语，但问题又来了，阿宝只有一个肚子，怎么装得下那么多冰激凌呢？

贪欲是一切痛苦的根源。每个人都会产生许多欲望，有些欲望是正常的，有些欲望则是不正常的，甚至是邪恶的欲望。俗话说"贪心不足蛇吞象""欲海难填，反误了卿卿小命"。生活中为贪欲丧命的还少吗？欲望越大，痛苦越多。因此，家庭有必要制定家规——戒贪。那么，父母怎样制定戒贪家规，如何克制孩子的贪婪呢？

首先畅欲。限时1分钟，让孩子在纸上连续写多个"我喜欢"。父母再逐一分析哪些是合理的愿望，哪些是超出能力的过分的欲望，最后分析一下孩子贪婪心理的原因及危害。其次择欲。让孩子自己取舍。贝贝在玩具店里缠着爸爸买遥控飞机，贝贝爸爸觉得飞机模型太贵，差不多一个月的工资，就对贝贝说，如果买了这架飞机，我们家这个月就没钱吃饭了，要饿肚子了，不如买架飞机模型。看贝贝是饿肚子呢？还是选择吃饭和飞机模型呢？贝贝想了想，最后选择了吃饱肚子和飞机模型，两者都有兼顾。玩具的价格越来越昂贵，不可能满足孩子所有的要求，但可以确定一个心理价位，在这个价位上，让孩子自己选择。如果孩子确实喜欢某一样非常昂贵的东西，你也可以像贝贝爸爸那样，让他自己做选择。多数祖父母、外祖父母都很宠爱孩子，如果宠爱变成了溺爱，就应该和他们好好谈谈了。让孩子的祖父母、外祖父母知道，孩子需要的只是他们的时间和爱，而不是金钱，物质化的礼物不会比美好的记忆持续更长的时间。最后是限欲。对于一些自己能力不及的需求和欲望，一定要懂得戒掉。

话说"人比人，气死人""尺有所短，寸有所长""家家都有本难念的经"。"知足"便不会有非分之想，"常乐"也就能保持心理平衡了。

## 家规育儿微语

古人云"贪如火，不遏则燎原；欲如水，不遏则滔天"。贪婪乃人之本性，适当的贪婪也算一种自我保护意识。不过，贪婪的沟壑是永远无法填满的，过于贪婪就会失去幸福感、满足感，严重影响一个人的正常生活。建议家庭建立戒贪家规，从小遏制孩子的贪欲，让孩子的欲望控制在一定限度内。千万别有"有便宜就占""不吃白不吃，不拿白不拿""不要钱的全收"这些看似顺理成章的不雅、不善的思维。

## 第89条 戒打

2013年8月22日，据《金陵晚报》记者报道，俗话说"虎毒不食子"，但在常州却发生了一起母亲打死儿子的悲剧。因4岁的儿子不听话，狠心的母亲竟然抄起木棍，狠狠地抽打孩子，导致孩子脾脏大出血死亡。

2013年年初，来自安徽的徐某夫妇将4岁的儿子阳阳接到常州，租住在武进区郑陆镇狄墅村一间民房内。这年4月18日，徐某在工厂上班，而妻子江某则在家照顾儿子。

当日中午，4岁的阳阳正在床上玩玩具手机，出于好奇，他将手机带子塞进了自己鼻孔。这一幕被孩子的母亲江某看到，脾气火爆的她一把夺过手机，训斥孩子不许这样。气不打一处来的江某随手打了孩子两下，阳阳便开始大哭，对江某的呵斥没做回应，这下又激怒了江某，于是扬起右手又给了孩子两巴掌。这时，阳阳的右鼻孔开始流血，血滴到了床单上。

想到又要洗床单了，江某更来火了，拿起放在电视机桌子底下的一根棍子就打，恼怒的江某在孩子的背上、肚子上、腿上轮番用棍子敲打，阳阳这时喊出"好、好、好"。听到孩子认错，江某才停下来，阳阳已经面色发白，浑身抽搐，江某慌了，赶紧跑出门打电话，向大伯和大嫂求助，孩子被送往医院抢救无效死亡。后经法医鉴定，阳阳系遭外力击打致脾脏破裂后大失血死亡。事发当天，江某被警方带走拘留看押。

庭审现场，据江某的丈夫徐某介绍，他是经媒人介绍认识了江某，两人相识12天便结婚了，一年后生下了儿子阳阳，随后夫妻两人来常州打工。"家里条件不好，父亲怕我们带不好孩子，所以一直都是父亲和大姐帮忙带孩子。"徐某说，妻子江某其实挺想孩子的，今年年初，徐某的父亲答应把阳阳交给夫妻二人抚养，没想到，不到几个月，孩子就被打死了。

徐某介绍，妻子平时也打过儿子，下手有点狠，因为孩子总是哭闹，房东对他们也有意见，曾让他们搬家，所以，每次孩子哭闹，妻子就用粗暴的方式管教。徐某说，妻子比较懒，喜欢看电视，夫妻关系也不怎么好，经常为生活中的一点小事吵架、打架。

庭审过程中，江某也承认自己时常打阳阳，由于阳阳体质较弱，经常流鼻血，常常会把血滴在枕套或床单上，而江某觉得这会给自己带来麻烦，她就会通过打骂的方式发泄自己的不满。

庭审现场播出了阳阳的尸检照片，身体多个部位都留下了道道伤痕，脾脏部位也有多道伤痕，现场旁听的群众发出阵阵嘘声，"太惨了，怎么下得了手呀！"

江某的行为让人无法理解，自己的亲骨肉为何要下这么重的手？江某承认，自己其实挺爱孩子的，打孩子只是为了让孩子痛一下，教育他一下，从来没有想到会有这样的后果。江某说："我觉得挺对不起孩子的，这次事件也让我觉得自己不正常。"

江某的辩护律师认为，江某其实很爱孩子，一直没有亲自抚养儿子并非不想带，而是其丈夫有轻微痴呆，家庭条件不好，公公主动提出帮带孩子，为此，江某还曾多次与公公争吵。剩饭剩菜，江某总是自己吃掉，给孩子做新鲜的饭菜。江某并不是真想把孩子打伤或打死。律师介绍，江某从小被养父收养，单亲家庭导致其情绪易失控，婚后又与丈夫感情不和，因此容易做出过激行为。

常州市武进区人民法院审理认为，被告人江某的行为构成故意伤害罪，法院对此案当场做出宣判，被告人江某被判处有期徒刑14年，剥夺政治权利4年。

有人问一位家长：你就没打过孩子一次吗？家长回答：是，一次也没打过。

不管什么原因，打孩子都是一种非常不可取的行为。它没有任何教育要素，只不过是让家长出口恶气，对孩子的影响却非常负面。

打孩子是一种恶习，是一种社会遗传病，我们的前辈对它认识不清，遗传给我们，这恶行的链条应该被砸断在我们这里。

有位母亲写下自己戒打的心路历程，非常可贵的反思，值得分享。

"在孩子小时候，在书里看到过孩子不能打，可是往往忍不住自己的脾气，打两巴掌推搡两下的事是有过的，看过打孩子会对孩子造成怎样的心理伤害的书，自己每次失手过后，会很内疚，很害怕，担心会出现很坏的影响。

"后来，看到一些人说：孩子是可以打的，只要不是经常性打，不会造成什么伤害，不会有什么恶劣的后果。特别是有一次看电视，一位著名心理学家说，只要亲子关系没有问题，自己一手带大的孩子，打和骂只要不过分，就不会造成心理伤害，也不会影响亲子感情。所以，我的心里负担减轻了一些，毕竟我只是偶尔再偶尔打一巴掌，而且我每次打之前都会说明的，自认为打得还算理智吧。

"这样过了一段时间，我发现自己可以做到不打孩子了，认为不打孩子也是可以做好教育工作的，所以我对孩子说：我一般不会打你，但是我保留打你的权利。

"我自以为已经进步了，之所以不敢说坚决不打孩子，是因为我担心自己做不到，说了不做，对孩子产生更坏的影响。而且，我想万一哪天孩子做个什么不可接受的事，打一顿也是必要的。

"这样不打孩子的日子过了很长时间，我又看到了《好妈妈胜过好老师》这本书，看到关于打孩子的论述，从心底就触动了我，因为我就是在挨打中长大的，我还记得自己小时候愤恨的眼神，还记得那些逃离的想法、那种屈辱的感受和绝望的心情。

"可是，时过境迁，三十多年过去了，我曾经最看不起的行为，在我身上依然存在，我还为自己找了许多的依据和借口，让这种行为有存在的理由。我知道自己的脾气像谁，我不喜欢这种脾气爆发时的样子，如今看来简直就是狰狞！

"于是自我安慰说，发脾气是人难免的，这种爆发只不过是一年几次而已，应该不会算什么大问题。但是，我知道女儿有一天也会做母亲，她是不是也会打骂自己的孩子呢？让这种畸形的心理影响延续下去呢？

"家庭对一个人心理的影响有多深远，不依据心理学去挖掘的话，根本就看不到，因为我可以说自己成长得挺好，我没有心理疾病，也没有伤害别人的行为，就这样下去也是可以的。

"但是，现在的我不这样想，我看到老公的为人，看到了公公婆婆的家庭教育成果，我认为公公婆婆是成功的。老公就从来没有过打骂人的欲望，不只是对孩子，在夫妻关系里，也经常说：在家里，有什么事非要证明个你对我错，退让一步就海阔天空，家庭就会和谐很多。

"而且，在公公婆婆身上，我看到是父母无私的爱，真正的爱，十几年的相处中，我是逐渐认识到这一点的。

"从公公婆婆身上，我弄明白了一个问题，很多农村家庭，父母没什么文化，为什么他们在教育子女方面如此成功，从不看教育书籍，没有任何教育理念，但是，他们的孩子却非常出色。

"我的一些改变，跟老公有直接的关系，十几年的婚姻，家庭对人的影响是潜移默化的。和谐而充满爱的家庭，才能成就一个孩子的健康成长。我无数次地分析过自己和老公的成长环境与过程的区别，从中找寻问题的所在。我有理想中一个母亲的模样，但是我不是，我想做到，所以，我一直不断学习，想要变成自己理想中样子，至少我一直努力，就会离目标越来越近。

"老公给了我和女儿一个和谐的充满爱的家，公公婆婆让我看到了无私的爱应该怎样。我感受到了，发自内心地想要为家庭做些自己力所能及的事，改变自己就是最好的，也是最需要的。

"家庭有我更和谐，这不是更好吗？对女儿，我一样要做到无私无条件的爱，向婆婆学习，做个好母亲。这些所思所想，促使我要开始行动，从不抱怨开始，从不打骂、不叱责、不批评孩子开始做起。"

有的家长一旦发现孩子做错事就打。孩子为了避免皮肉之苦，瞒得过就瞒，骗得过就骗，骗过一次，就可减少一次"灾难"。为了逃避挨打，孩子一做错事就要说谎，这样就构成了恶性循环。如果孩子经常挨家长的拳打脚踢，时间一久，孩子一见到家长，就会感到害怕、不敢接近。不管父母要他做什么，也不管是对是错，他都只得乖乖服从。在这种不良的绝对服从的环境下成长的孩子，常常容易自卑、懦弱，唯命是从，精神压抑，学习生活被动。经常挨打，尤其是当众挨打，孩子会感到孤独无援，会不知所措，惶惶不安，自尊心受到伤害，在小朋友面前抬不起头来，久而久之，会变得越来越怪僻。

经常挨打还容易产生对立情绪、逆反心理，有的孩子用故意捣乱来表示反抗，或者离家出走、逃学逃夜来与家长对抗，变得越来越固执。于是这种孩子往往不愿意与家长和老师交流，不愿意和小朋友一起玩，性格上显得孤独。父母打孩子，实际上起了教自己的孩子去打别的孩子的坏榜样作用。在家里父母打他，到外面他就打别的孩子，尤其是比他小的孩子。

看来打孩子，因是孩子犯错，家长情绪失控或管教方法失当，结果是孩子受大害并与家长同害。倡议家庭制订戒打家规，控制家长情绪和那没轻没重的手。对孩子犯错的惩罚建立健全罚规，按规定按程序进行惩罚。将孩子容易犯的错，一一列举出来，相对应惩罚措施也一一列举出来，全家包括孩子一起讨论决定。惩罚内容一般指向孩子最爱的事，比如暂时剥夺孩子做喜欢的事情的权利，停止购买用具、玩具，面壁思过，以及精神享受出游等等。惩罚程序一般为沟通——批评教育——认错——反省——训诫等，严格按惩罚内容和程序执行，那么家庭戒打家规就建立起来了。

## 家规育儿微语

孩子的自制力差，很多时候还是控制不住自己，容易犯错，打是无法杜绝孩子犯错的。如何纠正孩子犯错，只有家庭建立合理的罚规，按罚规内容和按罚程序惩罚教育孩子，并有效实施规则，才能收到良好的效果。建议家庭建立戒打家规，家长一定要摒弃"棍棒底下出孝子""不打不成才"落后不实教育观念，让孩子从知错改错，向少犯错甚至不犯错的健康方向发展。

# 第九章 学规

## 第90条 热爱读书

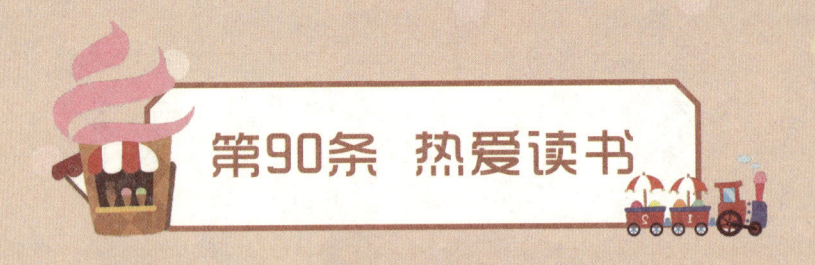

先讲讲我读书时代的故事，我热爱学习的动力从哪来的。

我出生在湖南的一个小山村，家里十分贫穷。我四五岁的时候，就曾到菜地里偷生菜吃以维生。有一年青黄不接，我们全村社员要到田地里面挖野菜来吃。因为这个野菜青草是开年种粮的肥料，还不能多吃，还要按计划供应。还有农村的农活，对一个十几岁的少年来说，太沉重，也太辛苦。所以，但凡有一点想法的年轻人都心生一个动力：出去，走出农村。那时，只有两条路，要么当兵，要么考大学。当然现在多了一条路，打工。当兵是被别人挑选，而只有考大学，是自主选择。所以，我选择了考大学。备考时部队到学校提前招生，幸运的是被一所重点军校录取，成为一名军校大学生。

摆脱贫穷，这就是我当时学习的动力。这个动力，是吃苦吃出来的。

孩子缺乏学习热情和动力的时候，家长应有意引导并培养孩子的学习热情。我有一位同事的父亲对当时十一二岁的他讲："我过去没有机会读书，只能守在农村种田。现在你有这么好的条件读书了，一定要好好读书，你要走出去，走出农村，走出大山，干一番大的事业。"当时的他，似懂非懂，上了几天学，觉得没意思，就不想读了。

他父亲对他说，既然你不想读书了，那我们一起去上山砍柴吧，挑回来晒干烧火做饭。他跟着父亲，父子俩来到了山上，父亲力气大砍柴利索，很快砍了两大堆柴，而他个小力单，挥汗如雨，也只砍了二十来斤。父亲挑着像小山一样的担子，健步如飞，轻快地走了。

而他个儿矮小，一二斤的担子感觉都特别沉重，扁担在肩上左换右换，步子越来越重，几次下来，嫩小的肩膀被粗糙的扁担压出一块血红，血珠子快要渗出来。扁担好像钢板一样硌得辣疼，他只好佝偻着，用上背部来支撑感觉越来越沉的重量。实在压得撑不住了，只好向前蹒跚迈几步，又不得不停下来歇息。

这时，父亲回头来接他，仿佛接过了他千斤重担。父亲这才开口问他，读书轻松还是砍柴好玩？如释重负的他，明白了父亲的用意，"农活太辛苦，不要砍柴了，明天回学校读书，好好读书"。

从此，他认真刻苦读书，后来考上了一所重点大学。

家长因势利导，使孩子幡然悔悟。家长还可以用现实生活中的榜样，来激励孩子热爱读书的热情。

张海迪，1955年秋天在济南出生。5岁患脊髓病，高位截瘫。从那时起，她无法上学，便在家里自学完中学课程。15岁时，她跟随父母，下放（山东）聊城莘县农村，生活的重压，身体的残疾，几次让她放弃生存的勇气。

但是，在那些淳朴的村民身上，张海迪却感到了更纯真、更朴素的爱。刚到莘县那天，天空很晴朗，天上的白云像大棉花一样。不久，一群十一二岁的孩子跑过来，围到张海迪身边，抢着问道："姐姐，你是城里来的吧？""你的脸怎么这么白啊？""你的腿怎么了？"望着孩子们的笑脸，张海迪笑了，慢慢地把自己的故事讲给孩子们听。

仅仅过了半个月，张海迪就和乡亲们相处得十分融洽了。乡亲们争着抢着往张海迪家送地瓜、咸菜等东西，还为她做了一张木轮椅。

孩子们都愿意推张海迪出去散步。这个男孩子说："姐姐，我推你！"那个男孩子抢过来说："我推，我推！"经过几番争执后，她由孩子们轮流推着，来到了田野里。

为了回报农民伙伴们这些朴素的爱，张海迪也想为大家做点什么。于是，她开始在昏暗的油灯下学习一本本医学书，还让父亲给她买来体温计、听诊器和针灸用的银针，成了一名靠在轮椅上给人看病的乡村医生。

在莘县生活期间，张海迪为群众治病一万多人次，针灸技术也在当地出了名，前来看病的人络绎不绝。由于经常靠在轮椅上给人看病，她的肋间神经总会感到剧烈的疼痛，脊椎甚至弯曲成了S形，但是，为了治好村民的病，回报他们的爱，张海迪忍着病痛，始终坚持着。

1981年12月，《人民日报》首次报道了张海迪的事迹。1983年2月，张海迪被山东

省政府授予"劳动模范"称号，被共青团中央授予"优秀共青团员"称号。她还曾获得"全国三八红旗手""全国自强模范"等称号。

1983年起，张海迪开始从事文学创作，先后翻译了《海边诊所》《小米勒旅行记》和《丽贝卡在新学校》等英文作品，创作了《生命的追问》《轮椅上的梦》《绝顶》等作品，其中，《轮椅上的梦》已在日本和韩国出版。

1993年4月，通过发愤苦学，张海迪获得了吉林大学哲学硕士学位。

1997年，张海迪被日本NHK选为世界五大杰出残疾人，她的事迹，从此传向世界。

在这些荣誉面前，张海迪并没有停止追求。虽然在轮椅上生活了漫长的五十七年，但在这五十七年来，她从未被病痛所打倒，始终艰难地向上着，绝不放弃每一分钟的努力，也没有白白度过生命的每一程。她获得了博士学位，成为山东省作家协会创作室一级作家、第九届至十二届全国政协委员、中国残疾人联合会主席。

今天，当我们读着张海迪写出的那一本本散发着油墨香的书时，就能看到一个热爱生命、热爱生活、热爱学习的张海迪。对张海迪来说，知识是一种财富，但热爱学习、奋发自强却是更珍贵的财富，有了它，就能够战胜一切困难，把爱心洒满人间。

读书改变命运，读书充实人生，读书更是一种生活。

## 家规育儿微语

读书改变命运，读书改变生活。建议家庭建立热爱读书家规，家长引导孩子建立热爱读书的规矩习惯，不断地激发孩子读书学习的热情，让孩子灌注全部热情，兴致勃勃，津津有味，甚至会达到对知识迷恋不舍的地步。让孩子从读书中产生满足感，受到启迪，感悟道理，并由此产生欢快、惬意的心情，把书当成良师益友，丰富生活，升华人生。所以，热爱读书学习是孩子成长的"起点"。

## 第91条 认真听课

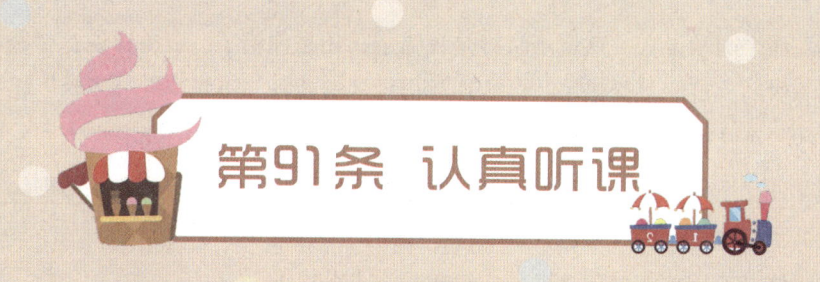

1950年9月的一天，雷锋穿着斗争地主时分得的衣服，背上书包，迈着轻快地脚步，来到湖南省望城县龙回乡清水塘荷叶坝小学读书。

崭新的生活，使雷锋想起了许多往事。在旧社会，穷人家的孩子只能眼巴巴地看着地主家的儿孙去上学，那时候的学校是为有钱人家的子弟开的，穷人家的孩子哪能踏进学校的大门。而今天，他过去连想都不敢想的事，现在变成现实了。

开学的第一天，老师发给他两本书，一个笔记本。他看到好多小朋友交书费、学费，也把乡亲们给他的几个钱拿出来，交给老师。老师亲切地说："你是孤儿，学校不收你的学费，你免费读书。"

雷锋翻开新书的第一页，毛主席那慈祥的面容映入了他的眼帘，久久地凝视着。心想，今天能走进学校读书，应感谢共产党、毛主席领导人民推翻"三座大山"，解放劳苦大众。他双手捧着新书，默默下定决心："我一定好好学习，长大了做个对国家有用的人。"

学校生活，给雷锋带来了无限欢乐，他脸上整天堆着笑。无论谁再说他是孤儿，他都说："往后你们不要再说我是孤儿了，党就是我的亲爹娘，我是党和人民的儿子！"

每天一大早，雷锋来到学校里就打扫教室，把桌椅、黑板都擦得干干净净，然后就坐下来读书、写字。他对每一门课都认真听讲，从不放过一个小小的疑问。他的作业本，总是写得工工整整，按照老师的布置和要求按时完成。

一天放晚学的时候，已经打过放学铃了，雷锋还有一道算术题没有做出来，坐在那里继续写写算算。有个同学招呼他说："走吧，习题没做完，回去再做吧！"雷锋说："就剩这一道题了，我总做不对。"那个同学过来看了看："这道题我做好了，你拿去看看吧。"说着从书包里拿出作业本递了过去。雷锋笑笑说："谢谢你，让我自己再想想吧。"

他静下心来，反复琢磨课本上的例题，仔细回想老师的讲解，终于把题做出来了。他叫过那个同学说："我做好了，来，我们来对一对。"这一对不打紧，两个人的得数却不一样。那个同学说："这就不晓得是我错了，还是你错了。"雷锋说："我验算了几次，不会错的，可能是你错了。""那就借你的给我抄一下吧。""不！"雷锋说，"你也别抄，自己再做做看。自己多花些心思，以后做起算术题来就不费劲了。"

那同学便坐下重做了一遍，原来是运算中粗心，所以得数就不对了。这时，两个人都开心地笑了，这才收拾好书包，手拉着手高高兴兴地离开了学校。

由于雷锋学习用功，各门功课的成绩都是九十分以上。

清水塘荷叶坝小学离他住的六叔奶奶家很远，每天上学要走十六七里路，他总是早去晚归，从不旷课。雨雪天，他没有胶鞋，就穿上自己打的草鞋或木屐赶去上学。老师讲课时，他用心听讲，绝不在课堂上贪玩打闹。每逢星期天、假日上山砍柴或下地种菜时，他口袋里总是装着书本，累了就坐下来边休息边读书，不断吸取着各种知识。雷锋读书刻苦用功，立志做个好学生，长大了好为党、为人民多做些事。

1956年，雷锋以优秀的学习成绩，在荷叶坝小学毕业了。先后在乡政府当通信员，在县委当公务员，在团山湖农场开拖拉机，在鞍钢当一名推土机手。1960年1月，雷锋应征入伍，来到中国人民解放军沈阳部队驻营口市某部运输连任战士。参军后荣立二等功一次，三等功两次，团营嘉奖多次，被评为节约标兵，授予"模范共青团员"称号。1960年11月，雷锋光荣地加入了中国共产党。1961年6月，当选为抚顺市人民代表。1962年8月15日，雷锋在辽宁省抚顺市执行任务时不幸牺牲，年仅22岁。毛泽东主席为他提词："向雷锋同志学习！"

雷锋认真听课学习的故事，为我们树立了好榜样。孩子接受知识最早是通过他人口传的，所以，我们家长要引导孩子养成认真听课的习惯。

一是充分做好课前准备，做好课前预习知识准备和做好充足的睡眠、饮食与营养等身体上的准备。

二是全神贯注听课，做到眼到、耳到、手到、心到；边看、边听、边想、边写，思维处于高度竞技状态之中。当发现自己不能集中注意力时，可以深呼吸，在吸气时感受吸入的气体进入你的呼吸道、胸部、四肢，直至全身，呼气时全身气体渐渐回到体外，重复两三次，这样可以使全身暂时放松，以求注意力新的集中。

三是积极认真地思考，思考所学内容的来龙去脉，它与旧知识的联系以及在实际中的运用。

四是记好课堂笔记，加深对知识的理解和记忆，有利于课后复习巩固新知识，同时培养记笔记的能力。

## 家规育儿微语

教育家叶圣陶先生说："教育就是要养成习惯。""读书有五到：眼到、耳到、手到、口到、心到。"只有"五到"齐全，那么孩子在课堂中才能做到专心致志、心无旁骛。要让孩子做到"五到"，光靠孩子自我约束是不够的，建议家庭建立认真听课的家规，家长引领孩子建立并养成认真听课的规矩习惯。

## 第92条 务求甚解

陶渊明，东晋末至南朝宋初期伟大的诗人、辞赋家。曾任江州祭酒、建威参军、镇军参军、彭泽县令等职，最后一次出仕为彭泽县令，八十多天便弃职而去，从此归隐田园。他是中国第一位田园诗人，被称为"古今隐逸诗人之宗"。为自己写了一篇文章，取名《五柳先生传》。

文章的开头是这样的：先生不知道是哪里人，也不清楚他的姓名。他的住宅旁边有五棵柳树，因而就以"五柳"作为自己的号了。先生喜爱闲静，不多说话，也不羡慕荣华利禄。

"好读书，不求甚解"，很喜欢读书，似对所读的书不执着于字句的解释。"每有会意，便欣然忘食。"每当对书中的意义有一些体会的时候，便高兴得忘了吃饭。

生性爱喝酒，可是因为家里贫穷，不能常得到酒喝。亲戚朋友知道他这种境况，有时摆了酒席就叫他来一起喝酒；他去喝酒就喝个尽兴，希望一定喝醉。喝醉了就离开，从来不会留恋着而不肯离开。简陋的居室里空空荡荡，破旧得连风和阳光都无法遮挡；粗布短衣上打了补丁，盛饭的碗和饮水的工具经常是空的，而他却能安然自得。

他常常以写诗做文章当娱乐，稍微抒发自己的志趣。他能够忘掉世俗的得与失，这样过完自己的一生。

这就是"不求甚解"的来历。

其实，陶渊明《五柳先生传》中"不求甚解"的意思，是不过分执着于字句的解释。而不求甚解，今释义多指学习不认真，不会深刻理解或指不深入了解情况，也可以解释为，读书、学习只求懂得大概，不求深入了解。常指学习或研究不认真、不深入。这是一个典型的古今异义词语。

现在很多人读《五柳先生传》，往往只抓住他说的前一句话"好读书，不求甚解"，而丢了他说的后一句话"每有会意，便欣然忘食"，务求甚解。因此，就对陶渊明的读书态度很不认同，这是何苦来呢？他说的前后两句话紧紧相连，交互阐明，意思非常清楚。这是古人读书的正确态度，我们应该虚心学习，完全不应该对他滥加粗暴的不讲道理的非议。

这样说来，陶渊明读书是一种很高的境界。自称"好读书，不求甚解"，不强作解人，不过度诠释，一下子想完全读懂所有的书，特别是完全读懂重要的经典著作，那除了狂妄自大的人以外，谁也不敢这样自信。真正把书读进去了，越读越有兴趣，自然就会慢慢了解书中的道理。所以，他每每遇到真正会意的时候，就高兴得连饭都忘记吃了。这样的读书，方才能得其三昧。

读书既博雅，又专精，我赞成"好读书，求甚解"。因为，学习，最忌讳一知半解、浅尝辄止。要想学习好，必须养成独立钻研、务求甚解的习惯。

家长引导孩子学习务求甚解，主要从以下几个方面入手。

一是鼓励刨根问底。在日常生活中，孩子对许多事总爱刨根问底，这是好奇、求知的表现，说明孩子爱动脑子。家长切切不可嫌孩子嘴贫，冷漠对待。最好跟孩子一块儿刨根问底，能解决的自己解决，不能解决的请教他人或者查找资料。

二是尝到甜头。先要使孩子尝到学习成功的滋味，如遇到语文不懂的问题，指导查字典、资料等方式，自行解决问题，让孩子尝到务求甚解的甜头，树立自信心，就会不断进步。

三是多问"为什么"。由于学习任务多，孩子往往满足于知识是什么就过去了，很少多问几个"为什么"。家长不妨教给孩子每天学习之后，给自己提一两个"为什么"的问题，动脑筋去思考，想出合理的答案。对孩子一时解决不了的问题，父母要避免急躁情绪，不能操之过急，不能强迫孩子解决，否则孩子会变得焦躁，不耐烦，潜意识地产生反抗情绪。说不定第二天与同学交流，或问老师，问题就迎刃而解了。

四是长幼互考。孩子考家长，家长考孩子。安排一定的时间，全家人坐下来，就某一方面的问题孩子和家长互相考一考。内容应事先定好，大家有所准备，谁提出问题，自己必须预先准备好答案。

五是要控制时间。孩子注意力集中的时间有限，7岁的孩子在家一次连续做功课的时间不要超过半小时，8~11岁的孩子不要超过50分钟。如果做功课的时间较长，中间一定要有十分钟左右的休息时间，让孩子舒展筋骨。如果孩子功课能做完的话，应该给他小小的奖励。

六是刺激求知。父母可常带孩子去参观博物馆、动物园和图书馆等等，不断地刺激孩子的好奇心和求知欲。

七是责任明确。在孩子做功课时，不可依赖父母的帮助来解决困难，不让孩子养成依赖性，更要使孩子明白做功课是他的责任。

八是环境保护。在孩子做功课时，家里的人不要大声说话，更不要看电视或听收音机，让孩子能在安静的环境中做功课。如果让孩子知道父母很喜欢看书，求知欲很强，家长会成为孩子的榜样。

## 家规育儿微语

读书绝不能马马虎虎、不求甚解、不认真。经验证明，有许多书看一遍两遍还不懂得，读三遍四遍就懂得了；或者一本书读了前面有许多不懂的地方，读到后面才豁然贯通；有的书昨天看不懂，过些日子再看才懂得；也有的似乎已经看懂了，其实不太懂，后来有了一些实际知识，才真正懂得它的意思。因此，重要的书必须常常反复阅读，每读一次都会觉得开卷有益。因此，建议家庭建立务求甚解的家规，家长引导孩子读书务求甚解的规矩习惯，追根溯源，升华学习。

## 第93条 独立作业

成成的五年小学生活中，写作业，几乎是每天都要做的事。"作业"这两个字，也是同学们最熟悉不过了。说起和作业的故事，成成的脑子里立刻回荡起在昨天做作业的情景。

昨天下午，上完半节课，数学老师便回办公室拿着一叠试卷，走进教室。一刹那，班上的同学鸦雀无声，每个人都惊呆了，擦了擦眼睛，好像不相信这一切所发生的事。接着，教室像炸了锅一样，同学们七嘴八舌地议论起来。这时，数学老师说："为了能让你们在这次期末考试能考得更好，我决定让你们再做一张试卷。"

话音刚落，同学们吵开了，有的说："抗议抗议。"有的小声地说："数学老师实在太坏了。"甚至还有的同学睁大着眼看着数学老师，好像心里很恨老师，又像想让数学老师感动一下，好让他回心转意。可是，数学老师不仅没有减少作业，还大声地骂我们是一堆懒虫，便生气地走出了教室门。

接下来，英语老师和语文老师也来布置作业。成成看着黑板上那密密麻麻的作业，一一记录下来。放学了，成成背起书包，直往家里跑。回到家，成成把书包往桌子上一丢，便躺在了床上，只见好像有一阵刺眼的光在面前闪过，便把他带到另一个世界。

这时，一位布满皱纹的老奶奶问成成："Do you see the bus？"成成看了看四周，原来，他来到了外国，老奶奶又问："Do you see the bus？"成成心颤抖了一下。"Bus？"成成被这问题难住了，便红着脸走了。

这时，一位女士又走过来拦住了成成。她是位中国妇女，成成叹了叹气说道："有什么事？"她说："你这件衣服挺好看的，多少钱？"成成看了看衣服，上面却没有标价，成成回忆起买这件衣服的情景，妈妈好像说过这件衣服的价钱是鞋子的价钱的十倍，又看了看鞋子，一个"35"清晰可见。可是，成成的手上既没有纸和笔，又不会用口算，便乱说了一个数字离开了。看了看周围，周围人海茫茫，成成怎么也找不到回家的路。

成成从梦中吓醒，连忙睁开眼睛，顾不上穿鞋子就坐到凳子上，"唰唰"地写了起来。不到一个小时，便把所有的作业"一清而空"。

他心想：世上无难事，只怕有心人。只要肯努力，再多的作业也能完成的。家长培养孩子独立完成作业的习惯，切不可旁边"监视"、威胁、唠叨、代劳以及物质奖励等方式，不利于独立作业。一般采取的是：

一是创设良好环境。如爸爸在看报，妈妈在看书，安静、和谐的环境，会让孩子在写作业时，感到温馨自如。

二是制定"合约"。父母和孩子沟通后，以讨论的方式，约定孩子自己做功课，之后的时间做些自己喜欢的事，直到不需任何附带的条件，孩子都愿意自己做功课作业。

三是作息计划。开学了，最好给孩子制订一个作息时间表，即使在双休日，也应该让孩子养成学习、生活有条不紊的好习惯。

四是锻炼能力。家长应该逐渐培养孩子独立做作业的能力，特别是对于低年级的孩子，要付出更多的耐心，多花时间进行指导。

五是鼓励自查。应鼓励孩子自己检查作业，让孩子说说错在哪里，为什么会出现差错，这样能帮助孩子记取教训，避免今后再犯，如果孩子能自己检查出错误，家长一定要大加赞赏。

六是帮解疑难。孩子做作业遇到难题时，家长可以采取分步法，即先给予提示，让孩子独自思考如何做下去，家长要"蹲下身"来，和孩子一起探讨好的解题方法，然后让孩子独立完成，最后出些类似的题目，帮助孩子加以巩固。

## 家规育儿微语

建议家庭建立独立作业的家规，家长培养孩子独立作业的规矩习惯。这个习惯不是一天养成的，需要按部就班，循序渐进。就像婴儿在断奶之后，先喂食稀饭，而后干饭，最后则由孩子自己拿着筷子吃饭。"孩子自己能做的事，让孩子自己做"，不要担心他作业做不好或动作慢而"越俎代庖"。在孩子成长独立的过程中，依照各阶段的体力与智力发展的不同，给予适当的援手，然后慢慢地减少帮助的程度。独立做作业也是如此，最后逐渐养成习惯。

## 第94条 预习复习

成成上初中后放第一个寒假,他给爸爸打了一个电话:"爸,放寒假了,我要给自己放两天假。"没等爸爸说话,他便挂断了电话。先入为主,没得商量,爸爸想说什么,成成已经收线关机。

沉默中,爸爸心想,两天过后,儿子会回归正常的生活和学习状态吗?答案只能交给时间老人,拭目以待。

第三天,成成守诺出现在爸爸身边。爸爸乐呵呵地问成成,这两天玩得可好?是否已经达到废寝忘食之地步?成成这下有点不好意思了,知道了老爸的意思,就赶紧打马虎眼,把话题岔开,"老爸,咱俩商量一下学习计划安排吧?"

爸爸说:"这个建议好,张弛有度。那你先说说自己的想法吧,反正有预习,有复习,有寒假作业,内容之多只有你最清楚。"成成说:"能不能交叉进行?"爸爸问:"怎么个交叉法?"他说:"半天自己作业,半天老爸给我预习讲解新课。"爸爸又问:"那复习怎么办?"他说:"记得老爸以前说过,在预习讲解中融入复习则两全其美哦!"

老爸听到这里笑了,开心成成发现了预习复习的奥妙,思维也更有条理。接下来,父子俩进一步细化探讨各科预习的安排,成成却只选择预习物理和数学。爸爸不解。成成说,这两科从上学期的预习方法和考试情况来看,提前至少预习半本书最为妥当,这样开学后学习起来更轻松。然后他可以把精力放在其他学科上,如英语和副科,这样相当于节省出不少学习时间。他尝到了甜头,并有了主意。

成成没有提及语文的复习,老爸知道他在回避一个棘手的问题,先照顾好他的情绪,而后适当时候着手不迟,便没有刻意提及点破。

在商量计划细节的时候,爸爸有意预留出开学前半个月的空余时间,如果过早给他明说,他肯定会打马虎眼,甚至采取拖延战术,占用这段宝贵的学习时间。这是老爸针对儿子特点的保留手段。

期末家长会上,班主任特别点名成成的成绩突飞猛进,在年级组里一次性提高107名,说这个幅度在全年级组800多名学生中实属罕见。但同时也指出语文弱项需要引起重视。这正中了老爸的判断。

对于成成语文学习的能力和素养，爸爸一直在认真跟踪观察，并做具体的评估工作，除去懒散和缺乏有效学习时间外，他的书面语表达能力最为薄弱。从理科学习与文科学习对比来看，他明显突破了理科的逻辑思维瓶颈，而语文虽然是母语，但是他始终对书面语学习缺乏足够的兴趣。老爸翻了翻他的课本，发现到七年级上学期都没有涉及汉语语法知识。缺乏语法知识的学习，必然会影响他书面语的表达能力提升，反馈到阅读理解与写作方面，自然会不尽如人意。

成成有一个最大的优势，只要心甘情愿进入学习状态，专注力相当不错。这得益于在他的幼儿与儿童期对好习惯的连续养成。而假期里，保护好已经进入青春期的他的专注力，则是老爸的育儿重点。

爸爸对成成的玩从不持反对态度，但会经常引导他，只有专注玩，才会学得专注，两者相得益彰，才是老爸所倡导的。只要做事专注了，重点保障玩的时间。这次寒假计划里，上午九点半以前，到下午五点半以后归他自己支配。爸爸只需要关注这中间该负责的部分，包括休息时间和午睡。

生活学习规划和节奏稳定，最明显的体现是儿子情绪的稳定，有了稳定的情绪，在学习过程中专注力又容易得到保持。这恰是青春期阶段的孩子最需要得到父母重点关注的地方。

在预习七年级下学期数学时，在讲解的过程中，老爸把所需要的基础知识点逐一翻拣出来，只要沾上点边的，都融入新知识中进行串联讲解。就拿二次根式来讲，虽然是新知识，但仍然是以往旧知识的基础上加了些新内容。诸如算术平方根、绝对值、因式分解、平方差、完全平方差（和）、有理数指数幂等。在给成成预习的过程中，提问他，当突然提及某一个公式或者某一块知识点时，你是否能够迅速与眼前正讲的内容联系起来呢？

成成反馈说，基本上可以，但有时也只有模糊的印象。老爸告诉他，这恰好是将复习融入预习的妙处。因为初中的数学知识连续性极强，如果你对以往学过的知识感觉哪一块做不到思路上的绝对清晰，那你肯定会在学新知识的过程中有吃力现象。成成很认同老爸的话，他说，经老爸你这么一串讲，他还真能马上回忆起来。一个下午，两小时之内可以完成一节新课的预习。

成成对物理的学习兴趣和生物差不多，几乎不用费任何力气就能轻松学透。老爸便想到在他的幼儿和儿童期，经常联系现实生活和儿子聊天，做游戏，甚至融入学习之中。他能够将课本知识与生活现象紧密联系起来，则对知识理解得更为透彻。

学得轻松，自然就少不了给他加一点稍有难度的内容，那就是书面语表达悄然间融入其中。因为物理在答题过程中，少不了描述物理现象，而这恰是完整书面语最好的练习机会。

成成总是习惯于用口语去描述物理现象，抓住他口语化现象特别严重的特点，找出一个事例，问他两者有何区别。在白板上写出问题：给你两个用丝线系着的吹足了气的气球，请你至少利用一个气球设计两个力学小实验，并在表格中简要填写出有关操作过程和实验结论。

只见成成在"主要操作过程以及现象"一栏中，随意地把现象说了出来，完全没有书面语表达的严谨性。老爸问他，本栏的填写要求共有几点？成成细看，说是两点，一是操作过程，二是现象。老爸说，对啊，那你就必须要按要求分别答出两部分内容啊。成成说，他知道说什么，但总是写不下来，怎么办？

老爸给儿子做示范，用力推气球（操作过程），气球运动起来（现象）。写下来后，问他，你刚才提及"用手"推气球，就不符合题意，物理学中你必须要用专业术语即物理语言来描述，因为我们学的是物理力学，而不是生活，你就把"用力"这一关键词说出来。再如你回答下一栏，"用手"压气球，气球就被压扁。这是生活口语来描述物理现象，不是物理语境词，应该说：用力按气球，气球发生凹陷。

通过书面语与口语的对比分析，成成这时明白了原来书面语简洁明了，很讲究。老爸说，对啊，书面语非常简洁，几乎没有废话，你再认真观察一下，把你的答案和老爸的答案都写在白板上。这时再让成成做对比，他才算真正明白两者的区别。

此时，再重提重视书面语学习与表达的话题，他显然有了认识和兴趣。顺势问他，你愿意多写字呢，还是愿意少写呢？愿意准确表达呢，还是模糊表达呢？成成说，当然是越少越好、越准确越好嘛。老爸说，如果你充分发挥你的聪明才智，且又可以偷个小懒，那就重视书面语表达的学习呗，这不正好一举两得嘛。既能让你的答案清晰简洁，又有条理，还能少写字满足了你偷懒的小心思。成成听这么一说，笑得很开心。

老爸乘势给成成讲，当年老爸上中学时，语文学习就已经把汉语语法知识作为重点，课堂上连续讲了一个学期。也正因为如此，给老爸的语文打下了扎实的基础。其实你稍做这方面的学习和训练，就可以突破语文学习的瓶颈了。

突然想到马奇曾经提出过：人类从经验中获得智慧的模式，主要分为两种，一种是低智学习，二是高智学习。前者是在不求理解因果结构的情况下，直接复制与成功相连的行为。而后者则是努力理解因果结构，并用它指导以后的行动。

结合马奇理论给成成编了一个故事，一位大叔看到路边大妈烧饼卖得不错，于是跟风卖烧饼。大妈卖烧饼多放一个鸡蛋，导致大家都爱买，他也跟着多放一个鸡蛋，可是大家并没有都去他那买，他百思不得其解，为什么我就火不起来呢？

成成想不出答案。老爸告诉他，其实那位大叔没有看到，大妈摊边站着一个漂亮的女儿。大叔的行为就属于低智学习现象，这下懂了不，这就是我们平时所说的，只知其一、不知其二的道理。

接着又和成成谈到内隐知识话题，他也不懂何为内隐，老爸给他解释，这是深度学习的结果啊，就是将知识学得特别通透，完全内化为在自己的本能之中，就如驾驶技术特别熟练的人，可以边开车边和旁边的人说话，丝毫不会影响驾驶动作一样。你在学习中也一样，就拿你擅长的物理和生物两学科来说，你把生物和物理现象完全与现实生活紧密联系起来，你理解得特别通透，印象格外深刻，甚至你能变为自己的理解，变为自己的话去完整表达，这就是深度学习嘛。

成成听老爸这么一说，点头称是。

正兴头上，老爸继续与成成聊天。就拿给你预习讲课，很多知识是老爸在学生时代就完全搞懂了，给你上课时例子信手拈来，有时形象的比喻可以让你立刻明白讲的是什么意思，对新知识点就理解得更轻松更容易了。其实这些都是学以致用的结果，深度学习决不仅仅为了考试，把知识融会贯通，重要在应用于生活、学习和工作之中。

## 家规育儿微语

建议家庭建立预习复习的家规，培养孩子预习复习的规矩习惯。家长应和孩子一起来友好协商，建立友好信任，制订计划，融入孩子学习之中，和孩子一起做点什么。"凡事预则立，不预则废。"通过预习，打好提前量，发现问题，有针对性听课，加深理解讲课内容。家长可试试陪读、演戏、提问等形式，协助孩子复习，查缺漏、巩固吸收、系统归纳和浓缩记忆知识。坚持长期的学习、内化、观察、思考、变通、拓展、论证、实践、总结等等，让孩子学会预习复习，直至自主系统学习。

## 第95条 勤于思考

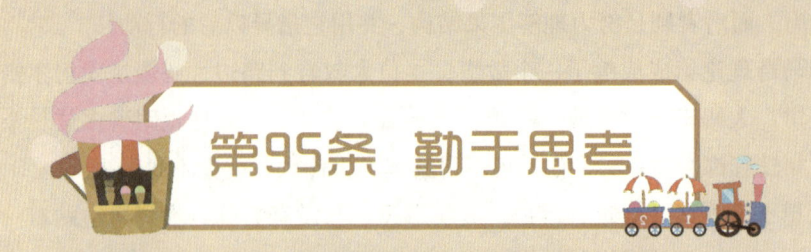

清朝末年，有一位和尚画家云游到北京，被招进宫里作画。有一天，慈禧让太监给他一张五尺长的宣纸，要他画出九尺高的观音菩萨像。这简直是为难人。臣子们的心里都紧张极了，谁都认为这是一件根本办不到的事。和尚却并不着急，他借研墨的工夫，冷静地思考，很快就有了注意。只见他挥毫泼墨，一挥而就。

原来，他笔下的观音菩萨并不是笔直站立的姿势，而是弯腰在捡地上的柳枝。五尺长的纸，站立起来应该就是九尺了吧。慈禧看后，点头称是。众大臣也松了一口气。和尚画家的出色表现得益于他善于思考的习惯。

这里还有一个故事。说有一位擅长画猫的画家，由于画技高超，笔下的猫都栩栩如生，以至许多人把他的画买回去挂在家里后，家里的老鼠都逃光了。因此，画家被人们誉为"猫王"。不过，这位画家性格比较古怪，一生只带了两个徒弟。

一天，画家把二徒弟叫到跟前说："你可以出师了，你不但学到了我画猫的全部技巧，而且在很多方面超过了我。"二徒弟说什么也不愿意离开师傅，但画家态度坚决，二徒弟只好含泪辞别了师傅。大徒弟见此，便心急火燎地找到画家说："师傅，我也要出师，您为什么只让师弟出师呢？要知道我比他还早来半年呢。""的确，你跟我学画的时间比师弟长一点，但是，恐怕你这一辈子也出不了师。"画家严肃地说，"你跟我学画，只知模仿，却没有任何创新，也就是说，你是在用手画画。而你师弟呢，则是用脑子画画。你的基本功虽然很扎实，但不善于思考，不善于用脑，这就是你永远出不了师，也永远无法超越你师弟的原因。"

大徒弟听后，不服气地走了。若干年后，大徒弟画的猫在市场上无人问津，而二徒弟则成了远近闻名的"猫神"。人们都说他画的猫已超过了他的师傅。

其实，大徒弟和二徒弟学画的时间差别不大，而且出自同一师门，两个人的结局却是天壤之别。二徒弟成功的奥秘便在于他的勤于思考。我们大家在一起学习工作，最大的差距并不是谁比谁聪明、谁比谁幸运，而是谁勤于思考、思考得深、思考得对。灵光一闪是一种思考，坐下来默默沉思也是一种思考，把自己的所思所想记述下来、表达出来也是一种思考。勤于思考下去，必定会有大的进步。

德国数学家高斯在历史上影响之大，可以和阿基米德、牛顿、欧拉并列，有"数学王子"之称。小高斯10岁时，有一次他的数学老师让他们全班解答一道习题：立即计算出"1+2+3+4+…+100=？"的答案。这个题目在今天早已家喻户晓，可是在那个时候对于一群小学生来说，是不简单的。孩子们都想争取第一个算出来，立刻在草稿纸上做了起来。只有小高斯没有动手，他在仔细地思考。老师见他不动笔，走上前来问他怎么了，为何还不开始计算。小高斯说他已经知道答案了，是"5050"。老师十分诧异，问他是否提前做过这道题。高斯告诉老师，他通过观察发现这一组数字中1加100等于101、2加99等于101……这样的等式一共有50个，因此这道题目可以化简为"101×50=5050"。"真是太精彩了！"老师赞扬地说。这种"精彩"并不取决于孩子的智商，而是取决于孩子良好的思维习惯使智力的潜在能力得到了充分发挥。认真地思考虽然为孩子解决问题的过程增加了一个环节，却使解决问题的时间缩短了很多，大大提高了学习的效率。从这里边，我们就可以看出善于思考的优势。

思考方法有多种，比如重点优先法、设身处地法、博采广选法等等，在学习中，不妨多加运用，必能有所收益。

## 家规育儿微语

孔子曰："学而不思则罔，思而不学则殆。"学习的本质在于思索，思索能驱散意识中的迷茫，融化灵魂中的冰霜，思索能消除记忆中的障碍，解开头脑中的迷茫，思索是你不断前进的强大动力。建议家庭建立勤于思考的家规，家长引导培养孩子勤于思考的规矩习惯，做到在学习中思考，在思考中提出独立的见解，培养自己的思考能力，从而将掌握的知识得以升华，拓宽自己的人生！

## 第96条 学会笔记

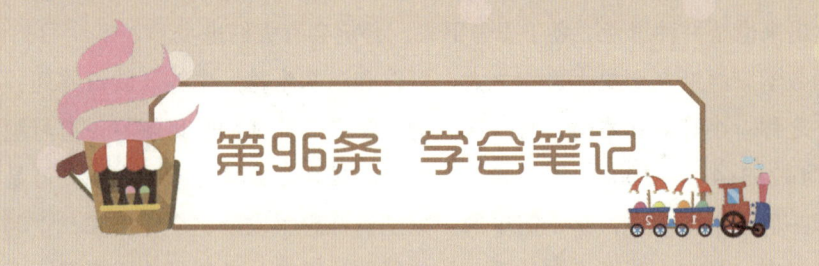

春节期间，翻看我小外孙女的语文书，很感慨。

孩子的语文课本上字里行间，对生字的注释、页面空白处段落的划分和段落大意、句子含义，还有修辞、写作手法等，非常详细。想起几十年前，读书的自己。

别看我们当年的乡村小学，老师的文化程度仅仅是初中，甚至可能还达不到。记得当年我们小学四年级语文课，老师就很严格地要求做课堂笔记了。

记得我们语文课的笔记大致是这样的：一、生字，带拼音的；二、生词，就是各个词组，那时候还不知道什么是成语，五年级才知道；三、段落划分，就是整篇课文分几段，每段说了些啥，即段落大意；四、中心思想，即本课文突出什么主题。

上面四项记得比较清楚。哪个同学如果敢不记笔记的话，老师就会拧着耳朵拉到后面罚站，对屁股踢上几脚也是常事。

当然，我们反对体罚，但老师严格要求学生笔记，能使学生受益终身。

我们参观湖南第一师范学院时，还能看到当年毛泽东的课堂笔记。那个时候的毛泽东就养成记笔记的习惯。

毛泽东离开湖南第一师范学院后的几十年来，一直很忙，可他总是挤出时间，哪怕是分分秒秒，也要用来看书学习。他的中南海故居，简直是书天书地：卧室的书架上，办公桌、饭桌、茶几上，到处都是书，床上除一个人躺卧的位置外，也全都被书占领了。

为了读书，毛泽东把一切可以利用的时间都用上了。在游泳下水之前活动身体的几分钟里，有时还要看上几句名人的诗词，在书上记一些东西。游泳上来后，右手又捧起了书本。连上厕所的几分钟时间也用来读书。一部重刻宋代淳熙本《昭明文选》和其他一些书刊，就是利用这些零碎时间，今天看一点，明天看一点，断断续续看完的。

毛泽东外出开会或视察工作，常常会带一箱子书。途中列车震荡颠簸，他全然不顾，总是一手拿着放大镜，一手按着书页，阅读不辍。到了外地，同在北京一样，床上、办公桌上、茶几上、饭桌上都摆放着书，一有空闲就看起来。

毛泽东晚年虽重病缠身，仍不放弃阅读。他重读了从延安带到北京的一套精装

《鲁迅全集》及其他许多书刊。

有一次，毛泽东发烧到摄氏39度以上，医生不准他看书。他难过地说，我一辈子爱读书，现在你们不让我看书，叫我躺在这里，整天就是吃饭、睡觉，你们知道我是多么难受啊！工作人员不得已，只好把拿走的书又放回他身边，他这才高兴地笑了。

毛泽东读书有一个习惯，就是读书笔记批注，把当时的所思所想记下来。他在《读韩昌黎诗文全集》时，除少数篇章外，大部分都一篇篇仔细琢磨，认真钻研，从词汇、句读、章节到全文意义，哪一方面也不放过。通过反复诵读和吟咏，韩集的大部分诗文他都能流利地背诵。《西游记》《红楼梦》《水浒传》《三国演义》等小说，他从小学的时候就看过，到了60年代又重新看过。他看过的《红楼梦》的不同版本差不多有十种以上，一部《昭明文选》，他上学时读，50年代读，60年代读，到了70年代还读过好几次。他批注的版本，现存的就有三种。

几十年来，毛泽东每阅读一本书，一篇文章，都在重要的地方画上圈、线、点等各种符号，在书眉和空白的地方写上许多批语。有的还把书、文中精当的地方摘录下来或随时写下读书笔记或心得体会。毛主席所藏的书中，许多是朱墨纷呈，批语、圈点、勾画满书，直线、曲线、双直线、三直线、双圈、三圈、三角、交叉等符号比比皆是。

毛泽东的读书兴趣很广泛，哲学、政治、经济、历史、文学、军事等社会科学以至一些自然科学书籍无所不读。他在自己的著作、讲话中，常常引用中外史书上的历史典故来生动地阐明深刻的道理，也常常借助历史的经验和教训来指导中国社会主义革命和建设事业。这与他广泛阅读、认真笔记、认真思考是分不开的。

"好记性不如烂笔头。"我们学生应随身携带一个笔记本，但最好给每一门课程

准备一个单独的笔记本，耳、眼、口、脑齐用，切记要把自己认为的重点快速记录下来，这样方便查找，也不容易丢失。学生通过翻看课堂笔记，可以回忆起当时的课堂情景，从而有助于帮助理解掌握知识，加强学习，掌握学习的方法。研究表明，对于同一时段学习材料，做笔记的学生比不做笔记的学生成绩提高两倍。大家可以留意身边的朋友或者是同学，但凡仔细认真、做事迅速高效之人，手里永远拿个小本本在记载着什么。

## 家规育儿微语

建议家庭建立学会笔记的家规，家长引导培养孩子读书笔记的规矩习惯，养成读书做摘抄、记提要、写心得、述体会的良好习惯，这就是我们常说的"不动笔墨不读书"。积土成山，积水成渊。久而久之，及时记录下自己在日常学习、生活、工作中的疑惑、难点、重点、核心重要的东西，就养成了良好的学习生活习惯。当这种习惯成为一种永恒，成为一种素养，成为生命旅程中的一种性格，成为个人为人处事的基本能力，这无疑是人生成功的阶梯。

## 第97条 广泛阅读

一个周末，成成在书店里"扫荡"一大堆书回家。刚回到家，就拿起一本津津有味地看了起来。

没多久，"哎呀！肚子疼……"成成急匆匆地拿起书，冲进了厕所。在里面，可没有闲着，而是拿起书，如同品茗般阅览起来。手指在书页上轻轻翻动，嘴角漾起丝丝微笑。不知不觉中，时间在悄悄地溜走，可哪里晓得呢？书林中诗一般的语言，令成成着迷。成成与主人公一同欢笑，一同抽泣，同悲共喜。

此刻，妈妈早已"三顾茅庐"了。她不耐烦地拍着厕所门，大声地问："你是不是掉茅坑里啦？"这时，成成才回过神来。随意地答道："好了好了，再等一下就好了！"嘴上虽然这么应着，可心还离不开这臭气熏天的"茅厕"书上呢！当合上书，站起来时发现，蹲的时间太久，腿都麻了。

成成读书因为常常会入迷，也就常常闹出一些笑话。记得有一次，成成正在看《格林童话》，妈妈突然跟他说："来，帮妈妈倒一下垃圾！"他头也没抬，就说："知道了！"可他还是继续看书，把倒垃圾的事忘得一干二净。过了许久，妈妈在里面的房间里问他倒了垃圾没有，成成这才清醒过来，便随口说："倒了！倒了！"

成成想，这下应该可以安安静静地看书了吧？可又一想，万一妈妈来检查怎么办？他急中生智，跑去厨房把垃圾袋拎起来随手从窗口丢了下去，又接着津津有味地看书了。以为自己多聪明啊！这样既可以节省时间，又可以早点继续看书。成成做完这些，又一动不动地，像个木头人一样看起了书。

"叮咚"，门铃响了。"谁呀？"打开门一看，原来是最爱干净的小红妈妈来了，开口便问："你们家有没有人往楼下丢垃圾呀，我看着就觉得恶心。"妈妈一本正经地回答："怎么可能，难道你认为我是这种人吗？"小红妈妈看到这个态度，只好垂头丧气地走了。这时妈妈看见成成的脸红得像苹果，妈妈像看透成成的心思，便说："老实说，这事是不是你干的？"成成只好一五一十地告诉妈妈。为这件事，被妈妈严厉批评了一顿。

还有一次，妈妈让成成去买酱油，成成二话不说便答应了。拿着钱，蹦蹦跳跳着跑去超市。来到超市门口一看，咦，超市的旁边不知什么时候新开了一家书店。书店里摆放得整整齐齐的图书吸引了成成的注意力。成成不由自主地向书店走去，拿起一本书，专心致志地读了起来，早把买酱油的事抛到九霄云外了。时间不知不觉中过了一个小时，合上书，依依不舍地把它放回书架。可又觉得意犹未尽，便又拿起另一本书，津津有味地看了起来。又过了一个多小时，才心满意足地把书放回书架，离开了书店。

成成打开家门，前脚刚跨过门槛，妈妈就问："你跑哪儿去了？酱油呢？"成成愣住了："什么酱油？"妈妈生气地说："我让你干什么去啦？""噢！"成成一拍脑袋，终于想起来了。他急忙跑了出去，准备再去买酱油，可一摸口袋："天啊！钱落在书店了!"结果可想而知。

"书是人类进步的阶梯"。帮助孩子从小养成爱读书的好习惯,不但可以丰富孩子的课外知识,一本好书还能教会孩子如何做人。家长要舍得购书、藏书,构建书香家庭,培养主动读书的意识。

一是带孩子进书店。让孩子在书的海洋中徜徉,感受读书的气氛。书店的"气场"会潜移默化地影响孩子,孩子去的次数多了,也就产生了读书"效应"。书店里有各种各样的图书,其中一定有孩子喜欢读的,孩子会不自觉对书产生兴趣。

二是与孩子同读书。每天抽出一些时间与孩子共同阅读,分享名家经典,这对家长自身来说,是一种情操的陶冶;对孩子来说,更是一种无声的教育,有利于亲子双方文化修养的共同提升。

三是读书给孩子听。阅读从倾听开始,孩子最初的阅读兴趣和良好的阅读习惯来源于倾听。经常给孩子读一本经典童话或寓言,让孩子从小就感受到书中的快乐和情趣。"为孩子大声地读书"是培养孩子阅读习惯的最为简易而有效的方法。持之以恒,久而久之,孩子就会喜欢上读书。

四是和孩子聊书。在与孩子一起读完书后,许多大人喜欢向孩子提问,或要求孩子复述故事。这样做主要是想考查孩子是否理解、记住了故事,让书中的营养更好地滋润孩子幼小的心灵,伴随孩子成长。

五是为孩子做读书记录。不少家长喜欢为孩子做成长记录,这是非常好的习惯,孩子的成长大事、日常活动、童言稚语,都可以记录下来。大人时常翻看和回味,感到乐趣无穷。如果我们也能将孩子的读书成长经历记录下来,不但会非常有趣,而且会对引导孩子阅读很有帮助。如果创建一个阅读仪式,如相互依偎阅读、富有表情地读、分享书中内容、为读书录音等,趣味化阅读记录,细致地记录阅读

的方法和孩子的阅读反应，如对某些书的好恶、读某些书时提到的有趣问题、对某些书的评语、读完后的感想等。大人可以时常翻出这些记录，来分析孩子的阅读发展情况，孩子也可以用来重温当时阅读的快乐情景，从而进一步重复阅读或进行延伸阅读。这些简单的方法，不妨试一试，相信一定会让孩子爱上阅读。

## 家规育儿微语

书是人类智慧的结晶和宝藏。建议家庭建立广泛阅读的家规，家长培养孩子广泛阅读规矩习惯，孩子就会爱上读书，把读书当成一种享受。孩子伴随着阅读成长，让读书滤除浮躁，丰富知识，纯洁灵魂，慰藉精神，坚定信念，明辨是非，提升才华，修身养性，享受人生，让读书带给我们最隽永的乐趣。

## 第98条 切磋交流

早晨，阳光从窗口照进屋里，温柔地照在成成的书桌上。窗外的树上，鸟儿愉悦地歌唱着。空气中，隐约有桂花沁人的芳香。此情此景，不禁让成成想起了曾经的一次挑战。

七年级刚开学时，由于平时不太努力，在新的集体里，成成变得不自信起来。在课堂上，只是做个听众，从来不举手发言。因此，成绩也直线下降。成成更加不自信了！

后来，班主任发现了这个情况，将成成叫到办公室，笑着问成成："怎么了？身体不舒服？课堂上怎么一点积极性也没有了？"成成低下头，吞吞吐吐地说："不，不是……""为何这么不自信呢？"班主任微笑着，轻轻地问成成。然后，老师严肃起来，对成成讲了许多不自信的坏处。听着老师的话，成成的心情久久不能平静，他心想：自己也太脆弱了，就这么容易被困难击败了。不能再这样下去了，要树立信心。班主任似乎看出了成成的心思，他眉毛轻轻一扬，并笑眯眯地对成成说："有决心变得自信吗？"这时，成成使劲点了点头。"那么，就从挑战举手发言开始吧！""老师放心，我一定挑战成功！"

今天上课一定要大胆举手发言，不能再做胆小鬼了。第一节课是语文课。上课铃响了，成成不断在心中念着：一定要举手，一定要举手……

上课后不久，老师问："有谁愿意把课文读一下？"一听到老师提问，成成想起自己的保证，准备举手，可突然一堆念头冒出来，读得不好怎么办？读错了怎么办？被同学取笑怎么办？成成的手始终没有举起来。当老师让其他同学读课文时，成成这才意识到自己失去了一次极好的机会，懊悔不已，心想下一次一定要鼓起勇气举手发言。第一次挑战失败了。

过了一会儿，老师开始提问，成成立即思考。可是，当成成思考的时候，已有同学想出了答案，并举起了手。成成有点急了，思路也有点乱了。老师让那位举手的同学回答问题。同学回答的内容，跟成成想的不一样哟，他比成成的答案有道理，更完整。在庆幸自己没有回答这个不完整问题的同时，默默地记住他人的答案。于是，成成更加认真地听课，为下一次的挑战做准备。

终于，老师又提问了。成成想到答案后，毫不犹豫地举起了手。老师看到成成第一次举手，眼中立刻放出惊奇的光芒，老师立即让成成回答。成成从容地站起来，大声准确地回答了问题。这一次，成成第一次认真、流畅、准确地回答了老师的提问。心里有种说不出的快乐，成成终于挑战成功了。

阳光从窗口流入，照在成成的桌上，好像快乐地朝成成笑着，窗外的树上，鸟儿赞许似的轻快地歌唱着，校园里的桂花开了，芳香沁人。成成感到前所未有的喜悦、轻松和满足。

这次举手发言，成成克服了心理障碍。在以后的课堂上，懂的，成成会举手发言；不懂的，成成会静下心来听别人讲。有时有的同学回答不完整，有的补充，你一言，我一语，你一个答案，我一个方案，有时讨论得非常激烈，甚至还争论起来，最后老师归纳总结一个完整的答案。这样的互动多了，同学们对学到的东西印象更深了，记忆也更牢固了。有时遇到拿不准的问题，成成还会主动在课后找同学讨论。

就这样，一次次的发言与自我对话、独立思考；一次次的讨论，倾听、分析别人的见解，质疑辩论，畅所欲言，释放每个人潜在的聪明才智；与同学切磋交流，集思广益，促使积极思考，加深了对所学知识的理解，有时启发而产生新的创意，锻炼了口头表达能力，提高辩论能力。形成了讨论交流的习惯，成成的信心渐渐增强了，成绩也逐步提升。

## 家规育儿微语

建议家庭建立切磋交流的家规，家长培养孩子切磋交流的习惯，独立思考，各抒己见，多边交流，碰撞讨论，共同探讨，相互学习，开阔视野，互相启发，充分调动求知的欲望，孕育出真正的创造力。正所谓"如果你有一种思想，我也有一种思想，我们交换后就各有两种思想了"。

## 第99条 自主学习

一位妈妈买回来一个菠萝，好奇的孩子被这个从未见过的东西吸引住了，这位妈妈可能会有两种方式对待好奇的孩子。

一种方式是：妈妈告诉孩子："这是菠萝，是可以吃的，它的外面是很硬、很尖的刺，你不要去摸它！它很重，你提不动它，但是它是圆的，你可以滚动它。你闻一闻，它是不是很香啊？现在我们把它拿到厨房去切开它，切好后用盐水泡一泡，它吃起来又香又甜。"

另一种方式是：妈妈告诉孩子"这是菠萝"，然后就把菠萝放在孩子面前的地板上，自己先去忙乎把买回来的其他东西处理好。好奇的孩子一定会对这个菠萝"采取行动"，比如他可能伸手摸了一下菠萝，赶紧又把手缩了回来，并且对着妈妈喊："妈妈，这个菠萝很刺手，我被它刺了一下。"

妈妈回应说："是的，孩子，菠萝会刺手，不要紧的。"于是孩子又尝试抓起菠萝的叶子，把它拎了起来，可是菠萝很重，孩子很快就把它放下了，"妈妈，这个菠萝很重，我拎不动它。""是的，菠萝很重。"孩子可能又尝试着滚动菠萝，结果真的把它滚动了，他高兴极了："妈妈，我把菠萝滚动了。"妈妈也很高兴："你真能干！""妈妈，我闻到一股香香的气味，菠萝是不是可以吃的？""对，孩子，菠萝是一种水果，是可以吃的。""怎样吃呀？""把皮削掉，切成一片一片，用盐水泡一泡，就可以吃了。""让我试一试……真是好吃！"

这两种方式，家长主张哪一种？家长常用的是哪一种？它们有什么区别，会产生不同的效果吗？

不妨来分析一下：第一种方式，孩子很快就知道了，菠萝是多刺的，是很重的，是可以滚动的，是很香的，是要泡了盐水才可以吃的。这是妈妈直接告诉孩子的，不是孩子自己发现的。将来妈妈又带回来一件新奇的东西，孩子也可能会像这次那样等着妈妈告诉他关于这个东西的知识。

第二种方式，孩子通过一系列的实践，最终也明白了，菠萝是多刺的，会刺手，菠萝是很重的；菠萝可以滚动，因为它是圆的；它闻起来很香，切开来是金黄色的，沾上盐水再吃，又香又甜。这一切都是孩子通过自己的尝试发现的，孩子不仅懂得了菠萝的特性，他还学到了认识菠萝的方法，你可以摸一摸，可以拎一拎，滚一滚，闻一闻，切开它，尝一尝，下一次妈妈可能带回一些其他不同性质的东西，孩子可能又会用他用过的方法来探索它，认识它，于是孩子明白了这些都是性质不一样的东西，要用不一样的方法去认识它们。

两种方法的结果完全不一样：第一种方式是灌输式，孩子很快学到了理论知识，可是他是被动接受的；第二种方式是探索式，孩子也学到了理论和实践两种知识，尽管速度比较慢，甚至付出了手被扎出血等代价，但同时学到认识事物的方法，还学到了要根据事物的不同性质选择不同的认识方法的思维方式。更重要的是，他体会到了主动学习、主动探索的乐趣和成功感，久而久之，孩子就能形成主动学习的习惯。

有的家长，可能在不自觉中采用了第一种方式对待孩子，这其实就剥夺了孩子自己主动学习的许多机会。在我们每天的生活中，其实经常都有这种可以让孩子主动学习的机会，关键在于我们家长是否善于把握。

另外还有一个例子，比如三四岁的孩子，非常喜欢在吃饭的时候帮忙分发筷子，开始的时候他可能一双一双地拿，这双是给爸爸的，再拿一双给妈妈，最后拿一双给自己。心急的母亲可能会对他说："傻孩子，你一次多拿些，一共拿3双6根，不就不用多跑几趟了？"其实，等待孩子自己去总结，能让孩子有机会学习动脑筋思考问题。

孩子可能要这样来回跑了几个星期才想到，每次都做一样的事情，是不是可以合起来做呢？于是孩子尝试着多拿一些，可是要么多拿了，要么少拿了，这样又过了几个星期，后来才真正弄明白，每次要拿6根才刚刚好。在这个过程中，孩子学会了自己思考、自己总结、自己解决问题，并且体验到了思考的乐趣。花点时间等待一下孩子，其实是很值得的。

建议家长帮助孩子建立主动学习的习惯。不要按照你的意愿把孩子的时间安排得满满的，要多留一些时间让孩子自己安排。如果孩子还小，想不出可以自己安排什么活动，家长可以给孩子多提几个建议让孩子选择；多鼓励孩子主动探索，不要太多的"不准""不许""不要"束缚孩子的手脚和头脑；在孩子专心做一件事情的时候，不要干扰孩子，尽可能不要催促孩子，更不要跟在孩子身边不断提醒孩子不可以这样、不可以那样；在孩子解决问题遇到困难时，不要急于帮助孩子，可以多给孩子提些建议；不要急于把结果告诉孩子，要给孩子充分的时间自己去发现；不要代替孩子做检查作业、收拾书包的工作，久而久之，孩子养成了自己事情自己做，包括自主学习。

## 家规育儿微语

自主学习是全世界范围内都在提倡的一种学习方式，也是当今家规家风建设和家庭教育的主题。建议家庭建立自主学习的家规，家长培养孩子的自主学习规矩习惯，让孩子由"学会"走向"会学"，最终形成终身学习的习惯。终身学习，快乐一生。

# 后 记

## 人要做点有益的事

人活着，总要做点事。

做点什么事呢？做点令人满意的事，做点使他人生活更美好的事，做点对人民有益的事。一句话：做点好事。

做好事不容易，要一辈子做好事、不做坏事更不容易。能不能做到，要看一个人的综合素质。有了知识，有了基本的技能，就能做事，但不一定就能做好事。做事能否有益于人民，有益于社会，关键在于是否有理想、有道德、有良好的品格和行为习惯。因此，只做好事、不做坏事，其根本还在于要学会做人。

俗话说："三岁定八十，七岁看终身。"是说孩子的早期思想、品德和情感的培养，以及行为习惯的养成，会给一个人的成长和发展确定方向并提供原动力。因此，现代社会特别是家庭有责任教孩子学会做人，学会做人的规矩，让孩子们从小学会生存、学会做事、学会健身、学会求知、学会审美、学会创造……

有一天，长期从事青少年法治教育、家长教育和亲子教育的何烈忠先生说想写一本关于家庭教育的书。针对许多父母在教养孩子问题上进入的误区，如部分家长只重视孩子知识的学习，而忽略孩子做人做事等综合素质培养；有些家长不能抑制自己强烈的爱子之情，对孩子过于溺爱；有些家长严于律人宽于律己；有些家长对孩子过于严苛甚至施以暴力等等，他建议从建立家庭规矩的角度，以贴近家庭、贴近生活、贴近实际的写作风格，用一些管用独到的见解与方法，以讲故事的形式对大家十分关心的家庭教育的重大课题进行阐述，给孩子的年轻的父母们作一些建议和指引，并以家庭公约和家庭节日的形式让这些家规落实。

写作选题敲定后决定由本人主笔；广州开发区中学副校长李浩先生知道后，也主动加入撰稿并提供案例。一年过去了，何烈忠先生看了初稿后，大为赞赏，还提出了许多很好的想法和建议，除了提供大量的案例，还撰写了部分家规。本书从筹划、撰写到脱稿历时两年多，数易其稿，多次修改完善，最终成书。作为献给年轻家长和小朋友们的一份礼物，希望这本书能成为年轻父母和广大读者的良师益友。

在撰写过程中，北京大学的齐大辉教授给予了许多指导，除了提供《一次管一生的教育》一书给我作参考，还为本书作序；出版社的陈定天编辑给予了策划和编辑指导；白墨璇女士协助了校对审核；李佳明和冯典全先生给予了大力支持。他们为本书的出版付出了很多心血和汗水，在此一并表示衷心的感谢！

白继洲<br>2017年9月28日